卓越教师成长：我们在路上

主编 雷晓云

WUHAN UNIVERSITY PRESS
武汉大学出版社

图书在版编目(CIP)数据

卓越教师成长:我们在路上/雷晓云主编. —武汉:武汉大学出版社,2022.1

ISBN 978-7-307-22542-8

Ⅰ.卓… Ⅱ.雷… Ⅲ. 小学语文课—师资培养—研究 Ⅳ.G623.202

中国版本图书馆 CIP 数据核字(2021)第 169894 号

责任编辑:黄 殊 责任校对:李孟潇 版式设计:马 佳

出版发行:**武汉大学出版社** (430072 武昌 珞珈山)
(电子邮箱:cbs22@ whu.edu.cn 网址:www.wdp.com.cn)
印刷:武汉中科兴业印务有限公司
开本:720×1000 1/16 印张:16.75 字数:238 千字 插页:1
版次:2022 年 1 月第 1 版 2022 年 1 月第 1 次印刷
ISBN 978-7-307-22542-8 定价:38.00 元

我们在路上，为了成为更好的自己

这本集子是广东省卓越教师培养计划改革项目——"'双专业+特长'卓越小学语文教师培养模式构建与实践"课题的成果，是课题组基于广州大学小学教育专业和汉语言文学（师范）专业学生的课程学习和课外研习而开展的实践探索，体现了课题组对卓越教师的理解和共同走向卓越的尝试。

"卓"乃高超、高远、不平凡，"越"即经过、超过，简言之，"卓越"即"非常优秀，超过一般"。"卓越教师"既体现为教师个体自主发展意识、专业情意、专业知识和专业能力有机整合的一种综合素养，更体现为一种积极的发展渴望，一种不断实现、不断完善、不断超越的发展过程……

品德、教育研究能力既是教师专业素养的内在构成，也是促进教师走向卓越的重要推动力。为促进职前教师品德的发展，课题组依托《中小学教师职业道德规范》，在小学教育专业开展了"优良品德自我发现与自主发展"活动。该活动是一项结合课堂教学，并渗透于学生日常生活和学习中的自主实践活动。活动分为自我认知、自我行动与自我反省三个阶段。为强化活动的效果，促进美德发展的自觉化、习惯化和深层化，课题组举行了"美知·美行·美省"美文竞赛活动。集子里收集的文章则为美文竞赛活动的部分获奖作品。此外，为丰富学生对小学教育实践的体验，提高他们的研究能力，课题组还组织小学教育专业和汉语言文学（师范）专业的学生开展了"走近小学语文教师"的访谈调研活动。访谈对象为学生家乡所在地的一线小学语文教师。学生在教师的指导下，设计、实施访谈活动并整理访谈内容，思考访谈对自己认识与实现"卓越"的启示，撰写访谈报告。集子里收集的是择优选择的部分优秀报告。

这本集子记载了我们追求卓越的印记。小学教育专业的学生会继续努力，后面年级的学生也会陆续开启"卓越教师"的思考与行动……

我们在路上，为了成为更好的自己……

雷晓云

2020 年 8 月

目　　录

第一部分
美知・美行・美省

我 的 五 样

李晓恬

　　"图片上有多种珍贵的品质，如果世界末日来临，你只能带走五样品质，你会选择哪五样呢？"初识"优良品德自我发现与发展"活动，记忆就将我带回了初中那个吹着微风的四月天，那堂语文作文课，那道关于"我的五样"的作文题上——还记得那是一篇让处在青春期的多愁善感的我写到落泪的作文。

　　每个人都有自己所珍视的品质——已经完善的或者仍不足的，每一种对自己而言都有重要的作用。欲使所珍视的品质历久弥新，就需要在漫长的岁月里不断地磨炼它。

　　正如写在《而立·24》封底的那句话："人生中的每一段经历，都像一朵没有名字的浪花，消失了，忽略了，遗忘了，但重要的是，它们真的来过了，像一顶冠冕加之于你头上，上面镶嵌的宝石既以光芒来使你庄严，又长出荆棘来刺痛你"。《我的五样》的那篇作文是如此，"优良品德自我发现与发展"活动也是如此。它们引发了我的灵魂中不安而求上进的因子互相碰撞，像浪花，荡涤着我。

　　活动初期，面对文档中展示的满满的二十四种美德，在又一次面临选择时，我仿佛看到了那个初中时边写作文边激动得落泪的自己。只不过这一次，我露出了微笑。斟酌一日后，我找出了我最想要精进的五样品质，即好奇心、友善、领略优美、审慎和自理。前三样是我之优势，后两样是我之缺憾。但不论是优势或缺憾，我都同样珍视。

秋·悠然定我心

我本是好奇心旺盛之人，如若是引发我好奇的事物，不论探索有多艰难，我都会时时关注；我亦是友善之人，"无心苦争春，不惹群芳妒"，人生在世讲求与人和善，不信奉宗教，却时时铭记"助人一臂胜造七级浮屠"；我本是喜色喜美之人，凡是美之物，每每能引发我的感慨与赞美，此生亦以创造美为己任。我之失在于审慎不足，怀一颗文人赤子滚烫之心，常凭热血行事，时常受挫；我之缺在于自理不佳，少了计划，事多则乱，欲求不控，则疾患生。

于是，便在那十月活动伊始的悠然之秋，我定下了五样品质相应的精进计划，详尽的计划中满满的都是我对自己的期许。

好奇心本已很盛，便借此机会给自己定了几个感兴趣的话题，以备探究；对于和善，我计划通过身边的小事入手，行最质朴最真诚之善；要领略美，我则促使自己走出校门去，离开电脑，去亲自体会可触碰的美；而审慎和自理，更在于日常的锻炼，修身养性。

诗人常说，"伤春悲秋"。一年之计在于春，秋却也不可忽视。这个秋天，我由于过于忙碌而病倒，本也是悲的，但北方的野兽，往往也是在秋季存储食粮。定下了计划，就是为自己埋下了希望的储备。于是，终于在这秋风带来的莫名伤感里，我燃起了一丝安心，也在我大学生涯中一个渐冷的秋季里，触碰到了一丝温暖。

冬·咬牙战惰性

"优良品德自我发现与发展"活动计划制定伊始，我便产生了懈怠，旁边的舍友与我的心境也相仿。好比身处寒冬，动物们失了行动的兴致，终日怠惰。

但是，却有两个瞬间，唤醒了犹如进入冬季而乏力的我，警醒我不要忘了我的五样，不要抛下对自己的期许。

其一，在某个略显燥热的秋日上午，在我因自己所带的一对一的学生反复犯错而发怒的时候，有那么一两秒钟，我仿佛在学生稚嫩的眸子里看到了自己怒不可遏的丑态。是啊，失了友善之心与对情绪的自控，梦想成为和蔼有耐心的教师的我居然也有如此这般令人又畏惧又厌恶的神态。不能再这样继续下去了。在那时，心中的钟敲响了，我在冬季里徐徐醒来。

其二，一个慵懒的秋日午后，在百无聊赖地一边看着电视剧一边刷着朋友圈时，似乎是巧合，似乎是天意，我看到很多朋友在学业和工作上有了喜人的进步。是啊，我虽无意与他人比较，但努力之人是多么耀眼，但所有努力所化成的星光，足以使一个人显得熠熠生辉。那一瞬间，我想成为一个优秀的人的愿望被唤醒了。

俗语说，万事开头难。确实是如此。现代人总是懂得很多道理，却很少付诸实际，我也是如此。在怠惰的冬季里，警钟一次又一次地敲响，提醒着我，想成为一个优秀的人，不是只在计划中涂涂抹抹便能实现，要先迈出第一步。或许先迈出的是简单的一步，或许先迈出的是困难的一步，但无论如何，迈出步子便是了。于是，我将计划由繁变简，从好奇心与审美下手，来实现自己的计划。

让人产生好奇的事物有很多，但不求甚解的好奇，也只是停留在好奇的表面罢了。于是，我决定耐着性子，对感兴趣的话题深挖下去。

审美本是每个人都具备的，但仅仅只是走马观花地去"审"美，一定无法探到美的内涵。想要真正地感悟美，就要触碰美的实质。美的实质或许并不那么有趣，但却富含营养，绝不同于色彩斑斓的精神垃圾。

思考至此，我抖了抖身上的积雪，向春迈出第一步。

春·美德见喜势

真正感受到美德活动的种种好处，是从我对好奇心与审美两种品德的深入探究开始的。一时间颇有些收获，仿佛如沐春风，心中甚是惬意。春寒确实萧瑟，过程中带着艰辛，但春所预示的希望与活力，让我看到了自己绽放的可能。

于是便津津乐道，在此处分享我的收获和感悟。

先从好奇说开去。从十月活动开始，到十二月活动结束，我依据好奇心的相关原则，对三个领域的话题进行了探究，其中有两个领域的话题都是很敏感的，我本也是又害怕又好奇，但在深入了解了之后，害怕感便烟消云散，取而代之的是沉重的思考。

话题其一，便是毒品。禁毒，这个词我从小学一年级便知晓了，彼时的稚子被校园中的巨幅宣传海报吓得睡不着觉。如今转身已成成人的我便从解剖自己的恐惧的角度出发，深入去了解了与禁毒相关的种种。在一个月的时间内，我搜集到了毒品的成分、毒品起作用的化学原理、沉迷毒品之人的种种表现与其戒断之困难等资料，亦去看了许多吸毒者的忏悔和与毒品相关的影视作品，从刚开始的惊恐与唏嘘，到后来的沉静与思考。从毒品延伸开去，我看到的是人之本性。人之本性趋于取乐，这是恶吗？我想，未必如此，这是动物在自然界的进化过程中的衍生习性。不只是人，生物皆是如此。追求快乐，本能引导着身体，但透支的快乐，却会把人带向了深渊。我常想，深渊该如何定义呢？身处深渊者也许有自己的快乐，但却永远与现实世界相隔了，这样的选择值得吗？这些问题，我仍在思考，但我可以确定的是，追寻这样极端的快乐，必定会付出自己拥有的珍贵之物。一生这么长，换取一时之乐，堕于黑暗，于我看来，并不值当。

话题其二，便是中小学生的自杀与其背后的生命教育的缺失。深究才知，原来中小学生自杀的起因并非是人们在茶余饭后所说的"孩子太脆弱"那么简单。通过心理学、社会学等多角度分析，就会发现这些看似偶然的自杀事件其实有着其必然的原因。作为教育工作者，实在不得不去思考背后生命教育的缺失。在进一步搜寻论文和资料之后，我发现了许多发达国家在生命教育领域有过成功案例，这些案例对我国的生命教育有着深刻的借鉴意义。而我国的生命教育也已有了喜人的进步，从开始的只走表面工程的办所谓的"亲情讲座"，到后来借用多种类型，以多方面的内容来开展生命教育，我国的教育工作者们在不断地努力。而在不久的将来，我也会成为他们中的一员，让现代社会中看似懂得许多知识，实则内心仍然稚嫩的孩子们真正了解生命，不因沉溺于网络而丧失了自我，通过生命教育去保护孩子们的生命。

话题其三，便是友谊，友谊看似是一个简单的话题，常被当作老生常谈，实则并非如此简单。纵观我国高校频发的舍友互相伤害的案件，就可看出友谊问题值得深究。曾经，我一直以为两个人必须得有共同话题、相似性格，才能产生友谊，不然为何古话说"物以类聚，人以群分"？而在十二月的探究中，我总结了之前所看的文学作品和影视作品，得出的结论却是：友谊其实正是友善的产物。心存友善，不管多么相异的人也能成为朋友，甚至因此互补了个性，从孤单的个体变成了强大的融合体。正应了某作家的那句话："我和你是朋友，并不是因为你如我一般安静，而是虽然我不喜欢吵闹，但你的吵闹于我刚刚好，我的安静于你刚刚好。"在对友谊的探究中，我深有感慨，不是仅仅停留在一个礼貌性的微笑，由内而外的真正的友善是多么弥足珍贵。

接下来，便谈谈在审美上的所得。对审美的问题产生深思，有活动的驱使，亦因这学期接触的一门美学原理课程的触动。我在深思与探索中醒悟：如果只求美的表面，则一时一瞬之美常常会因时间的推移而在心中失去光泽，只有看透美背后的哲学原理，探到了根本，才能真正理解美，才能在创造美时有了精神工具。于是，我便背起行囊，去博物馆欣赏我一直钦佩的画家穆夏的画作。

第一次距离这些画这么近。当你距离伟大的人、伟大的作品越近时，其实并不感到自己越渺小，而是感到伟大本是如此的普通。再美的画，也需要一幅草稿；再好的作品，也是一笔一笔勾勒而出；再伟大的画家，也有失误的时候。而这普通，又恰恰是一种伟大。这时你的心中便会生出无限的勇气，是创造光明的勇气，是继续向前的勇气，而不是匍匐于圣人脚下的谦卑。谦卑不可失，但终究是勇气促使人创造了一种又一种的美。这样的美不会逝去，而永栖于心之乡。

在对好奇心与审美的探究之后，我惊喜地发现，原来这五样品质彼此是有一定的相关性的：在发展好奇心与审美之时，在对信息的筛选中锻炼了审慎；在看他人之失时铸就了自己的自理；在看他人之得时，精进了自己的友善。

霎时间，千里冰封消融，春暖花开。

夏·欣欣向前看

在这次活动的后期，我欣喜地看到了我的五样都有了或高或低的进步，就像春去夏来，万物欣欣向荣。

在对待我的学生的时候，探究友谊与友善的所得发挥了良好的作用。我从一个不耐烦的老学究般的教师，逐渐转变为理想中的良师益友；在生活中遇到看似无解的事情时，在对未知谜题产生一丝畏惧的时候，我愿意直面自己的恐惧，进一步去理解与思考；为了追求精神富足，我愿意更多地走出去，去接近自然中的美，去触摸娇嫩的花瓣，去看画展，去欣赏身边的人与事。

这些收获，或许是微不足道的，但我的五样确实有真实的精进。这次活动让我发现，很多美德的养成本来是简单的，但简单的事做好了，一样能迎来生命的夏季，繁花似锦。

写罢，月亮升起来了，如细沙般的橘光让人感到流动的温暖溢满心间。天上的月亮会落下，但心中的月亮不会。

"你所带走的五样品质，要一样一样地丢弃，并说出你丢弃它们的原因。"又想到初中的那个带着微风的四月天，那堂语文作文课，那道关于

"我的五样"的作文题上。原来是这样，初中时的我才会写得落泪。所幸，此次所得的五样，无须丢弃，如明月明星，永远相随。纵所渡之河川再黑，亦有光。

简评

众里寻他千百度，蓦然回首，德已驻作者内心深处。对凡事皆持好奇之心，对世人付以友善之心，用心领略万物之优美，悉心锻炼审慎之意识，力求铸就自理之能力。此五样之德，为作者所珍视，为其所追求。忆往昔，德之择取，迷乱难定；思今日，孰轻孰重，明简易析。于悠秋定心，于寒冬战惰性，终迎春暖花开，夏花似锦。

此篇美文以"我的五样"美德为切入点，依循作者的成长阶段加以展开，主要论述作者对美德的认知、体验与反省历程。文章思路清晰，主题鲜明，且文采飞扬。令人格外欣喜之处还在于，历经四季之久的磨炼与雕琢，作者的五样最终有了真实的精进。正如秋冬过后，春去夏来，万物皆欣荣。

（教育学院"课程与教学论"研究生屈小漫）

足　迹

梁绮妮

发梢微微颤动，是风拂过的痕迹吗？若风拂过，它是否留下了什么？又或者带走了什么？

风过，应牵动过缕缕发丝，如吹进汪洋的大海，涌动着海流，只是力量微弱，尚未见掀起阵阵巨浪……

倘若你问我，美德课程中的"优良品德自我发现与发展"活动给我带来了什么？我会说，"美知、美行、美省"如拂过的风，轻轻的、若有若无的。它轻得似乎不着痕迹，可又分明曾予以你温柔的触感和瞬间的心动。只是，那份触感和心动，能否让你有所行动。

●美知·美行○

仿如一千个读者就有一千个哈姆雷特，我心中也有一千个我。不同时期，对自我的认识似乎都有所不同，有时候的我是这样的，有时候又不是我认为那样的。虽是变化着的，但仍有一些东西在时光的轨迹里沉淀下来了……

最强优良品德之诚实

在初次接触"优良品德自我发现与发展"活动时，我们需要挑选出"最强的三种优良品德"和"较弱的两种优良品德"。比照"研究者们发现的每个人都有六大美德和二十四种优良品德"后，我发现自己似乎有很多优良品德，但同时很多优良品德还需要强化。在这个做减法的"优良品德自我发现"活动中，不免经历过一番头脑风暴，尔后让优良品德继续发展、继续增强。最后，我选择了"诚实、洞察力、领略优美"为我最强的三种优良品德，而"爱学、热情"为较弱的两个优良品德。

之所以认为自己诚实，一是因为在别人眼中，我是一个诚实的人。出生在乡村家庭的我，似乎自然而然地继承了自古以来人们所认为的农民所特有的诚恳朴实；二是因为二十多年的认知与经历告诉我，自己是一个诚实的人。其实，我对于诚实的理解是有点拿捏不准的，总觉得很难用言语来说清楚。在我看来，诚实不是绝对的，不是并非没有谎言的存在。一直以来，我不是没有撒过谎，只是撒谎之后会忐忑不安。因为我想坦荡荡地活着，坦率地待人，光明地做事。我认为我的诚实体现在待人直率，总想着以真诚之心待人，不喜欢过分做作与搬弄是非，不喜欢占别人的便宜，甚至有时宁可自己吃亏。

对于如何发展诚实这种优良品德，左思右想后，我只能想着去保持并内化成为稳定的气质，而后体现在一举一动之中。只盼随着年岁的增长、社会阅历的增加，我依然能内心坦荡荡，努力成为一个言行一致、真诚待人，也始终能秉持用真诚去感染别人的信念的人。我希望能从孔子那里濡染一份"吾日三省吾身"的勇气和意志。

最强优良品德之洞察力

洞察力，亦为智慧（wisdom），指能给予他人明智的建议，以一种对己对人都有意义的方式来看待世界。在我看来，我所理解的洞察力，除了以上的专业解释之外，于自己的身上而言，还包括对人和事有敏感的心和锐利的眼睛。有时候，我虽动如脱兔，但仍时刻关注着周围的变化，特别是他人情绪上的微妙变化，可以说是注重察言观色，因而常常能关注别人的感受，也会试着去理解他人，倾听他人的想法。与朋友相处，我虽身材瘦小，却总爱以"知心姐姐"自居，朋友间互吐心声时，也会常常灌之以鸡汤,不仅用来鼓励朋友,也趁机自勉。

对于如何进一步发展"洞察力"这个优良品德,我分了三个方面进行。

其一是学校活动。以社团为例,大二时留任社团,让我积累了一定的经验,可以为后来人提供帮助。因为曾是过来人,我深感作为一名学生既要兼顾学业又要兼顾社团甚至更多活动的不易。因此,我给自己的定位是做一个有洞察力的"关注者",在平时的活动与相处中,细心观察人和事——对于活动,根据自己的经验适当给出建议;对于人,则倾听他们的心声,予以关怀,适时表达自己的想法。

其二是家庭活动。哲学上有一种现象:人容易和身边最亲近的人有矛盾。很多时候,我比较关注周围的一举一动,因而所思所想得比较多。但对于处于农村的我来说,见识还是很狭窄的。我在这方面的定位是关注家人的身心健康与发展状况,根据实际情况给出自己的建议和想法,如让爸妈跟上时代的步伐,教会爸妈用微信和电脑;平时多与家人打电话或者回家看看,叮嘱家人注重身体;对于他们身体出现的小状况多"查岗",多监督。

其三是社会活动。我所在的社团是专注于关爱麻风病康复者的竹蜻蜓爱心社,常规活动是一个月有一次利用周末两天的时间来进行访村,看望那些经历沧桑岁月,从病痛中活过来的孤独老人。他们虽然活下来了,但仍然面临着困窘。从大一进入社团初接触老人到现今,我们和老人的关系,早已不仅仅是志愿者和被助者的关系,更仿如朋友甚至是亲人。尽管在读大三了,我仍希望自己能利用空闲的周末,多回村子去探访老人,多询问他们的身心状况。对于有消极情绪的老人,我愿多陪伴他们,与他们聊天,开导他们,尽管可能只奉献一点微弱的光。

最强优良品德之领略优美

领略优美,亦为敬畏(awe)、赞美(wonder)、高尚(elevation),指

自觉发现并欣赏诸如自然、艺术、数学、科学等不同领域以及平凡生活中的美丽、卓越与杰出表现。我所理解的领略优美，与专业的解释也是有所不同的。在我看来，应该是对这个世界有一颗好奇心，留心观察、积极地去发现并体验美。

对于发展领略优美的品德，我也是从三个方面进行的。首先是学校活动，选修一些与艺术有关的课程，如舞蹈鉴赏；参与或观赏一些文体活动，如院迎新晚会。这学期，我还计划与一个好朋友一起游览广州大学，发现广大之美。一周利用一个下午游览一幢建筑物，从楼下到天台。

其次是开展阅读之旅，体验文字之美和灵魂交流之美。我努力学习美学概论这门课，尝试和大家分享美的感受。

再次是家庭活动，将自己觉得美的东西分享给家人和朋友，同时鼓励家人与自己互相分享，如书籍。之前我看了妹妹分享给我的书——大冰的《阿弥陀佛么么哒》，后来又看《外婆的道歉信》，计划看完以后分享给我的妹妹阅读。在妈妈的生日那天，回家陪她过生活，并精心挑一份礼物或者自己 DIY 礼物送妈妈，把这份爱传递给家人。

最后是社会活动。处处留心，发现社会中的美。例如，参与社团的访村活动，记录并分享一些美的画面；希望在寒假时可以进行一场义工活动，用当地人的生活方式去体验慢生活，感受生活美。

较弱优良品德之爱学

爱学，指个体不管是出于自愿还是外在要求，都能够主动掌握新方法、研习新课题及其相关知识体系；此外，爱学与好奇心的特质密切相关又有所超越，它更强调个体系统地掌握知识。在我曾经的认知中，一直认为自己是一个爱学的人。上大学之前，我一直很勤奋，尽管中学曾奔赴较远的城镇走读，也不曾懈怠，反而更加努力，才有了不同于小学时的自己。进入大学以后，见识渐广，越发深感自己缺乏爱学这种品德。我并非没有一颗热爱学习、热爱知识的心，只是未能掌握新方法，也没能积极研习知识体系，可能终究是被更加热闹、精彩的事情先勾了魂。在刚过去的一学期里，有很多小组合作的作业，我曾希望借此学习小组成员的长处，借鉴他人的思考方式、学习方法，探索出适合自己的学习道路。同时，有意识地去关注一些建构体系类的公众号或书籍，如思维导图，培养自己的"体系"意识。

较弱优良品德之热情

所谓热情，亦指有活力（vitality）、有激情（enthusiasm）、有魄力（vigor）、有精力（energy），指使生活充满激情和正能量，做事不半途而废或三心二意，有如探险似的新鲜生活，能很敏感地活跃与能动。

选择热情为自己的较弱的优良品德，是三思而后行的决定。其实，在我看来，自己是一个热情的人，时时像个脱缰的野马，奔放、有活力、有激情，也总喜欢鼓励自己去探索世界，体验生活。这样的我，无法不承认自己是一个极其热情的人。只是，诚实到偏执的性子，容不得做事半途而废和三心二意的存在。虽是一个好奇之人，只可惜空有三分热情；对于选择，也常常摇摆不定。

对于热情的优良品德，我曾计划如此发展：坚持写日记，每天反思与鞭策自己。坚持运动，培养自己的毅力和自律能力。计划每周至少跑步三天，每次最少4千米。下载运动软件"悦动圈"来监督、陪伴自己。如若遇到志同道合的人，也可以一起互相监督。将自己要实行的计划告诉好朋友或舍友，请她们帮忙做自己行动的见证者和监督者。遇到一些重大抉择时，可以寻求亲朋好友帮助，理性分析各种利弊以后，再作出选择，努力不让自己后悔。如果是一个看似消极的抉择，努力做到先从心理上去适应。每个目标设立后，都可以给自己设置奖惩。

●美省○

追溯当初，对于"美知、美行、美省"活动，目光短浅，认知也过于狭隘，应是因学期之初对自身的定位模糊，以致计划是随心随性的。"美知、美行、美省"的活动计划与学期中的实施情况大相径庭，计划大抵只实现了一半。

在进入大学之初，我便有一个经济独立的小目标，但一直到大二暑假才有机会践行，于是从大二暑假到寒假，一直在找机会打工挣钱。目光短浅，不知轻重，以经济为本，反轻了学业和社团。

自身擅长的东西，相对不需要费大力气，因为容易做到；而短板，则因其"短"，需要下苦功夫。美知、美行中较弱的两种优良品德几乎是停滞不前的，虽有实行却未能坚持。就好比我的跑步大计，着实是有过几天早起跑步或夜跑，只是一两场雨下来，便浇熄了我的热情，每天晚上的兼职，成了长久的借口。而爱学，虽有在小组合作中努力向别人学习，却也没内化为自我成就的系统。

其实，我深知自己身处洪流之中，有着现今青年所特有的拖延症、懒癌、佛系等通病，虽有所反思，但缺乏勇气和意志跳出洪流。

大学早已过半，每一学期结束时都惊叹时光流逝，而很多计划最后仍只是计划。我总在思考，到底该如何才能清楚地认清实际，为自己准确定位。其实，道理我们都懂，关键在于如何知行合一，又如何坚持不懈。

人生路途，雾霾常起，若你如风，请在风起时，助我驱散雾霭，留下你我的足迹……

📝 简评

通篇文笔优美，行文流畅。"美知、美行、美省"本身就没有固定的形态，它是变化发展着的，在不同的人眼里有不同的样子，如诗如画、若有若无、变幻不定。在笔者眼中，"美知、美行、美省"如风，它真实地来过，并给予她触感和心动，留下真切的足迹。绮妮是一位生活的有心人，对朋友、同伴、家人、麻风病康复者能够做到处处留心，事事细心，适时关心。对自己的反省精准到位，严格要求自己。结尾一句"人生路途，雾霾常起，若你如风，请在风起时，助我驱散雾霭，留下你我的足迹……"让人意犹未尽。

（教育学院"课程与教学论"研究生赖秋桃）

美由心生，重在行而省之

江敏菲

午后，品一杯香茗，在阳光下的微醺中静静回想起历史书上记录的中华民族勇敢与外敌拼搏，历经沧桑而后铸就壮阔的历史画册，不禁心生自豪与骄傲。于国家而言，一个民族之所以能够不断进步，不但因为有得天独厚的优越资源，更因为有强大的民族精神支柱，亦即透射在人们身上的民族之魂；对于个人来说，想要进步，成为更好的自己，就要先反省自己是否能发觉自身的美德并践行于现实。古代文人以"静以修身，俭以养德""出淤泥而不染，濯清涟而不妖"诸如此类的雅句来提醒自己，让美德成为自我立足社会的精神源泉。美德就像一泓清泉滋润着我们的心灵，给予我们心灵的慰藉。而在今天充满利益斗争的社会中，个体更需要将以德立人的观念放在心上。在我看来，人的美德由心而生，雅人与俗人的区别就在于能否看到自身的美德并加以践行与反省。

相由心生，境随心转——意思就是人的本相与外相跟自己的心有关，虽然我们不能改变环境，但是我们可以改变自己对环境的心态。至于美由心生，我认为包含两方面的内容：一则与相由心生相似，主要体现在外貌方面，类似于如若你存好心，别人看你的外貌亦觉得面容和善；二则心想着自己想要成为怎么样的人，表现出来的美德亦与心之所想相契合。之所以说美由心生，是因为我相信"人之初，性本善"之论，我认为世界上并没有天生的好人与坏人之分，人的善恶区别就在于其行为是受美德的鞭策还是受恶念的支配。因此，生长在优秀传统文化丰厚的中国，在美德的熏陶之下，加上自幼接受道德教育，人的内在美德自然而然能够被激发出来。在上学期的教师职业道德课程的"优良品德自我发现与发展"活动中，在美德的自我发现阶段，我就已经遇到困难了。在人生的前二十年中，我从来没有认真审视自身，发觉自己所具备的美德；就连平时他人提出我身上的优点，我也会羞于接受，更别提能够清楚地意识到自己具有的优良品德了。幸运的是得益于课程的安排，我能够有机会认真地反省自己的行为，并从中整合出自己的所拥有的美德，即好学、集体荣誉感与热情。

"好学"是我审视自身后最先总结出来的美德。小时候接受教师与父母的教育，对于身边的事物总是抱着好奇心并且有强烈的学习欲望，于是无论学科性很强的知识还是生活中的技能，我都很有耐心地学习。直到现在，对于一些我从来接触过的事物，我都十分愿意尝试并且虚心请教他人。所谓技多不压身。再者，我在担任班干部以及参加社团活动的过程中发现自己的集体荣誉感特别强，无论身处哪一个集体，都能够清楚地意识到自己是集体中的一员，并且能够很快地产生集体归属感。从自身的经历来看，我认为拥有强烈的集体荣誉感能够让个体愿意为集体服务，对于集体凝聚力的发展也是十分有利的。至于"热情"这一美德，个人认为与自己的积极乐观天性有关，虽然我是一个特别害怕尴尬气氛的人，但是在熟悉的环境中，总能够恰当地对他人表达自己的友善与热情，善于用微笑去感染他人；而处于一个陌生的环境中，跟陌生人打交道的时候，虽然自己感觉上可能会不太自然，但还是能够自如地应对并与他人进行交流。也许自己还有很多的美德需要细心寻找，也许在这些自己已经发现的美德方面还需要付出更大的努力去获得进步，但是，现在知道自己的优点总比以前认为自己处处不如别人而感到自卑要强。

如果说美德的自我发现是一个人进步的开端，那么对于美德的自我行动与自我反省就是一个人进步的过程与动力。吕不韦曾说："言之易，行之难"。很多人是行动上的矮子，说的时候很爽快，但是做的时候却迟疑。美德的延续发展需要个人的行动去完成，品德高尚的人一定也是十分自律的、行动上的巨人。作为将来会投身于教育行业的工作者，知行合一才能从根本上赢得学生的尊重与认可。在"优良品德自我发现与发展"活动的中期报告中，我发现上台分享的同学大部分都宣布自己定下的小目标因为各种阻碍而无法坚持以致失败告终。而坐在讲台下的我，也因没有坚持自己的目标而感到遗憾。本来觉得这个活动对于个人的成长来说意义并不大，但是实际上这是对自我的自律性的一种考验，殊不知在不知不觉之中自己也成了众多行动上的矮子中的一员。即使能够清楚地认知到自己所拥有的美德，但如果只是满足于对美德的发现而缺乏坚持的行动，那么也不值一谈。因此，通过同学们的报告分享，我也有了觉悟，专门为完成每一天的任务准备了一个清单本，前一天晚上把第二天要做的事情记录下来，然后第二天结束的时候把自己完成的任务划掉，希望以此来提醒自己不要懒惰。这个方法让我在践行美德方面有了很大的动力，并且坚持到目前为止感觉效果还不错。在忙碌的学习生活中，浮躁是我们行动的绊脚石，只有抛开一切诱惑，安安静静地坚守内心，清楚自己的行动方向，并且勇敢而无畏地去坚持，才能乘风破浪。

行动能使荒废的心灵花园重获生机，自我反省则能如明镜一般照见心灵上的污点。关于美德，自我认知、自我行动与自我反省并不是孤立的三个阶段，对自我行为的反省应该在认知与行动的过程中有所体现。小时候，父亲就教导我们，每天睡觉之前都要回想起自己在白天的表现，从中发现自己做得好的、值得称赞的地方与做得不足并需要改善的地方，所以自省对于我来说并不是难事。其实在活动的中期汇报阶段，遗憾与懊恼都是因为对自己的行动反省而产生的，也因此在践行美德方面，我作出了一些调整。通过不断地反省，现在也有了很大的改变，并且觉得自己的生活因为能够完成这一个个小目标而充满力量。学会反省，也就是学会自我成长。

活动虽然已经告一段落了，但是通过这次活动所获得的内心的充盈则会一直持续下去。自己对于活动的态度也是慢慢变化的，从一开始的抗拒到接受，再到现在能够悟出活动的益处，也是自己心灵上的一次成长。

作为即将步入小学执教的准教师，对自我有准确的定位是非常重要的。除了不断学习专业知识以及提升专业素养之外，还需要明确自己需要具备优良品德。泰戈尔曾说过："花的事业是尊贵的，果实的事业是甜美的，让我们做叶的事业吧，因为叶的事业是平凡而谦逊的。"教师就像那默默奉献的绿叶，时时刻刻衬托着鲜花的娇艳。"师者，所以传道、授业、解惑也。"教师的品德和素养是教师发展的重要前提。因此，还在学校进修的我们，更应该从现在开始注重培养自己的品德与素养，随时做好教书育人的准备，做学生的好榜样。虽然我时常觉得教师职业道德是很虚无缥缈的东西，不是说从书上读来就能够内化，但是受到一些关于教育的影视作品与书籍的感染，以及到小学实地调研后，自然而然地就会特别注重对自身美德的培养。有句话说得好："一两的身教，大于一吨的说教。"法国作家卢梭曾经说过："没有榜样，你永远不能成功地教给学生任何东西。"法国作家罗曼·罗兰也说过："要撒播阳光到别人心中，总得自己心中有阳光。"所以为了这"一两"的身教，为了榜样的塑造，为了使自己的心中总有阳光能够撒播，作为教育工作者就必须规范自己的一言一行，才能在传道授业解惑的过程中潜移默化地影响学生。久而久之，教师崇高的思想品德，良好的职业道德，便在学生心中生根发芽，开花结果，亦如古诗所说："随风潜入夜，润物细无声。"

抛开教师这个职业不说，无论以后从事什么行业，只有品德高尚的人才会受他人尊敬。在这个活动中，我也发现了其他同学身上具有的一些比较独特的优良品德，并且我们也互相分享了关于自身美德的故事，受益无穷。比如，同宿舍的有位同学觉得自己拥有"挚爱"这一优良品德，而背后的故事则是她自己与母亲所发生的一次口角，让她懂得了要体谅父母、要经常和父母谈心、多回家陪伴父母，与父母保持良好的亲子关系。通过与他人的交流，我也反省自己做得不好的地方，希望能够慢慢培养更多优良美德，成为更加优秀的人。

我想，大概每一个人都会对自我有所憧憬，希望能够成为自己喜欢的模样。在读大学之前，我以为大学是轻松又充满乐趣的，而现实却是我们依然需要迎接不同的挑战，而这些挑战并不像以前那样只要多做几套题就能够轻易应对，我们需要学会在大学这个"小社会"中成长。最近我发现，在忙碌的生活打磨之下，自己的心理状态似乎越来越消极了，对自己的信心也在挑战中慢慢消退，觉得生活是如此的不近人情。在这样消极的状态之下，优良品德的践行与保持似乎就有些困难了。我们对自己的未来充满希望，也有很多幻想，但是在这次活动过程中，我也体会到了做自己喜欢的样子是非常难的，只有不断地努力，才能从容地应对生活中的不如意。所以还是希望能够守护好自己的优良品德，不断加油，希望山重水复之后便是柳暗花明。

师者为师亦为范，学高为师，德高为范。走上三尺讲台，教书育人；走下三尺讲台，为人师表。教师要把师德内化为自身的道德情感和道德信念，外化为道德行为和习惯。

在历史的进程中，我们人类创造了日益发达的高度文明，华夏民族以自己的勤劳和智慧在这历史书页中留下了不可磨灭的印记。21世纪，我们又站在了新的起点上，每一位中华儿女都是中华文明的受益者，我们有责任将中华民族的优秀美德发扬光大，让文明之光照耀每一个人。优良品德的自我发现与发展活动，犹如一盏明灯为我们指明了教师素养发展的方向。愿从今往后，我能够更加严格鞭策自己，做个注重美德、发扬美德的人。

美由心生，重在行动与自我反省。共勉！

✍ 简评

此篇美文依据作者的切己体验与省思，凝聚出其精华之意，即美德由心而生，重在行而省之。文章中心比较突出，结构清晰，语言具一定的哲理性。在谈到对美德的认知方面，作者在美德的自我发现阶段里认真审视自身，将发觉和整合出自己所拥有的好学、集体荣誉感与热情之德的过程娓娓道来。"言之易，行之难"，作者意识到个人美德的发展与完善还须付诸自我行动与自我反省，故在"优良品德自我发现与发展"活动的后期作出了一些践行美德的调整。"学高为师，德高为范"，作为即将步入小学执教的准教师，作者已经有把师德内化为自身的道德情感和道德信念，外化为道德行为和习惯的觉悟。期待她能以此鞭策自己，在美德之路上燃起自己的那一盏明灯。

（教育学院"课程与教学论"研究生屈小漫）

听从内心，无问西东

周慧如

　　年味渐浓，结束了一年的辛劳，怀着喜悦踏上拥挤的归途，只因为人们期盼着团聚的日子即将来临。比较幸运的是，我不必背井离乡，不需周转劳顿，所在的地方就是我土生土长的家乡。望着路上的车水马龙，五彩缤纷的灯饰相互辉映，街市上热闹声欢呼声，年花的香气、煎堆油角的味道……仿佛身边一切都在清晰地提醒我：春节要到了。无论是小时候的我，还是现在的我，每每被问及最喜欢的和最期待的节日，始终回答是春节，可不知怎么了，自己怎么也高兴不起来。当我向朋友们询问原因时，才知道她们也感同身受，感叹只因我们都长大了。

　　今年的我和往常一样，要帮母亲准备一切新年的事宜，退休后的母亲空闲时间多了，不必等到"年二十八，洗邋遢"便独自把家里上上下下里里外外打扫了一遍。于是开始置办年货，买年花和做糕点。等到做春节小吃的时候，特意调好闹钟起来的我看见母亲已经在揉面粉做油角了，而我的工作依旧是包好煎堆并捏成各种形状，最后再上色，捣鼓了两个小时终于做好了，便继续帮助母亲做接下来的工作。每年都是只有我和妈妈两人，更多的时候是妈妈承包了所有的春节小吃，当我在忍受着腰酸背痛，即将完成工作的时候，母亲突然感叹道：太累了，明年不做煎堆了，到外面买几个算了。印象中，这是母亲第一次说不想做了，我想她是真的累了。除了这些小吃，母亲每年都会蒸自己拿手的糕点并分送给亲戚朋友，有时候连自己都没吃上一口，还会四处奔波去帮别人做糕点。我时常心疼

23

母亲的辛苦，可是我渐渐明白了，这是一种乐于分享和助人的美德。那些互相奔走帮忙的妈妈们，在帮助对方收获快乐和感谢的同时早已忘却劳累，她们的行动是那样简单质朴，却饱含浓浓的人情味，我想这也是我从她们身上该学习的美德吧。

母亲在忙碌中提到年味太淡，便交给我一个装扮家里的任务，于是我灵光一闪地想到可以用旧红包制作灯笼，便上网查询制作步骤后做出两个不一样的灯笼，还制作出一串"小鞭炮"。搬出市区至今，不知不觉已有五年，想起小时候家里总会有各种各样的装饰，我最爱的是在年橘上挂灯笼挂红包，但随着年龄的增长，自己也渐渐懒惰起来，便没了那样的心思。我母亲是个注重传统的人，每年都会准备许多香烛贡品拜神，我总会被早早地叫起来帮忙。我虽然不喜欢那些烦琐的程序，不喜欢被烟呛到的感觉，但是想起小时候最喜欢就是年三十的晚上，一过了十二点我就抢着帮母亲点香点蜡烛，把屋里弄得亮堂堂的，结束之后还有一碗甜甜的汤圆吃。从大概十一点开始，村里的鞭炮声此起彼伏，几乎整夜不停歇。那种感觉十分令人怀念。到了我们这一辈几乎没人愿意做这样的事情了，这种民俗习惯未来又该何去何从？我既讨厌它造成空气的污染，却又喜欢这样的气氛，因为只有这样，我才真真切切地感受到春节的来临。人们之所以热衷于拜神，就是祈求得到祖先的保佑，希望来年全家人都能平安健康，事事顺心。今年的年三十晚上，我看着电视剧，突然被感动了，剧里一位中年女性还怀念着小时候过年的各种习俗，还期待着年三十晚上一家人的团聚，结果因为时代发展迅速，年轻一辈的人都有各自的节目，连自己最怀念的攒盒和电视节目也没有了。这让我不禁想到，随着社会发展科技进步，这些有年味的东西会不会逐渐消失，而我们怀念的终将成为过去。所幸的是剧中的结局是身边的人还是会不约而同地回到家里团聚。我感叹他们老一辈身上有着坚持传统的美德，却不知道在新时代中各种新事物的不断冲击下，年轻一代的我们该何去何从。

新年伊始，烟花鞭炮声相互更替，热闹的春节转眼间在抢红包大战、走访拜年、互相寒暄中已过去一半了，停下来的我开始静静地反思着自己过去一年的表现，也在思考着春节期间所看到的、所感悟到的各种美德。我想感悟最深的便是"爱你所爱，行你所行，听从内心，无问西东"了。这句话是电影《无问西东》的中心内涵，而"无问西东"一词则是出自清华大学校歌中"立德立言，无问西东"一句，意思就是美好的德行和对人有益的言辞是青春飞扬的根基，有了这两点，青春才有环顾四周的豪气和资本。在假期的时候，我去看了这部电影，它讲述了不同年代里四个来自同一所大学的年轻人的，与理想、爱情、家国和善良有关的青春故事，让我感触很深。正如导演李芳芳讲到，在成长过程中，每个人都面临纷繁的选择，受到万事万物的干扰和阻碍。但无论外界的社会如何跌宕起伏，都要对自己真诚，坚守原则。内心没有了杂念和疑问，才能勇往直前，无问西东。正值青春年华，对自己真诚和坚持原则是我们应拥有的美德，因此，听从内心、与人有益是我一直寻找与期盼的关于美德何去何从的答案。

新时代赋予了"美德"新的定义，与此同时，"美德"在时间和金钱的熏染下产生了扭曲，在这日新月异、纷繁复杂的社会里，人们遭受不幸后开始产生怀疑，通过竖起一面面冰冷的墙来保护自己。面对扶起跌倒老人被讹、保姆放火烧雇主一家等"农夫与蛇"的事件，我们不寒而栗，甚至质疑一直为世人传颂的乐于助人的美好品德。著名演员孙俪曾经资助一个穷困的孩子上学，却没想到几年的无私换来的却是一次又一次的索取。初中的时候我曾经写过一篇文章，内容是关于跌倒老人该不该扶，事实上无论是五年前的我还是现在的我，答案都是一致的：该扶。因为面对关乎生命的抉择，其他一切都显得太微小了，是无法用生命来比较的。当然有不少被讹的新闻，但拼命救人、舍己为人的真实事件更是数不胜数，人们只是将负面消息不断放大以至于忘了我们一直坚持的美德。在电影《无问西东》里，事业强人张果果一直资助三胞胎一家做手术，面对他们频繁的电话也渐渐产生了怀疑，最终还是听从内心，坚持下去，而三胞胎一家并不总是索取，他们用三只胎毛笔承载着无尽的感激。人们常说一句话：世界并不缺少美，只是缺少发现美的眼睛。看完这部电影之后，我深有感触，也许我一直坚持的信念遭到现实一次次的打击，我的付出不被别人感激或认可，但至少我跟随了自己内心最真实的想法，坚持了乐于助人的美德，这样的我才无愧于青春。正如电影里为正义和友谊不顾一切的王敏佳，以及不顾家人反对，为祖国为穷困孩子奉献生命的沈光耀，爱我所爱，行我所行。这种观念和我当初建立自己公众号的初衷不谋而合，通过这样一个平台来抒发自己的情感，表达自己的看法，然后分享给身边的朋友，传播美好。我想这也是一种美德吧。

但是，我所认为的坚持信念与善良并不是盲目或没有底线的，而是要有自己的立场，在力所能及的范围内做正确的事。小时候，每次我和同学去图书馆都会看到门前跪着的乞讨者，他们大多是因"母亲病重"或者"没钱回家"而向社会请求帮助，我们心想他们也太可怜了，所以偶尔会放下几块钱。但是久而久之发现他们不过是以不同的理由在乞讨，博取人们的同情心，再到后来图书馆里出现了带着残疾证假装残疾人的骗子，工作人员在书柜墙壁上贴出警示标语，提醒我们不要上当受骗。近年来，火车站、汽车站纷纷出现借钱买车票的骗局，我身边也有不少人因为善良而上当。在我们不断坚持信念和善良的同时，也有不少人一度挑战我们的底线，利用我们的善良谋取利益，也让我们感到失望与无奈。这样利用人们的同情心而行骗的行为是可耻的，我们要有善良的底线，学会分辨是非真假，才能更好地保护自己。站在美德的角度上，我希望自己能够做到问心无愧，用自己的善良帮助到有需要的人，同时坚守自己的信念和标尺，听从内心而不被道德绑架。

为何我会执着地认为"听从内心，无问西东"是一种美德，是因为在成长过程中，我们会受到各种各样诱惑，有时候似乎只能随波逐流，真正能够听从自己内心的想法，坚持信念显得难能可贵。上大学后，我开始慢慢发现自己懦弱、缺乏主见、过于在意别人看法的性格只能让自己变得更加无助，不受人尊重，因此不得不改变自己。从小到大，无论是学习还是生活，我都躲在父母的保护下，没有自己的兴趣爱好，活得战战兢兢，时刻担心因为自己的一句话或一种行为而伤害到别人，却往往忽视了自己内心的感受。我到底真正需要的是什么？我想我应该能够自己做决定并为之负责。爱别人的前提是先学会爱自己，否则活得太卑微了。

这两年，我开始找到了自己的兴趣，比如经营公众号做推送、剪视频、去各个地方旅游并写游记，等等，最喜欢就是不断尝试新事物，丰富自己的生活，增加人生阅历。比起过去过于执着的自己，现在的我感觉轻松多了，也开心多了。最引以为傲的是，我曾经参加过一次五十公里徒步的活动，这听起来似乎是一个艰难的任务，活动中也有不少人中途放弃或者采取其他方式完成，而我坚持下来了。这是我第一次觉得自己很强大，能够克服一切困难，也是第一次感受到意志和自信的力量不容小觑。原本内向的我，也因参加剧团、合唱团等各种活动得到改变，明白很多事情如果只是"想"的话永远都不可能实现，只要尝试了才知道最后的结果。世俗也许很强大，世界也许在变化，每一种选择都不容易。我想拥有选择和尝试的勇气也是一种美德吧。

青春美好，我总是期待着更好的自己。于我而言，"听从内心，无问西东"是如此珍贵的一项美德，它使我成长，让我找到自我，坚持原则而勇往直前。经过这段时间的反思，我对自我和美德的认知越发清晰，也明白了自己未来的路要如何继续前行——要像母亲一样有乐于分享、乐于助人；像张果果一样明白即使是在善良容易被利用的年代，也要坚信人性善良。而"立德立言，无问西东"这一句话时刻提醒着我要谨言慎行，说好话、做好事、存好心，尽自己能力帮助别人。中华传统美德源远流长，之所以能够流传至今也必有其道理所在，它能引导人性向善，促进社会的发展进步。我们不仅要传承中华美德，赋予美德以新的意义，让美德得到更好的发展。在往后的日常生活中，我将不断学习，不断反思，提升自己，寻找自己的梦想和未来。愿我们无论在生命最青春光亮的岁月里，还是在命运的十字路口徘徊时，都能做出遵循内心的选择，无悔与坦荡地活着，也希望身边的人不要放弃自己的信念。美德就在我们身边，一起做最好的自己！

✍ 简评

　　"听从内心，无问西东"。这是一场关于美德何去何从的自我省思。目睹了这些年春节期间的民风民俗，作者不禁感叹老一辈对传统美德一如既往的坚持。而在新时代中各种新事物的不断冲击下，年轻一代的我们又该何去何从？作者结合自身的成长经历与感触对此进行省思，并给出了她的答案，即"爱你所爱，行你所行，听从内心，无问西东"。如此一场深入剖析自我的省思，紧系生活，虽内容平实，但却有其力度，足以引起读者之共鸣。愿作者始终能以此警醒自己，遵循内心，勇往直前！

（教育学院"课程与教学论"研究生屆小漫）

论知行合一对个人优良品德
自我发展的影响

周伟航

知行合一是由明朝思想家王阳明所提出的、有关道德方面的认识论与实践论的命题，其实际为道德范畴下认识事物与实践之间的密切关系。在参与"优良品德自我发现与发展"活动的过程中，知行合一于个人品德自我发展的重要性，随活动阶段的推进而逐渐体现出来。因此，本文将以我在"美知、美行、美省"三个阶段中的所做与所得来分别阐述知行合一对个人优良品德自我发展的影响，并用研究此命题所得的感悟去进一步推动个人品德自我发展。

一、"美知"阶段

在我看来，"美知"阶段实际上就是王阳明所提出"知行合一"命题中得"良知"的过程，即通过自己内心总结去求得"良知"，并为之后知行合一的达成打下主观基础。根据老师的要求，我列出了我自认为最强的三种优良品德和最弱的两种优良品德。我列出最强的三种优良品德分别为"好奇心""集体责任感"和"领略优美"，而最弱的两种优良品德分别为"社交智力"和"创造力"。以下为上述五种优良品德的详细解析及其在我身上的反映：

(一) 最强的三种优良品德

1. 好奇心

好奇心亦为兴趣、尚趣猎奇或开放性体验，指对所历事物本身的特点和意义产生兴趣，并寻找充满吸引力的主题或论题进行探索与发现。我自认好奇心较强，但能引起我好奇心的事物并不多。可一旦某种事物勾起了我的好奇心，我必将探究到底。小时候，家里人买了一个地球仪，放在我的房间里。那时的我很喜欢把玩那个地球仪，因为觉得它转起来很有趣。初中开始上地理课的时候，地球仪上那些标注的国家和城市勾起了我的好奇心，我开始尝试记住它们的轮廓和位置，尽管有些国家和城市名称是我之前闻所未闻的。再后来，我开始研究起各个国家的地形地貌与风土人情。如今，我依然会在闲暇时间研究一些地理知识。仅仅因为小时候对一个地球仪的好奇，我就从此多了一个研究地理的兴趣，这也可以看出好奇心这一优良品德对我的重要影响。

2. 集体责任感

集体责任感亦为公民意识、社会责任感或忠诚，指作为集体或团队一员努力工作，对集体忠诚，为集体做贡献。我自认为集体责任感较强，但体现得较为被动。因个人性格偏内向，我很少主动站出来去为集体做贡献。不过，一旦集体给我分配了任务，我定会认真仔细地去完成。而且，我会为集体所取得的荣誉感到高兴。

3. 领略优美

领略优美亦为敬畏、赞美或高尚，指自觉发现并欣赏中诸如自然、艺术、数学、科学等不同领域里美丽而卓越的表现。我对音乐艺术很感兴趣，每天都会保留至少一个小时去欣赏音乐。我欣赏的曲风类型较杂，如流行、纯音乐、摇滚、民谣、爵士、说唱、朋克和乡村等。而且，我喜欢去探寻音乐和歌曲背后的故事。此外，我还擅长发现和领略优美的自然风光。在我看来，优美的自然风光无处不在，只需细心观赏即可发现。

（二）最弱的两种优良品德

1. 社交智力

社交智力亦为情感智力或人格智力，指敏于察觉自己与他人的动机和情感，善于为人处世以融入不同的社会情境，巧于言行举止而不惹恼他人。我认为自己的社交智力是很弱的。我性格偏内向，平时处于陌生且人多的环境中就会感到紧张，也因此失去了许多与他人交流的机会，导致我难以察觉他人的动机和情感且难以融入不同的社会环境。

2. 创造力

创造力亦为原创力或独创力，指以新颖而富有成效的思维方式思考问题并开展行动。我认为自己是一个比较死板固执的人，虽然脑子里时常冒出一些新奇的想法，但我不会执行。我不擅长做一个"站出来"的人。

二、"美行"阶段

"美行"阶段从道德层面上来说实际上是美德的实践阶段，同时也是"知行合一"命题中的"行"。依据"美行"阶段要求，我应在现实生活中巩固个人较强的优良品德并增强较弱的优良品德。而在实际操作中，我基本上成功巩固了先前较强的优良品德。但可惜的是，社交智力这一较弱的优良品德并未得到加强。以下为这五种优良品德在"美行"阶段于我身上的反映：

（一）最强的三种优良品德

1. 好奇心

在"美行"阶段，我巩固了先前已有的兴趣，如了解地理知识。此外，我还开拓了新的兴趣——看美式橄榄球比赛。几个月前，我在广东体育频道看到了一场 NFL 比赛，从此被美式橄榄球运动所吸引。我开始了解美式橄榄球规则，看美式橄榄球比赛，并有了自己支持的 NFL 球队新英格兰爱国者队和欣赏的 NFL 球星汤姆·布雷迪。

2. 集体责任感

在"美行"阶段，一方面，我继续认真仔细地完成集体分配给我的任务；另一方面，我开始主动承担一些小组协作方面的任务，如上台汇报等。因此，我觉得自己在"美行"阶段成功巩固甚至增强了集体责任感这一优良品德。

3. 领略优美

在"美行"阶段，我继续坚持每天用一个小时欣赏音乐，领略音乐的优美。而且，我还去欣赏灵魂乐，并尝试听灵魂乐大师詹姆斯·布朗的作品。同时，我也开始欣赏美术作品，我对莫奈、凡高等印象派大师的作品很感兴趣。因此，我认为自己在"美行"阶段成功巩固并发展了领略优美这一优良品德。

（二）最弱的两种优良品德

1. 社交智力

我并未成功加强社交智力这一优良品德。在"美行"阶段中，虽然我在脑海中设想过在陌生且人多的环境里应有的言行举止，但在实践中我依然因为太过紧张而无法做到。以后我会努力加强。

2. 创造力

我的创造力在近期的实践中得到一定程度提高。例如，在学习小学科学教育专题课时，我借知识竞赛这一较有创意的形式展示了一节科学课。此外，我在期末复习的时候也尝试采用了不少自创的背诵知识点的方法且卓有成效。

三、"美省" 阶段

在"美行"阶段结束后，我每次检讨自己"美行"阶段的行为都算得上是"美省"。实际上，我现在写这篇"美文"也符合"美省"阶段的要求。回忆整个"优良品德自我发现与发展"活动，我充分感受到知行合一对个人品德自我发展影响之大。卢梭认为，思想锻炼绝非用现成的许多知识去填充，而是通过操作、实验去判断、推理，从而重新经历知识生产的过程。重要的不是知识的渊博，而是拥有愿意去了解更多知识的心胸和获得知识的能力。思想锻炼就是要以实践去验证知识，而优良品德的养成也是如此。从道德实践上来说，只有将"知"与"行"结合起来，才能称得上"善"，才能培养优良品德。相反，一旦"知"与"行"脱节，则无法培养优良品德。社会上有些人做出符合优良品德的行为，然而其并非因"良知"而为，而是出于金钱、名誉等外部原因。此非归于个体自觉行动的道德，无法对优良品德的培养起正面影响。相反，有些人内心有"良知"，但无法将"知"贯彻于"行"中，也难谓为"善"。在我看来，知行合一促进"良知"的形成，更是个体对自身优良品德存在的确认。这种确认会给人以正确的方式继续发展自身优良品德的信心，指引人的下一步行动。以"社交智力"这一较弱优良品德为例，如果我在陌生环境中能尝试与他人交流，达成一次"知行合一"，也许我就能确认自身的确有发展"社交智力"优良品德的潜能，以后便有更多信心去与他人交流，并以此推动自身社交智力的发展。因此，想要发展自身优良品德的人要尝试做到"知行合一"，将"知"反馈于"行"中。我便应如此。

以上就是我参与"优良品德自我发现与发展"活动后思考所得。

✍ 简评

"致良知"即在实际行动中实现良知，实现知行合一。"知"，主要指人的道德意识和思想意念；"行"，主要指人的道德践履和实际行动。"知行合一"告诫人们要做到知中有行，行中有知；以知为行，知决定行。文章将"美知、美行、美省"与王阳明的"良知""知行合一"论相互融通，并进行结合自身情况展开实践活动，得出"想要发展自身优良品德的人要尝试去做到'知行合一'，将'良知'反馈于'行'中"的结论。论文紧扣主题，论据充实，逻辑清晰，其写作形式、言语表达和逻辑力在众多文章脱颖而出，是不可多得的一篇实力美文。

（教育学院"课程与教学论"研究生赖秋桃）

我的美德成长之路

王婷婷

一、美德的了解认知

"土扶可成墙，积德为厚地"，诗仙李白在《相和歌辞·君道曲》中有这样的阐述。泥土积累多了，可以筑成城墙；美德积累多了，安身立命的基础就深厚了。美德，即美好高尚的品德，是一种大众所推崇的高尚的道德行为，也是一种积极的态度。它来自每个人的内心最深处，人人都可以具有美德。当一个人具有美德的时候，是会闪闪发光的。美德是从内而外展现出来的，当我们的心中充满着爱和尊重，懂得珍惜身边的万事万物，就会自然而然地产生美德。当我们拥有美德并不断地坚持和发扬它，即使我们是极其普通的人，也会因此而变得不普通，变得更有价值。

二、美德的自我发现

事实上，我们仔细审视自己，会发现每个人或多或少都拥有美德。美德的自我发现，基于对美德的了解和尊重，也是对自己的一种肯定和鼓励。只有主动去发现自身的美德，才能引起我们对它的关注，进而采取行动去发扬它。

在美德列表里寻找属于自己的美德并进行认真进行研究时，我发现自己的美德是有缺憾的，不够完美、不够突出。结合自己的实际情况，友善、宽容和感恩是我目前拥有的美德，而自律、勇敢是我比较欠缺的美德。

（一）友善

在社会主义核心价值体系中，友善有着举足轻重的地位，也是我们日常生活中较常见的美德。友善是一种为人处世的态度，是与他人交往时必须具有的一种可贵品质。友善主要体现在对自己不知道的，保持敬畏；对他人的贡献，保持尊重；对别人的劳动，给予认可。

我坚持待人友善主要是受母亲的影响，她是个真诚友善的人。每到夏天很炎热的时候，我妈为了省电费，一般只会在晚上开空调，白天是几乎不舍得开的。有一天维修师傅来我的房间修电脑，当时天气很热。妈妈对我说："师傅太辛苦了，天气这么热，去开空调吧"。还不停地给他端茶倒水，服务很到位。妈妈的举动很打动我，大概这就是一种极其朴素的友善吧。我妈做过类似的事很多，虽然都是小小的举动，但对我的影响却很深。受妈妈的影响，我也总是向别人表达着我的友善。比如坐公交地铁时，我会主动地给老人和小孩让座；买完东西会对售货员说一句"谢谢"；看到送水上楼的叔叔在前面，我会特意放慢自己的脚步，不让他着急让路；有女生提着很多行李上宿舍楼，我会主动帮着分担一点……诸如此类的小事情，都能真诚地表达我的友善，同时也会让我内心觉得坦荡和快乐。

（二）宽容

宽容是中华民族的传统美德，也是时代精神的主题。在中国传统文化的教育熏陶下，学会宽容是一个人在社会生活中与他人交往时必备的素养之一。宽容，于人于己，都是有益的。"金无足赤，人无完人"，每个人的阅历、知识、能力、水平和性格各不相同，因而在与他人交往的过程中或多或少会有观点和思想上的磕磕碰碰，但是只要没有超越原则和底线，求同存异，坦诚相见，相互多些沟通、忍让和宽容，对双方都是一件好事。再者，每个人也要承认自己身上存在某些不足，对自己也应宽容一些，别让自己活得太累，这样的生活也会比较明朗和开心。

从小，家长和老师就教育我们应学会适当地宽容别人，切勿锱铢必较，心宽的人才活得轻松和愉快。我也秉持着一种观念：宽容他人，也是宽容自己。《莫生气》歌可以说很恰当地诠释了我的想法："人生就像一场戏，因为有缘才相聚。相扶到老不容易，是否更该去珍惜。为了小事发脾气，回头想想又何必。别人生气我不气，气出病来无人替。我若生气谁如意，况且伤神又费力。邻居亲朋不要比，儿孙琐事由他去。吃苦享乐在一起，神仙羡慕好伴侣。"世界这么大，能够相遇的人已经是有很大的缘分了，因为不触犯原则的无关紧要的小事而生气以致伤身伤心，不太值得。过了不懂事的时光，现在我只想好好对待身边遇到的人。有一次，在医院住院，一个实习护士来给我打吊针，可是一来二去，我眼睁睁看着她拿着针扎了一下又一下，疼得快要哭出来了，针还是没扎进去。或许是太过于紧张，护士姐姐的手也一直在颤抖。虽然我当时心里也会有埋怨，为什么她的技术这么不过关。但是站在她的角度来想，其实她也很想做好自己的工作，可能是过于紧张了。于是我微笑着对她说："姐姐，不用紧张，我相信你可以的。"当我说完这句话后，她似乎也有了点信心，很快就把针扎好了。如果当时我一直埋怨她，挖苦她，或许最后两个人都不好受。在住院期间，也听过有些人对实习护士有过各种埋怨，甚至在病房大喊大叫"你到底会不会的"或"快叫你们护士长过来，你太没用了"之类中伤他人的言语，这实则于人于己都不利，宽容才是最恰当的做法。

在日常生活中，宽容这一美德让我过得轻松和简单。当有人不小心踩了我的小白鞋，我会微笑着说"没关系"，而非面红耳赤地斥责；当别人对我的看法有异议，我会和他进行友好地交流，而非不分青红皂白地据理力争；当舍友没打招呼就用了我的东西，我会先选择原谅，再请让她下次注意先征求我的同意，而非直接黑着脸吵架……宽容他人也是宽容自己。

（三）感恩

从小时候起，我们就领受了父母的养育之恩；等到上学，有老师的教育之恩；和他人交往之后，有了朋友的关怀、帮助之恩；偶尔地，还会有陌生人的热心帮助之恩……当一个人懂得感恩时，便会将感恩化作充满爱意和诚意的行动，用来报答别人，回报他人对自己的付出。在一定程度上，对于他人的感恩之情，需要通过真切的行动来表达并让别人感受到。感恩不能没有行动，不能仅停留在内心。比如发自内心地亲口说"谢谢"，或在其他方面帮助和关心对自己有恩的人，都是很让人暖心的。所谓"投之以桃，报之以李""吃水不忘挖井人"，都是提醒我们不要忘记别人对自己的好，我们在接受帮助之后，也要回报他人。有时候，他人帮助我们并不是为了得到什么，即使没有回报，他们或许不会埋怨，但是如果我们懂得感恩，那将会使他们感到更欣慰和满足。

在日常生活中，我会把自己的感恩之情表现出来。每次回到家里，家人一吃完饭，我会主动去洗碗，但是妈妈总是不让，一直说她来就好了，或许在妈妈的眼里我还是个小孩，觉得我放假回来就是休息的，但我每次都抢着把碗给洗了，并对妈妈说："你每天做饭给我们吃已经很辛苦了，这些事就让我来吧。"其实妈妈也需要休息。《请回答1988》里有一句台词：听说神没办法无处不在，所以创造了妈妈。妈妈很伟大，一直为家人付出，我也是在平时一点一滴的小事中，通过行动来让她感到欣慰。爸爸是家里的支柱，为我撑起了一片天，我平时会陪爸爸去公园打他最爱的乒乓球，和他去骑车……和他一起做他喜欢的事情，他就会觉得很开心。对待朋友，在一些特殊的节日，我会给自己的好朋友写一些发自肺腑的文字，希望让他们感受到我的感恩：有他的陪伴是我的幸运……

（四）自律

"其身正，不令而行；其身不正，虽令不行"。自律，指在没有人监督的情况下，也能约束自己的一言一行，不受外界影响和情感支配，按自己的道德规范而行事。在日常生活中，我们不仅时时提醒自己要自律，同时可以有意识地培养自律精神。

以前，在高中或者和爸妈一起住的时候，我会为自己订立的目标和计划去努力。但是现在在大学这种高度自由的环境当中，我的自律和订立目标的动力减弱了，每天得过且过，或制订了目标，但却没有坚持去完成。对于这种自律减弱的情况，我觉得很焦虑，但是有时候又没有办法克服。

（五）勇敢

勇敢表现为不怕危险和困难，有胆量，不退缩。一个人需要学会勇敢，才能更好地去面对困难。我本身的性格比较懦弱，从小在乡村长大，胆子比较小，做事也畏畏缩缩。我平时很少在课堂上主动发言，每次老师点名回答问题时，我都会在心里默念"千万不要点到我"。在部门里，我也很少积极承担一些重大的任务，因为担心自己做不好。此外，对恶劣的环境的耐受力也比较差……

三、美德的积极行动

（一）拥有的美德

友善、宽容和感恩是我比较突出的美德，但是通过美德的自我发现活动，以及和别人的交流，我发现我的美德还有很多需要完善的地方。我之前坚持的友善和宽容是比较没有界限的，慢慢地我明白，我们可以选择友善，可以选择宽容，但是必须要有底线。有时勇敢说"不"，并不是不友善的表现。

宽容也需要界限。我比较赞同一种宽容界限的划分方法：在自己有能力但无必要还击时，选择不还击是宽容，是美德；在自己有能力且有必要还击时，选择不还击，是懦弱，不是美德。具体要看个人能力，也要看实际情况。美德是用来完善自己的，不是用来要求别人的。对于宽容，我也在努力把握宽容和忍让、懦弱的界限。

在感恩方面的进步具体体现在我会主动面对更多的应该感恩的人，尤其是在感恩老师这一方面。初三和高二的班主任是影响我最深的老师，之前高考过后就住在广州，没有回过老家了。今年寒假我特地回老家，和同学约着一起去见了这两位老师。很久没见，大家的变化都很大，老师一直在感慨只有少部分学生回头来找他们聊天。这次见到他们，我也很惭愧，因为之前自己一直对老师比较敬畏，害怕老师，不好意思主动联系老师，但其实主动去找老师交谈，老师一定是特别开心的，在我看来这也算是一种感恩的方式。对大学期间的老师的感恩，我还得努力，克服自己的心理包袱，下次在节日时尝试用短信的方式进行问候和感谢，相信自己会做到的。

（二）欠缺的美德

自律不是短时间能养成的，需要慢慢地转变，妄想一蹴而就可能会导致过于紧绷而再次放纵。我在寒假给自己制订了学习和休息的计划——周一至周五上午9点到11点学习3个小时，中午休息不超过一个小时，下午3点到5点学习2个小时，每晚用一个小时的时间来跑步放松，晚上看课外书一个小时，其余时间玩游戏或者看看电视，12点前上床睡觉。而周末是放松时间，和朋友逛逛街，或陪爸妈去买菜和学习做菜，做一些不会耗费太多精力的事情，方便周一再进入学习状态。实践状况还是比较好的，其中最难做到的一点是中午的休息，我往往会一睡就是几个小时。我的解决办法是让家人提醒我，但确实没完成好，太过于依赖别人了，不够自律。

我也有积极地学着勇敢一点。在这学期的一门课程辩论赛中，班里分了正方反方，以前的我总是有什么想法都不敢在大家面前表达出来，那次我勇敢地站起来为我们正方论述了一番——原来勇敢一次的感觉是这么快乐啊。我也尝试着在部门里面留任做了部长，得到了前任部长的赞许，感觉对自己也有了一点点的自信，并且慢慢明白，当还没有行动时，不应该妄自定义事情有多困难，也不应该轻易否认自己，必须要勇敢尝试……

四、美德的自我反思

通过这次发现自身美德的活动，我对自己有了更深刻的认识，也有了一定的进步。对于自己拥有的美德，我会继续坚持与完善；对于自己欠缺的美德，我会努力培养与实践，让自己的美德更加完善。

简评

此篇"美德成长之路"呈现了作者对美德展开认知与自我发现，积极付诸行动，以及自我反思的一系列成长历程。"土扶可成墙，积德为厚地"。悉以审之，作者将友善、宽容和感恩视为已有之美德，把自律和勇敢列入待精进之美德。美德不论优缺，皆需发展与完善。令人赞赏之处在于，作者将美德付诸生活实践之中，予以积极的行动，并及时进行自我反思，且收获颇丰。全文逻辑紧密，中心突出，紧扣生活细节，使作者成长心路的呈现清晰而有序。期待作者能将这些美德继续予以精进，让美德成长之路越发精彩纷呈，繁花似锦！

（教育学院"课程与教学论"研究生屈小漫）

发现不一样的我

林　筠

　　何为"美德"？美，就是美的事物；德，古称之为得，合起来解释就是：美的事物可以吸引和得到社会中的一切。在人格心理学中，美德指可以给一个人增添力量的品质，包括善良、勇气、自信等，都可称之为美德。美德，从字面上进行理解，也可看作是使人更美的品德。即内在的丰盈。

　　在社会潜意识中，美德是为人民大众所接受的、所推崇的高尚品德或行为。美德在每个人身上的体现，均是积极上进的。

　　21世纪以来，积极心理学或正面心理学（positive psychology）诞生了。它复兴了幸福至善论，揭示并扬弃了传统心理学仅仅关照人的心理问题及其治疗的"消极"或"负面"立场，提出并建构起崭新的彰显大众善良品质及其成长的"积极"或"正面"取向。其中，它基于对传统文化中的普世品德清理并结合其现代性的文化表征，研制出了可开发和可测量的新型伦理品德分类体系。倡导者塞利曼与皮特森（C. Peterson）研制出了"可行性优良品德目录"（Values-In-Action-Inventory of Strengths，VIA-IS），通称为"可行性优良品德分类体系"（The VIA Classification of Character Strengths）。该体系将新型伦理品德区分为六类美德（virtues）和所属的二十四种优良品德（character strengths），具有深入研究的价值和广阔的教育开发意义。

　　在《中小学教师职业道德规范》这门课程中，我们班的同学组织了

"优良品德自我发现与发展"活动。优良品德的自我发现，即参考"六类美德和所属的二十四种优良品德"，从中发现自己所具有的三种较强优良品德和两种较弱的优良品德，强则保持，弱则加强。人在不同的际遇中，会有所改变，但是有一些东西是需要坚持的。在生命长河中，美德如若星辰，忽明忽暗。若是浑浑噩噩地度日，美德是不会形成的，更不会是闪闪发光的。美德需要被发现，更需要落实到实际行动，也要通过反省自身并找到不足，然后去保持或加强自己的美德。

通过参考"六类美德和所属的二十四种优良品德"，了解各项优良品德的释义，结合自身情况进行对照检查，我觉得我的三种最强的优良品德是坚毅、自理和希望，两种最弱的优良品德是创造力和幽默——在我看来，在二十四种优良品德中，逐一比较之下，这两项是我自身近乎没有的。而其他的优良品德在我自己身上都能够有所体现，但又不是非常明显。

"坚毅"归属于"勇气"之下。勇气是情感性的，指人们意志坚强地面对内在或外在挑战，坚定地完成目标的优良品德。勇气既包括外显可观察的行为，也包括内隐的认知、情感、动机及其得以产生的决心。具体而言，勇气涵括英勇（Bravery）、坚毅（Perseverance）、诚实（Honesty）和热情（Zest）四种优良品德。坚毅，亦为坚持不懈（persistence）、刻苦勤奋（industriousness），指做事善始善终；不论险阻，坚持完成行动；在行动过程中，消除消极情绪；在完成任务时体验快乐。在看到"坚毅"的释义时，我觉得它是我具有的最强的优良品德之一。因为我是一个做事情很负责的人，会有始有终地完成一件事，而不是马虎应付或者半途而废。从小到大，受到家人的影响，我学到了做一件事就要负责任地认真完成，不能够随便应付。既然要做，就要认认真真的；不认真，那就不要做了。大一的时候，我担任小部委，负责检查两个学院的证书。这是一项枯燥的工作，因为证书的填写要求很细，分类填写且格式有严格的规定。当其他小部委以抽查的方式去检查证书时，我则一本本、一页页地检查，并且标记出填写错误的地方。对待一项枯燥的工作，我能够坚持以一种认真的态度去完成，是可以说明我具备"坚毅"这一优良品德的。结合个人的成长经历，以及对待事物的方式方法，一种优良品德被发现之后，是需要个人以行动去维持的。在以后的日子里，我会保持"坚毅"这一优良品德，即使遇到困难与挫折也不轻易放弃。无论在学业上、家庭或社会中，我会努力完成学习任务，做事情善始善终，不轻言放弃，以积极的心态去面对困难，消除悲观情绪。当问题解决之后，还要及时进行反思和总结。

"自理"归属于"节制"之下。节制，指防止做事过度的优良品德。俗话说："万事有度"。节制是合乎中庸之道的美德，在某种程度上带有禁欲的意旨，特别指向于远离容易使人沉溺于感官享受的吃喝玩乐等欲望。当然，在积极心理学中的节制是指任何形式的有益地克制，它包括宽仁（Forgiveness）、谦虚（Humility）、审慎（Prudence）和自理（Self-regulation）四种优良品德。自理，亦为自律（self-control），指善于管理自己的情感和行为；遵守纪律；能控制自己的欲望和情绪。我自认为是一个具备"自理"能力的人。独生子女家庭中的孩子可能会比较娇惯，因为他是全家人的宝贝，家人一般不舍得让孩子干家务活。而我的父母并不会纵容孩子，也不会让孩子娇生惯养。我妈妈认为，人的成长是需要干活的，对小孩子的培养并不是只有学习方面。一个人要独立，首先要具备独立生活的能力，即自理能力。这种"自理"与上文中的定义是有区别的。但是，生活中的"自理"对于一个人的生存是异常重要的。我认为，一个人在生活上能够"自理"，那么他也能够很好地管理自己的情感和行为，控制自己的欲望和情绪。因为"生活"包罗万象，是很广泛的。在"生活"之前是"生存"。一个人活着，肯定要解决衣食住行的问题。作为学生，在学校住宿，就要解决最基本的吃饭穿衣的问题。对于我来说，洗衣服、洗碗、拖地等家务活都是要学会的，也是要帮妈妈做的——多做家务的好处是，面对生活琐事，我可以井井有条地处理。

"自理"并不是简单地指有能力处理生活琐事，还要求一个人能够管理、控制自己的情绪和行为。生而为人，总会面对很多困难，要经过艰辛的历练才能成就最好的自己。人的情绪和行为是可控。在我觉得情绪低落时，就会找一些好玩好笑的综艺节目或电视剧来看，给自己一些快乐的感染，使自己变得开心；抑或到室外走一走，通过运动来宣泄低落的情绪。众所周知，不好的情绪会影响人的健康，还会对工作、生活各个方面产生负面影响。一个能够"自理"的人，应该懂得怎么调节自己的情绪状态，知道在什么状况下应该做什么。在大学剩下的日子里，我会遵守学校的规章制度；照顾好自己，尽量早睡早起；管理好自己的情绪和行为，和同学们友善相处。在家庭生活和社会生活中，我会控制自己的欲望，减少不必要的消费支出，也会少让家人担心。对于我自己而言，自理能力还包括在有限的生活费的限制下，保障自己的生活质量，尽可能抑制不该有的购物欲望。

"希望"归属于"超越"之下。超越，是帮助自我与更广阔的外部世界与精神世界建立连接并提供意义的优良品德，可以给生命提供超越功利和世俗的意义与价值。积极心理学中对超越的定义，指向除了自我本身之外，与更高精神境界联系的深层意义或目的。积极心理学认为超越的事物是神圣的但不是神，因而，超越必须是基于现实的某事或某人，它能激发人欣赏美好与卓越（Appreciation of Beauty and Excellence）、感恩（Gratitude）、希望（Hope）、幽默（Humor）和精神（Spirituality）这五种优良品德。希望，亦为乐观（optimism）、前瞻（future-mindedness）、远见（future orientation），指对未来抱有最好的期望并努力加以实现；相信美好的未来会到来。人应该对世界、对生活怀有希望，才能够度过如同重复一般的每一天。现代社会生活速度快，生活压力大，如果不乐观，如果不对生活怀有希望，那么每一天都会过得很艰难。我为什么说"希望"是我的优良品德之一呢？因为我是一个"小矮人"，身高的缺憾经常给我带来很多挫折、很多不愉快。有的小朋友在看到我的时候，会诧异，有疑问："为什么这个姐姐这么矮？""这真的是个姐姐吗？""别的姐姐都很高，为什么她会这样？"一些成年人看到我，也会很惊讶。在日常生活中，因为身高问题也给带来很多不方便。放在高一点的东西我就拿不到了。买衣服鞋子也是极其麻烦的，因为最小码对于我来说还是太大。找兼职的时候，有面试者直言："你的身高镇不住学生，会被学生欺负，会给我们带来麻烦。"如果我不够乐观，那么真的会被残酷的现实击败，失去希望，可能就把自己封闭起来，畏畏缩缩，不敢再尝试。

"希望"或"乐观"，是一种心态，是一种面对生活的态度。无论生活多么残酷、现实多么不公，心怀希望，生活总会对你露出笑脸，这是我的态度。即使我的身高不足，但我是一个完整的人，我身体健康，能跑能跳，我依旧可以生活得很好。困难再多，挫折再大，总有过去的一天。我将会对自己的学习生活、家庭生活和社会生活有积极的展望，设定乐观且可达成的目标并为之努力，相信未来的生活会更好。

美德需要知、行、意相结合，才能够在一个人的身上烙下印记。我希望，坚毅、自理、希望这三种优良品德可以伴随我终身。我从自己为之不多的经历中发现了这三种美德，接下来，我就要有所行动，去巩固我身上的美德，还要时刻反省，审视自己的行为。在人生的漫长道路上，我希望可以看到其他美德在我身上生根发芽、开花结果。

✍ 简评

何为"美德"？此文在开篇即抛出了这一经典之问。根据人格心理学，凡是可以给自我增添力量的东西，包括善良、勇气、自信等，都可称为美德。"腹有诗书气自华"，内盈美德韵自发。而在生命长河之中，美德如若星辰，忽明忽暗，转瞬即逝。故作者不禁心生感叹，原来美德需要被发现，需要落实到实际行动，更需时刻予以省思，才能让坚毅、自理、希望、创造力和幽默这些美德于心永驻，闪闪发光，照亮自我。本文立足于发现自我之美德，并以切身体验加以细腻剖析。全文架构简明清晰，中心突出，感悟与省思切合实际，真实而有力。愿作者的漫长人生之路上，有更多美德能在其内心深处生根发芽，开花结果。

（教育学院"课程与教学论"研究生屈小漫）

美德之行，细水长流

庄苗英

一、美　　知

上学期，老师给我们开设了中小学教师职业道德规范这门课程，鼓励我们尝试自我剖析，发掘自己的优良品德，并梳理其中三种最强的与两种最弱的优良品德。

全班同学都认真地参与了这个活动，我也不例外。我梳理自己的三种最强的优良品德，分别是洞察力、诚实、友善，也觉察到自己的两种最弱的优良品德，分别是社交智力与幽默。

为何洞察力、诚实、友善这三种优良品德是我自觉最强的美德呢？且听我慢慢道来。

洞察力——我有三个优势条件：（1）一个客观条件：双眼大而有神，可视范围相对较大。（2）两个主观条件：先天因素加之后天环境影响而形成的较敏感的性格；会对自己喜欢或感兴趣的领域全身心投入与勤于思考的处事习惯。这三个优势条件让我在自己感兴趣或者喜欢的领域中，拥有较强的洞察力，时常会觉察到别人还未发现的事情。

诚实——这应当是我最早养成且一直坚持到现在的优良品德了。养成这种美德，得益于我在小学时遇到了一位特别的老师。他担任了我两年的语文老师，时常在课堂上给我们讲一些以诚实、善良等美德为主题的积极健康向上的故事。加上当时的我很喜欢这位老师，且有相当强的向师性，所以，对于他鼓励的、认可的行为与品德等，我都会很乐意接纳，并且认真地践行，不敢有丝毫怠慢。印象中有好几次，我去买东西，发现老板多找了些零钱给我，我想都不想，就下意识地把多找的钱还了回去。有个别老板在我还没走远的时候，感慨了一句："这孩子怎么那么实在？"我始终不能接受不诚实的自己。所以，就一直保持诚实这种优良品德直到现在。

友善——养成这种优良品德是多方面因素综合作用的结果。既有上文提及的那位特别的老师的影响，又有家庭环境的熏陶，还有自己亲身实践后而获益良多的触动。关于家庭环境的因素，我主要是受母亲的影响。母亲虽然不怎么会说好听的话，但她生性善良，对于行乞的人，她会一改平时勤俭的习惯，慷慨地给对方相当充裕的食物。有一次，在下班途中，她瞥见不慎掉进河涌里的小孩，不理会台风天的危险，顾不上自己的安危，去救回那个孩子。在家人都支持行善施善的氛围中耳濡目染的我，心里也逐渐埋下友善的种子。而当我上了大学，加入了学校的义工团，真真正正、实实在在地参与到行善施善的队伍当中后，我才渐渐发现，一次两次的友善其实并不难，难的是一直心怀友善。不过，当时拥有满腔热情的我，只顾全身心投入地去尝试、去体验我所能接触到的所有公益活动。而越是在公益圈里摸爬滚打，就越能体验到自我价值实现的满足感与愉悦感。因此，这也加深了我想要坚持践行友善的念头。

社交智力与幽默又为何会成为我最弱的两种优良品德呢？

社交智力——高中三年，由于各种原因，我选择把自己封闭起来，甚少与他人打交道，不论在现实中还是在网络上。渐渐地，原本外向、大大咧咧的我，因为沉浸在自己的世界太久了，在社交智力方面处于几乎空白的状态。也因为疏于与人交往，目前与非公益圈里的同龄人相处时，会觉得不习惯，无所适从。但考虑到自己以后极有可能是要当教师，免不了要跟学生、家长、同事、领导等人接触，所以，目前最需要提升的优良品德就是社交智力了。

幽默——或许是因为我有过甚少与人交往的时期，加之会习惯性较真，以及曾经消沉过较长一段时间，幽默细胞有些许委靡不振。但幽默不仅能让自己变得乐观，还能给他人带去欢乐。因此，我也十分迫切地想要提升这一优良品德。

为了强化最强的三种优良品德与提升最弱的两种优良品德，我为自己量身定制了一份优良品德强化与提升计划。

二、美　　行

"四多"——"多做事、多观察、多提问、多检查"，这是我为强化洞察力这一最强优良品德而制订的计划。洞察力不是凭空想象就可以强化的，需要在实际处理事情的过程中，获得尽量多的观察、锻炼的机会，而对于自己观察到但又想不通之处，可以借助提问的方式，向有经验的人请教。此外，还需要在基本上处理好事情的同时，仔细检查，这样既能降低出错概率，又能再次锻炼自己的洞察力。

至于强化诚实这一优良品德，我没有制订任何计划，只是给自己设置了一条原则——尽可能地实话实说。

"多微笑、善待他人、多做公益"是我继续践行友善这一优良品德的计划。这一计划的主动权完全掌握在自己手上，且多微笑与做公益也能让自己变得更开朗。而善待他人这一点，可能我还要多尝试多体验。在别人有需要的时候，在自己的能力范围之内积极地提供善意的帮助。

对于最弱的优良品德的提升，在考虑了现实因素以及践行的可能性之后，我制订了如下的计划：

社交智力——（1）对于陌生人，多微笑，发现别人需要帮助的时候，主动示好；（2）对于熟人，多留意对方的动态，若察觉对方的情绪较为低落，则力所能及地给予其关心；（3）对于亲朋好友，日常生活中，多关心问候，偶尔为对方制造点小惊喜。

幽默——（1）倾听。在与人闲谈时，认真倾听别人的话语，既是一种礼貌，也是抓住对话中幽默点的重要步骤；（2）"三思而后应"。在倾听对方的话语之后，回话之前要稍加思考，再以既得体又不失风趣的话语回应；（3）在娱乐中学。前两点都是针对在与人闲谈之时，而娱乐中学是自己一个人就可以做到的，也是为提升幽默感积累基础。在娱乐中学，其实就是在一些娱乐活动中学习怎么表现得幽默，比如观看语言类娱乐节目，留心一些好笑的段子与图片等。

优良品德强化与提升计划设定完成之后，雷老师时不时提醒并督促我们去执行。至学期末，雷老师还组织了一次践行进度汇报。不过，因为临近学期末，被作业缠身的我，没能认真细致地说明自己的优良品德践行情况。现在简要梳理一遍。

在制订优良品德强化与提升计划之前，我的身体就出了很多问题，加之上学期课程很多，空闲时间其实并不多，且仅有的空闲时间大多用在休养与锻炼身体以及完成学科作业上。所以，我尽力保持自己的三种最强优良品德，而选择把践行的重点放在提升最弱的两种优良品德上。

社交智力——（1）对待陌生人方面，外出搭地铁、公交车时，尽管自己也很累，也会主动为有需要的人让座；（2）对待熟人方面，有时会翻看微信朋友圈，如果发现某人的情绪很低落，就会与她私聊，询问情况，提供力所能及的帮助，或用幽默的话语逗她开心；（3）对待亲朋好友方面，大学前两年，我基本上把重心放在学业与公益上，一学期只会回一趟家，与朋友见面的次数也很少。这学期就尽量多抽出时间回家陪家人和好友。

幽默——（1）倾听。因为特意要提升社交智力，我这学期与他人交谈的次数剧增，而且闲谈中大多扮演倾听者的角色。在一次闲谈中，一位好友感慨道："跟你聊天真好，感觉你很认真地听我讲。"（2）三思而后应。一开始践行难度有点大，毕竟原先较少注意闲谈中回应的趣味性。好在因为认真倾听，时不时也能抓住对方言语中的要点。（3）在娱乐中学。这点应该是我做得最好的了。积累多之后，我逐渐悟出了幽默的真谛——好笑且有意义的，才是真正的幽默；那些为了博眼球或者纯粹为了搞笑而搞笑的，谈不上是幽默。

三、美　省

回顾自己最强与最弱优良品德的梳理情况与计划践行进度，发现其实在当时身体抱恙的状态下，确实做得达不到预期目标。但是，相较不清楚自己的优势、劣势以及如何强化、提升的状态，目前还是有突破性的进步。

在梳理自身优良品德之前，我其实从未认真审视过自己，也可能是因为国人特有的谦虚个性，不会轻易地肯定自己有什么最强的优良品德，甚至连想也不会想。但是，经过认真思考后，我有理有据地说明了自己所拥有的最强优良品德，在心理上首先自我肯定了，而在全班同学面前表露真实的想法，一开始会觉得有些难以启齿——毕竟有"王婆卖瓜，自卖自夸"的嫌疑。但是，现在回想，其实那是很珍贵的一次体验，因为以往从未在众人面前理直气壮地肯定自己。在那种情境下，自己的心情确实是很微妙的。如果再有类似这样当众进行自我肯定的机会，我一样会抓住，但不一样的是，我会更加自信，更加坦然大方，更加气宇轩昂。

提升与强化优良品德的计划，我确实并没有百分百完成。一方面是因为当时的身体状态，看病、接受治疗、运动锻炼等，占据了较多时间；另一方面是因为自己的懒惰心理作祟，想着先把身体养好了，再着手执行全部计划，所以，在一开始就选择性地偷懒了；此外，计划本身制定得并不够完善，不够细致——既没有设置相应的时间进度条，又没有设置分阶段的践行程度表，也没有寻找外在督促力量来协助自己完成。

不过，从计划制定后到现在，凭借内驱力与自制力，我在保持最强优良品德的同时，提升了两种最弱的优良品德，且提升的空间是较大的。这不仅增强了我的自信心，也促使我决意继续践行计划直至达到预期效果。

新学期伊始，我会继续践行提升与强化优良品质的计划。当然在此之前，我会认真地完善、细化此计划，增设明确的时间进度条与践行活动表，以及在身体抱恙情况下如何继续提升与强化优良品德的 Plan B，并且找到合适的外在督促力量以协助自己在设定时间内达到预期目标。我清楚自己不可能一蹴而就，但美德之行，细水长流又何妨？

简评

　　此篇美文简明扼要地告诉我们，美德之行，其实也可细水长流。依据美德之"知、行、省"三阶段，本文对"美德之行"循序渐进地展开了探索。作者首先进行了自我剖析，发掘并梳理出自己的优良品德。为强化优良品德与提升弱势品德，作者接着为自己量身定制了一份品德精进计划，并切实予以实施。最后在回顾计划的践行进度时，作者发现自己并未达到预期目标，但目前的状态还是取得了突破性进步。本文结构清晰，主旨鲜明，语言真切平实。美德之践行虽尚待进一步被完善，但细水长流又何妨？相信作者始终会以美德之"知、行、省"为光，照亮前行之路。

（教育学院"课程与教学论"研究生屈小漫）

幽默，一种人生的态度

叶彩茹

"幽默"一词源于英文中"humour"的音译，是林语堂先生的开创之举使得"幽默"一词在国内迅速流行开来。林语堂先生被誉为"幽默大师"，他所理解的幽默是一种人生的观点，一种应付人生的方法，是人生智慧的体现。而我之前所认为的幽默或许并不是真正的幽默，仅停留在其表层。幽默不只是引人发笑，更像是生活的一种调味品，不刻意，不做作，顺手拈来，水到渠成，从不把挖苦他人和世界当成笑料，而是处处洋溢着人文关怀。

相信大家在社交中都会有这种感觉：与幽默的人交谈时，聊天往往能更顺利地进行，也更有趣。那"幽默"到底有怎样的魔力呢？

幽默实际上是一种个性的体现，也能反映出一个人的智慧。一般带有"幽默属性"的人在社交中都处于话题的中心圈，引导着交谈话题的走向；他们博闻广识，对于很多常见社交领域的话题都能侃侃而谈，容易与交谈者达成共鸣。从某种意义上讲，幽默也是个人竞争优势的体现。现代人的生活节奏越来越快、时间显得越来越紧凑、越来越宝贵，人们在交谈中不像以往那般喜欢谈论家长里短，而更偏向于简洁明了，交谈的内容也更偏向于工作，使得双方经常会不知不觉地陷入一段时间无话可说的尴尬境地。在我看来，这种情况时有发生，使人非常无奈。而此时，适当的幽默便能很好缓和尴尬的气氛，为交谈增添一丝乐趣，拉近人与人之间的距离，也彰显出个人魅力。

　　幽默是一种智慧的体现。曾有一位美国记者在采访周总理的过程中，无意中看到周总理桌子上有一支美国产的派克钢笔。该记者便以带有几分讥讽的口吻问道："请问总理阁下，你们堂堂中国人，为什么还用我们美国产的钢笔呢？"周总理听后，风趣地答道："谈起这支钢笔，说来话长，这是一位朝鲜朋友的抗美战利品，作为礼物赠送给我的。我无功不受禄，当时就拒收。但朝鲜的朋友叫我留下做个纪念。我觉得有意义，就留下了这支贵国的钢笔。"美国记者一听，顿时哑口无言。这个例子很好地向我们展示了什么是幽默中的智慧，周总理短短的一席话不仅化解了尴尬的局面，而且维护了国家的尊严。

　　幽默能帮助我们化解痛苦，降低痛苦的负面影响。在心理防御机制中，幽默是一种高级的防御方式。曾听一位特殊教育学校的校长说过，人无完人，世界上每个人都是被上帝咬过一口的苹果，都是有缺陷的人，有的人的缺陷比较大，是因为上帝特别偏爱他的芬芳。因此，我们应给予有特殊需要的孩子更多的关爱，而不是歧视、疏离他们。听完这位校长的一席话，我受益颇深，感觉自己发现了另一种看待世界的角度。幽默实际上也是一种人生的态度，它更像是"乐观"的近义词。人生不如意事十之七八，这个世界上谁不需要找点理由自我安慰呢？试着用幽默的方式去看待痛苦，理解痛苦，或许能将痛苦转换为动力，推动前进的步伐。

　　幽默可以让你更理性地处理问题。烦恼、痛苦、忧虑、紧张会影响人们的思维，让我们不能全面地分析问题，而幽默恰恰可以化解这些负面因素。人有七情六欲，大多是感性的，在思考问题时也极易受到情绪的影响而使判断出现些许的偏差，导致结果不尽如人意。如何能更理性地思考，尽量少受情绪等因素的影响呢？首先得有平和的心境、冷静的头脑。特别是心中的弦处于较为紧绷的状态时，我们更需要化解负面因素，放松心情。幽默恰恰就有这种功效，它就像一剂良药，悄无声息化解令人不安的情绪，从而让人更全面地看待问题、分析问题，进而理性地处理问题。

　　幽默有利于身心健康。相声中有云：笑，可以让人清气上升，浊气下降，食归大肠，水归膀胱。笑往往预示着快乐，而快乐属于一种积极的情绪。笑不仅让人心情舒畅，还可以增强人的免疫力。现代医学认为，良好的情绪可使机体生理机能处于最佳状态，使免疫抗病系统发挥最大效应，抗拒疾病的袭击。许多医学家认为，躯体本身就是"良医"，85%的疾病可以自我控制。而且情绪还可以改变内分泌和神经系统功能，影响精神健康，经常紧张忙碌、不顺心会使人出现失眠、脱发，甚至神经衰弱等系统失调的症状，如果受到强烈、突然或持久的精神打击会引起精神障碍。

总之，幽默能体现一个人的个性与智慧，帮助人们化解痛苦，更理性地处理问题，同时还有利于身心健康发展。由此看来，幽默是大家都应该拥有的一种优良品德。但是在生活中，总是有一部分人对"幽默"二字存在误解，自以为幽默，可效果却适得其反。

有很多人对"幽默"的理解与我最初的想法是大致相同的，都浅显地认为"幽默"仅是引人发笑而已，至于如何引人发笑，过程似乎并不重要，更看重的是结果。因此，有些人便将挖苦和讽刺当成一种另类的幽默。这种行为实际上是将快乐建筑在他人的痛苦之上。并且，这种快乐并不纯粹，还可能伴随尴尬与愧疚，这与幽默原本的正面效应是相违背的。这种以挖苦和讽刺他人为乐的"幽默"体现的不是一个人的个性，而是劣性；显现出来的不是智慧，而是愚昧与无知；不但未帮助他人化解痛苦，还赤裸裸地直指他人的痛处，将痛苦放大。

这是我对"幽默"这一优良品德的初步认知。那到底如何才能在生活中正确地运用幽默，为生活增彩呢？

首先，为避免将挖苦和讽刺误认为幽默，要对幽默有正确而深刻的认识。幽默是顺其自然、水到渠成的，绝不是刻意而为之，同时，幽默是带有人文关怀的，是其乐融融的，绝不是将快乐建筑在他人的痛苦之上。其次，幽默最好的载体是语言。要想将幽默灵活运用在日常人际交往中，表达能力是关键，因此，能正确地表达自己心中所想是诠释幽默的基础。另外，幽默没有预演，也没有重来的机会，随机应变能力尤为重要，也正是这种不可重复性使得幽默更能体现一个人的个性与智慧。因此，幽默需要广博的知识积累，这样才能理解对方说的话，并予以幽默地承接。最后，持有积极乐观的心态，往往能事半功倍。以上几点是我在优化自身的"幽默"这一优良品德过程中的些许感悟。

回顾整个"优良品德自我发现与发展"活动，从补充完善对"幽默"的理解到在日常生活中运用"幽默"，再到此刻的回顾与反省，我愈加认为"幽默"实际上是一种对待人生的态度。人的一生不会永远都像康庄大道般平坦，总有一些坎坷。但是，在面对坎坷的时候，以幽默的方式对待世界，是人们在与命运周旋，等待着冲出困境的机会。

幽默，是乐观与热爱生活的体现。只有真心热爱生活、乐观看待人生、不为小事斤斤计较的人才能发现生活中的小情趣，无论是身处顺境还是逆境，都将生活中的郁闷和人生的坎坷拿来调侃一番。

幽默的人很容易让自己变得乐观，同时也能用这种情绪感染身边的人。在日常生活中，恰当地表现幽默感，能给周围的人带来快乐，使人们的关系变得亲切、自然、和谐；它能使严肃紧张的气氛变得轻松、活泼，能让人感受到温厚和善意。在家庭中，丈夫一句幽默的话语便可使生气的妻子顿时眉开眼笑，儿女们也随之满面笑容。在工作中，幽默则是团结的润滑剂，可以弥合人际关系中的裂缝。一个具有幽默感的人，更能发掘事物有趣的一面，展露独属于自己的风格。

人的一生不过匆匆数十载，你以怎样的态度对待人生，人生也以同样的态度回馈你。所谓开心了就笑，不开心了就迟点笑，除却生死，都是小事。将心态放宽，自信、洒脱地迎接命运所给予的考验，细细体会生活中的酸甜苦辣。不要抱怨，亦不要气馁，而要心存感恩。命运给予我们的考验越多，也只是说明命运更偏爱我们，让我们能有机会在这人生短短的数十载中体验到更多。但幽默的人总能笑对生活的坎坷并将其拿来调侃一番，播撒欢乐的种子。以"幽默"的态度来对待独属于自己的人生吧！

✐ 简评

此篇美文可谓别出心裁。作者巧妙地选取"幽默"这一美德为论述点，阐发了幽默能体现一个人的个性与智慧，帮助人们化解痛苦，更理性地处理问题，同时还有利于身心健康发展等观点。回顾整个"优良品德自我发现与发展"活动，从补充完善对"幽默"的理解到在日常生活中运用"幽默"，再到最后的回顾与反省，作者认为"幽默"实际上是一种对待人生的态度。人一生不可能永远都是康庄大道。在遇到坎坷的时候，以幽默的方式对待世界，是人们与命运周旋，等待着冲出困境的良好机会。全文逻辑清晰，主题鲜明，哲理性较强。愿作者在生活中能继续正确地运用幽默，为其生活增光添彩。

（教育学院"课程与教学论"研究生屈小漫）

发展优良品德的三把钥匙——知、行、省

毛嘉怡

　　谈到优良品德，我的脑海中不由自主地就联想到"中华民族的传统美德"这几个字眼。中华民族自古以来就注重美德教育、注重优良品德培养，美德如夜空中最耀眼的星，如路旁明亮的路灯，如指南针，一直为中华民族指明方向，引领着中华民族不断朝着更好的方向前进，帮助中华民族稳稳地立足于世界民族之林。对于我们个人来说，人是一张白纸，是优良品德为这张白纸添上了色彩，使之成为一幅五彩缤纷的图画；人是一本无字的书，是优良品德为这本书添上了文字，使之成为一本打动人心的童话……

　　美德似空气、似阳光，无处不在，生活中处处有美德。美德和优良品德有很多种，常见的如诚实、善良、感恩、勇敢……塞利曼与皮特森研制出了"可行性优良品德分类体系"，在该体系中，他们将新型伦理品德分为六类美德，包括智慧、勇气、仁爱、公正、节制和超越；在这六大类美德中，又分别包含了创造力、好奇心、判断力等二十四种优良品德。按照这样的分类，美德就犹如一首优美的曲子，而组成美德的二十四种优良品德则是其中一个个动人心弦的音符。

　　正因为美德如此重要，我们才更应该发展和培养它们，用心浇水灌溉，让美德的种子在我们的心里发芽、茁壮成长。

　　在上学期的课程里，老师已经带领我们班开展了一次"优良品德自我发现与发展"活动，而我也积极参与其中。苏霍姆林斯基说过："只有能

激发学生去进行自我教育，才是真正的教育。"所以这次活动的重点是"自我"，强调让学生通过自我的努力去发现和探索自己的优良品德。活动内容是要求学生参考"可行性优良品德分类体系"选出自己最强与最弱的优良品德并涉及自主实践活动加以发展和提高，整个活动大致分为三个阶段：自我发现、中期汇报、期末反省与总结，也即自我认知、自主行动与自我反省。

一、自 我 认 知

自我认知，也就是认识自己的过程。很久以前，伟大的哲学家苏格拉底就已经提出过"认识你自己"，这是一个关乎人类的永恒的主题。认识世界、认识事物很简单，它们有概念、定义、有外观，可以供人类参考；但是人是一种复杂的生物，要认识自己并不是一件简单的事。一个人，只有能够正确认识自己，才能够扬长避短，成为更好的人。然而，认识自己需要自我审视、自我超越，这是一个艰难的过程。以我为例，我很不喜欢那种要写出自己的优点的活动，因为我经常都想不出自己到底有什么优点。再有一些"悲观主义者"，在他们的眼里，一切事物都是消极的，他们也会认为自己很糟糕，实际上每个人都会有闪光点。总而言之，认识自己并不容易。

另外，认识自己也是一件需要勇气的事。正确认识自己，不仅要发现自己的优点，也要承认自己的缺点与不足，但是这并不容易，因为在触及自己的缺点、弱点时，往往会令人十分难堪与痛苦，试问谁愿意让别人看到自己丑陋的一面呢？

尽管如此，我们依然要正视自己，用坦荡诚实的目光审视自己。于是，我根据老师发的参考资料《六类美德及其二十四种优良品德的阐释及定义编译稿》，参照其中的六种美德与二十四种优良品德及其定义，认真自我反思然后初步选出我认为自己最强的三种优良品德：友善、创造力、感恩；最弱的两种优良品德：幽默、好学。

在编译稿里，友善，亦为慷慨、关照、关怀、同情、无私的爱，指勤做善事，乐于助人，关爱他人。有很多人评价我是一个友善的人，而我自认为如此。

友善，可以表现为友好、善良、豁达的心态。曾经看到过这样一段话：土地友善了种子，才能拥有收获；大海友善了江河，才能拥有浩瀚；天空友善了云霞，才能拥有神采；人生友善了遗憾，才能拥有未来；你友善了我，才能拥有友情。胸怀一颗平和的心，展露一张微笑的脸，伸出一双热情的手，你会发现你的身边，到处都是真诚和快乐。友善待人能收获一份温暖和快乐，这也是我一直都坚持的：尊重、孝顺父母，与兄弟姐妹、同学、朋友和睦相处；在空余时间，我坚持参加志愿活动，将自己的友善和爱心传递出去，帮助有需要的人。

创造力，是人类特有的本领，它能让人产生新思想，发现和创造新事物。在我还是小朋友的时候，我就很喜欢玩积木、拼图之类的玩具，喜欢将很小很小的零件拼拼凑凑地组装成一辆车。我喜欢巴黎铁塔模型，别人买铁塔模型都是整座整座地买，而我却买了一副木制拼图，自己动手拼了一座木制的巴黎铁塔；后来长大了，我也依然很喜欢自己动手做各种小物件，比如，我在宿舍用快递纸板箱动手做了一个小小的收纳柜，桌面瞬间整齐多了……因此，我一直都认为自己是比较有创造力的，也希望能够用创造力为自己和他人创造快乐。

感恩，指敏锐地知晓并及时用心表达感谢和感激。岁月漫长，我们生活在世上，不可能只靠自己一个人过完这一生，总会有需要他人帮助的时候。在接受了他人的帮助时，我们要心怀感恩。感恩是人的一大美德，只有心怀感恩的人，才能够感受到幸福和快乐；只有心怀感恩，才会在别人需要帮助时伸出援助之手……我认为我是一个懂得感恩的人，因为我不会将别人对我的帮助视作理所当然，当别人给予我帮助，我懂得及时表示感谢。

幽默，是我认为自己比较弱的优良品德之一。编译稿中将幽默定义为活泼快乐，指个体喜爱欢笑并乐于制造快乐，给他人带来欢笑，以乐观积极的视角看问题，善于讲笑话。在我看来，自己是一个缺乏幽默的人，在一群人中，虽然我不是最文静的那一个，但同时我也不是最活泼的。我希望能够为别人带来欢笑，但实际上我并不擅长活跃气氛，不善于讲笑话。我知道，幽默能够为人际交往加分，也会让我赢得他人的喜欢。可我偏偏缺乏幽默细胞，这是一个令我苦恼的问题。

我的另外一个最弱的优良品德是好学。好学，指个体不管是出于自愿还是外在要求，都能够主动掌握新方法，研习新课题及其相关知识体系。在上大学以前，我自认为是一个比较勤奋好学的学生，初中和高中时，班级里的学习氛围浓郁，尤其是初三和高三这两年，每一个人都在拼命学习，为了考上更好的学校。但自从上了大学之后，再也没有老师天天监督着我们学习，上课也不像以前那么紧张了，一切都像变了样，放松的生活让我的心也开始变得散漫了……加上大学期间我参加了社团组织，还做了兼职，留给学习的时间开始变少了，对学习越来越不上心，唯一学得比较认真的时候便是期末复习周……

二、自 主 行 动

选出自己最强和最弱的优良品德后，活动的下一个环节便是让我们设计出自主实践活动，针对最强的优良品德要加以发展与表现，针对最弱的优良品德要进行提高与优化。以下便是我在活动中针对不同优良品德设计的自主实践活动：

（一）友善

第一，在学校中，友善对待同学，与同学友好相处，当同学需要帮助时，伸出援手；微笑能让人感觉放松和容易接近，因此在日常与人交往中，我会争取多展露笑容，与别人交谈时尽量用温柔的语气。

第二，在家里，尊重父母、孝顺父母，与兄弟姐妹和睦相处，不顶撞父母，关心亲人的身体健康。

第三，在社会活动中，尊重长辈、关心朋友，与朋友和睦共处；做一个有同情心的人，关心弱小，在空余时间参加志愿活动，在高中和大学期间我已经参加过多次的志愿活动，如高中时参加了镇区的志愿者活动与义卖活动；还参加过青少年结对帮扶活动，一对一帮扶小学生，对小学生进行课业辅导；大学期间经常参加学院的志愿活动，如曾经到黄埔军校为参观的游客作志愿服务，等等。

（二）创造力

第一，在学校，参加班级活动时，自主制作各种活动道具。

第二，在家里，对各种旧盒子和箱子进行废物利用，改造成收纳工具；独自用墙纸装饰了带有污迹的墙壁，让墙壁重新变得好看。

第三，在社会活动中，给朋友送自制的卡片，既有创意，又饱含心意。

（三）感恩

第一，在学校里，尊重老师和师兄师姐，向帮助过自己的老师、师兄师姐、同学们表达感谢；在饭堂用餐时，会对帮我打饭的叔叔阿姨说谢谢；要上交作业或文件时，也会向负责的同学表示感谢；在出门时，前面的人为我留了门，及时对对方说一句谢谢；乘坐电梯时，主动为其他人按电梯按钮，遇到别人为我按电梯按钮的，及时向对方表示感谢，等等。

第二，在家里，给父母写一封感恩信、感恩卡片，为父母做一顿饭，主动承担家务活，帮父母按摩，等等。

第三，在社会活动中，积极参与志愿活动，走进老人院、福利院等，把感恩之情通过自己的付出传递出去，帮助更多的人。

（四）幽默

第一，在学校时，可以与幽默的同学多相处；也可以多进行体育锻炼，通过运动来排遣烦恼，人自然就会开心很多。

第二，在家里，可以多看喜剧、看笑话，培养自己的幽默细胞。

第三，在社会活动中，多跟有趣的朋友在一起，学习对方身上的幽默、乐观；另外，幽默是需要以自己的经历为底蕴的，因此要多看书、多体验，丰富自己。

（五）好学

第一，在学校里，多与勤奋好学的同学交流，以他们为榜样，学习他们身上的好学等其他优秀的品德；与缺乏"好学"品德的同学结成小组，互相督促；对于学过的知识，及时做好复习，将做过的笔记整合在一起，形成比较完整的知识体系。

第二，在家里，与父母商量自己的计划，请父母监督我；即使是假期回家，也坚持至少带一本教材回去学习或者带电脑回家完成作业；

第三，在平时的社会活动中，可以制定备忘录、时间表，将需要完成的事情一一按顺序列举，督促自己有条不紊地完成；平时多跟不同专业、不同年龄的人交往，在交往中接触和了解不同的领域，扩大自己的知识面，另外也要经常保持一颗好奇心。

三、自 我 反 省

在活动的前期，我们已经找出了自己最强和最弱的优良品德并有针对性地设计了发展和提高的自主实践活动，活动的后期便是分享自主实践活动的效果以及进行反省总结。

在活动的中期，老师组织各小组分享自主实践活动的效果以及进行反思，在这次分享中，很多同学都坦言自己的自主实践活动完成得并不理想，大部分都没有坚持下来，没有达到预期的目标，我也是这样。

回顾自己所设计的自主实践活动，既欣慰又有一丝难过，有一部分活动我能够坚持下来并很好地完成，比如友善待人、常怀感恩之心等；但同时也有一部分活动没能好好完成，比如针对友善设计的活动"我会争取脸上多展露笑容",虽然制定了目标,但在日常生活中我还是会不由自主地摆出一副严肃的脸,忘记了笑容。针对好学的自主实践活动的效果也不太理想,对学习还是不够主动……

瓦茨曾经说过:"反躬自省是通向美德和上帝的途径。"经过这次分享活动,我发现自己有那么多没有做好的地方,有一些挫败感,但同时也让我醒悟:目标和计划很重要,但更可贵的是展开行动并坚持下去。如果我认认真真地为自己制定了一系列的自主实践活动,却没有好好执行,那么再好的计划都是一场空,参加这次活动也是没有意义、没有收获的。

尝到过失败的苦果之后,想要成功的决心就愈发强烈。我又重新修改了自己的自主实践活动,增加了一些具体的行动。比如,在针对好学这一优良品德,我下载了一个学习软件,要求自己每天都要坚持学习,并以打卡的形式来自我监督。后来,我发现这种方式还挺管用,至少一直到老师举行第三次活动要求我们进行活动总结时,我都在坚持学习,每天坚持打卡。

这一次优良品德的自我发现与发展活动让我感受到优良品德的重要性,同时,也让我明白自我认知、自主行动、自我反省,即知、行、省是发展优良品德的三把钥匙。另外,这次活动对我来说也是一次很珍贵的发现自我、改变自我的机会,令我有机会审视自己、发现自己的优点与缺点,让我有勇气正视自己的弱点,让我能够静下心来认认真真地为自己制定一份发展和提升的自主实践活动计划。相信努力完成这些自主实践活动的过程也是一个收获满满、成就更好的自我的过程!

📝 简评

"人本是一张白纸,是美德和优良品德为这张白纸添上了色彩,使之成为一幅五彩缤纷的图画;人是一本无字的书,是美德和优良品德为这本书添上了文字,使之成为一本打动人心的童话。"这是作者对美德和优良品德高度的赞赏。作者将"美知、美行、美省"喻为发展优良品德的三把钥匙,并总结了自身品德的"三强两弱",为之设计了行之有效的自主实践活动，由此促进美德发展的自觉化、习惯化和深层化。文章的优点在于结构清晰，语言朴实流畅，亮点在于设计了提高个人品德的自主实践活动，真实、集中地展现了提升个人品德的有效计划。

（教育学院"课程与教学论"研究生赖秋桃）

美　德

庄　昇

　　对于自我修养和为人处世，从牙牙学语到长大成人，从目不识丁到接受家庭、校园、社会种种教导，总结起来无非就"美德"二字。

　　何谓之美德？

　　美德，是一个动作？

　　美德，是一句话？

　　是一个表情？

　　还是怀着感恩的心呢？

　　在尴尬的青春期，我曾向自己求证：我是个怎样的人，又具有怎样让他人另眼相看的美德呢？那时年少轻狂的我无法解答这个简单却迷雾重重的问题，而现在我借助书籍得以掀开这神秘面纱的一角。

　　翻看从前的教科书——美德故事丛书《模拟外交官》，书中孩子们的课余生活是丰富多彩的，有的喜欢打球，有的喜欢听音乐，有的喜欢书法绘画……可是主人公王思源却喜欢上了捡拾废瓶子，为此，学校里有的同学戏称王思源是"拾荒佬"。面对同学们的嘲笑，他开始气馁，也怀疑过自己的行为，虽然最后他在妈妈的启发下释然了，这个看起来幼稚简单的故事依然触发了我的思考。

　　如果美德是一个动作，那就应该是捡起地上垃圾时的弯腰，是按住电梯的抬手，是帮助别人后表示不用在意的一摆手……

　　如果美德是一句话，那就应该是朋友伤心或烦恼时帮助他们解忧的

"没事的"，是关心父母、慰问他人的"身体怎么样"，是劝诫他人、教育他人的"不该如此"……

如果美德是一个表情，那就应该是对他人露出的微笑，是对一些不文明现象表现的怒容，是和朋友一起快乐的开怀大笑……

想到此处，我在恍惚间突然醒悟了，自己最突出的美德原来是审视自身。因为审视自身，所以待人宽容；因为审视自身，所以谦和；因为审视自身，所以感恩；因为审视自身，所以鞭笞自己在自我修养上不放松。

优良道德品质的培养，遵纪守法等行为规范的养成，一方面要以思想政治教育为基础，另一方面还要在日常生活、学习工作等一系列环境中通过科学管理、严格要求来转变观念、提高认识，增强德育的针对性和实效性。这是德育改革的重点，即在德育中要充分发挥青少年主观能动性，利用青少年群众性团体组织，开展丰富多彩的校园主题活动和社会实践活动，积极营造互相关心、互相爱护、自我教育、关心集体、爱护公物、自觉遵守纪律和各种规章制度的良好氛围，让青少年积极参与文明礼仪、道德纪律等方面的监督与管理，在参与中受到教育，从而改变一些不道德行为，培养良好的道德品质和行为规范。

自我教育是通过自我学习、自我陶冶、自我审省、自我修养，形成社会所要求的思想品德的方法。教育的艺术和技巧就在于使自我教育成为每一个人的精神需要。自我教育是学生进步和成长的内部动力。为此，教师首先要引导和帮助学生从小立志，树立远大理想。一方面要让学生明确认识到党和人民、社会和学校对自己的道德要求是正确的、必要的，并且坚信这些要求只要经过努力是完全可以达到的；另一方面要引导学生把立志和自我严格要求、自我规划有机结合起来，既要有远大理想，又要有实现远大理想的行动，以实际行动从小做起、从现在做起、从点滴做起。例如，让他们写下自己的理想，并制订计划表，每天对照执行。其次要培养学生的自我教育能力，教师可通过让学生进行自我批评、自我评价、自我检查，审视自己的言行，使他们不断地成长起来。最后，还要正确地指导学生自我教育。坚持以学生为主体、教师为主导的原则，既要主动指导学生进行自我教育，又要适当地由学生做主，教师不能包办代替，而应抓住有利时机——当学生迫切需要帮助或指导时，教师进行有针对性的启发、诱导或训练，因此教师的自我修养和专业素质要高，要热爱学生，关心学生的思想进步，因势利导地对学生进行教育，使指导工作达到最佳效果。

美德是需要培育和发展的，作为一名在校学生，校园是美德培育的主阵地。中华民族在悠久的发展历史中，形成了自己独特而伟大的民族性格和民族精神，也从来不乏美德教育经典，从孔孟"仁爱"到社会主义核心价值观，煌煌几千年的文化长河中积淀了深厚的美德教育文化，众多的历史人物及其故事为我们树立了不计其数的楷模和榜样，成为我们现今美德教育中不可或缺的经典教材和范例。美德教育中最关键的是知行合一，而正是通过校园这一阵地，博大精深的美德经典文化融入日常生活学习中。

当前部分学生由于各方面的原因，纪律意识淡薄，存在着一系列不良行为，具体表现为逃课、抽烟、喝酒、经常迟到、上课不认真听讲、沉溺于网络、打架斗殴，等等，而且逆反心理强，不服从管理。如果学生在学校没有形成纪律意识，对其自身的健康成长极为不利。

我从初中开始有意识地从小处着手、大处着眼，通过参与演讲、讲故事等多种形式，学习各种课外材料，懂得了"不以规矩，不成方圆"的道理。规则带来和谐，规则带来美丽，社会规则就是社会公德和法律。只有明白了其中的道理，才能约束自己的行为，严格管理自己，正确处理发生在自己身上及周围的各种矛盾或纠纷。在日常学习、生活中，要注意规范自己的行为，严格约束自己，做到自尊、自重、自爱。

台湾知名教育家、忠信高级工商学校校长高震东先生在大陆做过一次演讲，开头是这样的：同学们，你们说"天下兴亡"的下一句是什么？（台下的声音："匹夫有责"）——不，是"我的责任"。如果今年高考每个人都额外加 10 分，那不等于没加吗？"天下兴亡，匹夫有责"等于大家无责，"匹夫有责"要改成"我的责任"。好一个"天下兴亡，我的责任"，真是令人震撼，表现出对国家、对民族、对社会高度负责的崇高的爱国主义精神。梁启超的《少年中国说》提出，"少年强，则国强；少年富，则国富……"也是强调青少年所担负的国家民族强盛的责任。因此，处于青年期的我们，培养自身的责任意识，认识到自己是学习的主人、班集体的主人、学校的主人、家庭的主人、社会的主人、世界的主人，就显得尤为重要。教育家陶行知指出："先生不应该专教书，他的责任是教人做人。学生不应当专读书，他的责任是学习人生之道。"教师的职责是"千教万教，教人求真"，学生的职责是"千学万学，学做真人"。

一个人，只有先学会做人，才能学会学习，学会做事，学会生存，如果一味停留于以学好文化知识为己任，而忽视思想品德的培养和熏陶，这是很危险的。

怎样才能学会做人呢？在《说文解字》中，"人"字的一撇代表"做人"，一捺代表"生活的技能"。什么是人的自我价值和社会价值？一个人通过自己的努力，解决了自己的生存问题，不至于成为家庭和社会的负担，这就基本体现了一个人的自我价值；然后能服务于社会，积极工作，并作出哪怕一点点的成绩和贡献，这就体现了一定的社会价值。

人要常怀感恩之心，要有孝心，为人要谦虚、诚实守信、关爱他人，做个真诚、正直、善良、勤劳、节俭的人。环境的影响也是十分重要的。充满人文情怀的环境能够陶冶人的良好品德。

英国教育家洛克说过："榜样所起的吸引或阻止儿童模仿的力量比任何说教的作用都大且深刻。"我经常阅读先进人物的故事，如历史伟人、民族英雄、老一辈无产阶级革命家、全国十佳少年、科学家和各方面的杰出人物等，了解他们的好思想、好品德、好行为，激励自己，教育自己，把榜样的激励化为自觉行动。当然，我们要善于发现身边的榜样，例如，在高中时，我将学习好、人品好的同学作为我的榜样，向他们学习，抓住时机把自己的情感、冲动引导到行动上来，把敬慕之情转化为行动和习惯。

除了学习，一个人还要学会自省。为此，我准备了自己的道德日记本，积极撰写道德日记，定期或不定期地将自己的道德实践过程和道德感悟记在日记本上。这有利于我在自己的内心深处及时总结自己的道德进步，反省自己的道德缺陷，经常警示自己，鞭策自己，修正自己的行为，才能谱写青春的道德乐章。

道德自省活动有利于确立"德是做人之本"的教育理念。一系列道德自省活动的开展，强化了德育工作的重要性，一定程度上冲击了智育至上的教育现状，扶正了德育在学校教育工作中的位置，无疑是对家长片面追求孩子智力成长的有益弥补。此外，在我们参与的道德讨论中，可以参照已有的道德认识、道德情感和道德行为制定出新的道德规范，使新的生活领域和生活方式中所出现的道德空白得到及时补充。这对完善社会道德要求和提高学生的道德健康水平都有非常明显的意义。

中华传统美德教育源远流长，至今依旧有深远的影响。孔子认为美德包括孝、悌、忠、恕、礼、知、勇、恭、宽、信、敏、惠等。庄子认为美德包括无欲、无念、无名、无言、无功和无我。《荀子·尧问》曰："周公谓伯禽之傅曰：'汝将行，盍志而子美德乎！'"《史记·礼书》曰："洋洋美德乎！宰制万物，役使群众，岂人力也哉！"亚圣朱熹在《朱子家训》中提出：从"黎明即起，洒扫庭除，要内外整洁"一直到"读书志在圣贤，非徒科第；为官心存君国，岂计身家。"要让青少年养成良好的道德品质，要着重提高他们的道德认识，培养道德规范。明理、激情、导行是对青少年进行思想品德教育的主要方法，而教育的落脚点和归宿又在导行，只有实现知行合一，才能真正培养良好的道德品质。

📝 简评

　　从细微之处寻得美德的踪影，借助书籍掀开美德的神秘面纱。作者将小到生活中的点滴，大到古典文学都纳入自己对美德的哲思当中。"省视自己"是作者最突出的美德，她善于观察并能通过理性分析社会的种种现象来审视自己、审视社会，灵活运用各种古典文学和各界教育家的思想来彰显"自我教育、为人处世、修身治学、知行合一"的重要性。倘若行文思路再清晰一些，文章结构层次再分明一些，文章将会更加出色。

（教育学院"课程与教学论"研究生赖秋桃）

寻找更美的自己

陈嘉怡

修养的花儿在寂静中开过了，成功的果子便会在光明里生长。要发展优良品德，就要在生活中不断完善自我，提升修养，一路找寻更美的自己。

通过一个学期的自我实践，社交智力、判断力、领导力是我自认为较强的优良品德，自理、爱学是我较弱的优良品德，结合"3+2"发展模式，经过实践的沉淀，将感悟融于此文。

社交智力是个人认为自身最强的优良品德，因为在日常生活中，自己能较好地察言观色，适应不同的社交场合，与他人友好相处。在自我实践活动中，我主要通过在学生组织的工作锻炼来进一步提升社交智力。

在大三，我有幸担任校学生会的副主席，因职责所在，过去的一学期里参与过很多不同场合的活动，经常与不同身份的人打交道，虽并无刻意锻炼自己的社交智力，但会主动把握机会，通过实践来提升自己，其中学代会、问卷调查这两项工作是最能锻炼自己的。

从去年十月到十二月末，校学生会的工作重心以筹备开展第三届学生代表大会为主，以主席团为核心开展各项筹备工作，而我主要负责学生提案统筹工作，包括提案收集、反馈、修改，提交学校相关机关部处，汇编成册等系列工作，同时还要配合他人完成其他筹备工作。因工作涉及学生代表、学院、院校学生会、学校机关部处，需要各方及时根据要求开展工作，才能保证大会顺利举行。但由于种种原因，很多工作内容不能在工作时间推进表规定的日期内完成，需要我与各方交涉，其中也遇到一些不耐烦的人，我会用恰当的语言委婉告知对方其行为的不良影响，在对方表达抱歉时及时表示感谢及理解，在大家一起连续好几天奋斗到凌晨两点时给予他们语言的鼓励与食物的补充。那三个月，特别是12月下旬，简直是与时间赛跑，在考验我的体力的同时，更考验我的工作能力、社交智力，但我顺利完成了任务，感受到了会议顺利召开后的喜悦。

另一项工作主要是应学校老师的工作要求，配合中国社科院在我校开展某项大学生问卷调查，涉及不同专业、不同年级，甚至跨越本科生延伸至研究生，还包括不同学院的本科生及研究生学生会和学校老师、社科院老师，而这项工作所持续的时间从11月到次年1月，但恰逢学代会工作冲刺期、期末备课及考试期，部分人拒绝填写调查问卷，甚至拉黑我的联系方式、没来由地大骂一通，此时，我总会想办法及时化解矛盾，以保证工作能按时完成。

社交智力并非锻炼一朝一夕即可有很大提升，只有通过长时间的打磨，在实践中吸取经验教训，才能与他人相处和谐、融洽，才能自如地在不同场合展现更好的自己。

对于判断力，虽然经过一整个学期的工作锻炼，如今的我却不敢把它当作是自己最强的优良品德之一。过去发生的种种事情，让我对自己的判断力产生怀疑。

在学生组织的工作中，时常需要作出判断，包括时间、人力的配合与调整，虽然对于大部分事情我能作出合理判断，但在处理某些关键事情时却出现较大的判断失误，对整体工作产生了不良影响。有些失误甚至是不可逆转、无法更改的。对于如何平衡学生组织的工作与学习，也需要判断力。当学习时间被学生组织的工作打乱，甚至出现严重不良影响时，我会及时调整心态，尽量平衡学习与工作，避免耽误学业。而在爱情中，更是时时、处处考验着自己的判断力。一个判断失误可能会发展成或小或大的争吵，对双方造成伤害，也考验着彼此的感情。但随着对彼此信任、了解的加深，我懂得了在做判断时须谨慎，不能冲动，特别是在文字交流中，多一个字或少一个字的表达效果可能天差地别。

判断力的提升需要经验的积累，也需要学着理性地处事待人，只有这样，才能尽量避免出现误判。

对于领导力的实践，我同样是在学生会的工作中实现的。作为学生会的核心成员之一，我需要与主席团一起推动学生会工作高效、有序地开展——小到号召学生干部搬运物资，大到举办全校性大型活动，从学校新生迎新晚会到学生代表大会，从全校病毒防治工作到问卷调查工作等，在工作开展过程中，我展现了良好的领导力，也暴露出不足之处，在一次又一次的自我发现与改进中，领导力得以提升，带领团队发展良好。在每一个团队、每一项活动中，都需有人扮演领导者角色，良好的领导能力能促进集体发展，获得大家的认可，更能促进自我提升。除了上述实战锻炼以外，我还在学校的青年马克思主义者培养工程中和其他学生骨干一起学习如何增强自己的领导力、组织能力。

这三种自己起初认为较强的优良品德，均以在学生会的工作为主要实践活动。在不同环境中，可以获得不同的锻炼机会，而学生会作为大学的主要学生组织，能够给予平台让我施展自己各方面的才能，从而不断增强自己的优势，又能弥补自己某些方面的不足。

自身较弱的优良品德是自理和爱学。

自理，指善于管理自己的情感和行为，遵守纪律，控制自己的欲望和情绪。而我自己常陷入情感或行为困局中，难以及时调整，缺乏规律的生活。为发展自理能力，我为自己设定了两个实践活动。

一是"管住嘴迈开腿"。在控制暴饮暴食的基础上，每周至少进行一次夜跑，在落实每周一次夜跑后，循序渐进，保证每周至少两次身体锻炼。然而理想很美好，现实很骨感。在过去的一学期中，以上计划落实率为零，一方面由于课程较紧和其他突发事情出现，另一方面，更为重要的是自身行动力不足，认为锻炼此事可有可无，没有放在心上。如果尽自己所能也无法做好一件事是情有可原的，但因懒惰不自律而耽误，则是可耻的。唯一值得安慰的是，虽然没有有计划地开展锻炼，自己曾和同学一起参加学院组织的篮球赛，在比赛前和比赛时进行了训练，在寒假外出旅游期间还曾爬高山，走雪地。

二是自我调节情绪。面临较大压力时，我曾显得很无助、手忙脚乱甚至情绪低落，因此我为自己设定的实践活动是看电视剧。在期末备考期间，学习与学生组织的工作事务堆积在一起，令我每天都陷入不知所措的困局中，当时选择了看热播剧《溏心风暴2》，熟悉的演员还有熟悉的台词，成为那段时间自我放松的最好方式。注意力转移是调节情绪的良药，看电视剧是我喜欢的一种自我调节的方法。

提及学习，不能说自己不学习，但也不敢说自己热爱学习，而是缺乏自觉学习的动力。因此，我为自己设定了两个实践活动——认真学习专业课程和每月阅读一本书。

在专业课程方面，通过一个学期的学习，我有所收获，却不够深入。从学业排名上看，自己的成绩处于中上游，然而成绩并不能很好地体现学习效果。在课堂上，自己并未做到完全认真投入，遇到喜欢的课程和内容时才认真听讲，对于不感兴趣的则会充耳不闻。学习是一个艰苦的过程，在外界诱惑下也容易放弃，因此需要强大的毅力去坚守。

定下每月阅读一本书这个实践活动，是因为自己从小并未养成爱阅读的习惯，在很多情况下由于兴致所至才会拾起一本书细细品读。读书太少，数量不足难以实现质变。在过去的一学期里，合计总共阅读了四本非专业类书和一本专业书籍，专业书籍是在课程老师的要求下完成阅读的。当初在设定这个实践活动时，老师给我的建议是把要看的书目先列成清单，而我是看完之后才列出已阅读清单。想必按老师的建议开展阅读活动，效果会更好。富兰克林说，书籍是他唯一的娱乐，可见他十分热爱阅读。于我而言，书籍并不是我的唯一娱乐，却是我消遣时间、打发苦闷的方式之一。当然，无法否认阅读于个人提升的重要作用，因此我将继续把每月阅读一本书的计划实施下去。

回顾过去一学期对五种优良品德的发展和提升，有满意之处，也有失败之处。按照计划去落实需要以顽强的意志克服外界的种种干扰和诱惑。

在设定计划时，人们有时会高估或低估自己的能力，而我则是把计划设得太难实现或过于简单。每个人都希望成为优秀的人，也以为自己会把那些美好的计划认真落实。殊不知，在实施过程中，避免不了会出现这样或那样的事情阻碍你，使你烦躁心乱，此时考验的是一个人的决心和意志，决心不足、意志不坚定，计划马上就会瓦解，化为乌有。

美知、美行、美省，从对自我优良品德的判断到实践，再到自我总结与反思，"美"贯穿其中，这是一个从头到尾都让你认真审视自己，发现自己的优缺点并不断完善自我的过程。

有志者，事竟成；苦心人，天不负。对于三种较强的优良品德和两种较弱的优良品德，我将会继续实践，不断提升，寻找更"美"的自己。需要谨记的是，不能期待以外界的刺激或契机就可以顺利地改变自己，个人行动的动力归根结底只能来源于内在。

✒ 简评

生命之花的灿烂，得益于辛勤汗水的努力浇灌；人生之歌的嘹亮，离不开始终的努力奋斗。人生，只有在经过一次又一次的努力后，才一步一步接近巅峰。文章的主题是寻找更"美"的自己，字淡而意浓。人生就是一个不断成长的过程，不断地寻找自己的"最近发展区"，突破自己的"最近发展区"，寻找下一个"最近发展区"。作者虽然没有轰轰烈烈的事迹，但她天性至真至纯，追求尽善尽美，以自己的一言一行来追求一点一滴的进步，勇于借助大学的各种平台锻炼自身的社交智力和领导力，在协作调整和情感经历中不断提升其判断力。面对"自理"和"爱学"两项不足，制订了切实可行的实践计划，并用"有志者，事竟成；苦心人，天不负"来激励自己。

（教育学院"课程与教学论"研究生赖秋桃）

扬长不避短，识微可见远

许秀榕

在教师职业道德课程初期时，老师布置了"优良品德的自我发现与发展"的作业，也正是从那时起，我们经历了"优良品德自我发现与发展"活动的三个阶段——美知、美行、美省，即自我认知、自主行动与自我反省。针对这三个阶段中自身优良品德的自我发现与发展的完成情况，我进行了阶段性的总结。

一、美知——优良品德的自我认识

（一）优良品德的自主学习与自我发现

经过研究与实践，研究者们发现每个人都有六大美德和二十四种优良品德。

第一大美德为"智慧（Wisdom and Knowledge）"美德，包括创造力（creativity）、好奇心（curiosity）、判断力（judgment）、好学（love of learning）、洞察力（perspective）五种优良品德；第二大美德为"勇气（Courage）"美德，包括英勇（Bravery）、坚毅（Perseverance）、诚实（Honesty）、热情（Zest）四种优良品德；第三大美德为"仁爱"（Humanity）美德，包括挚爱（love）、友善（kindness）、社交智力（social intelligence）三种优良品德；第四大美德为"公正"（Justice）美德，包括

集体责任感（teamwork）、正义（fairness）、领导力（leadership）三种优良品德；第五大美德为"节制（Temperance）"美德，包括宽容（forgiveness）、谦虚（humility）、审慎（prudence）、自理（self-regulation）四种优良品德；第六大美德为"超越（Transcendence）"美德，包括领略优美（appreciation of beauty and excellence）、感恩（gratitude）、希望（hope）、幽默（humor）、精神（spirituality）五种优良品德。

对照这六大美德和二十四种优良品德，通过分析我自身的具体情况，并且经过了认真仔细地反复思考后，最终，我选择了好奇心（curiosity）、友善（kindness）、宽容（forgiveness）作为我所具备的三种最强的优良品德，而选择了审慎（prudence）和希望（hope）作为我的两种最弱的优良品德。

（二）优良品德的自主实践设计

确定好最强三种优良品德和最弱的两种优良品德后，我便开始进行优良品德的自主实践设计。从学校活动、家庭活动和社会活动三个方面，分别设计出具体的实践活动，针对最强的优良品德来发展与表现，针对最弱的优良品德来提高与优化。

1. 较强的三个优良品德

针对我认为自己所具备的较强的三种优良品德，设计了以下的实践活动。

（1）好奇心（curiosity）

①学校方面：对于新课新知识，至少提出三个问题，寻找自己感兴趣的点。遇到不懂的知识点，要善于思考，及时解决疑问，发现新知识。

②家庭方面：勤于发问，有不懂的问题多请教父母。

③社会方面：多观察并发现社会上的一些新鲜事物，对于过去不曾留意过的事情多加思索。

（2）友善（kindness）

①学校方面：遇到同学主动微笑并打招呼，热心帮助有困难的同学，细心发现周围人的难处或困境并主动提供帮助，对人有耐心。

②家庭方面：对爸爸妈妈和亲戚朋友多关心，微信短信常问候，节假日多陪伴。

③社会方面：对于需要帮助的陌生人温和对待，不要不耐烦，不要以"赶时间"来敷衍；有传单就接过来并说谢谢；对帮助过自己的人表示感谢、心存感恩。

（3）宽容（forgiveness）

①学校方面：对于同学尽量不要生气，多站在对方的角度考虑问题，对同学、朋友多一些理解。

②家庭方面：不管发生什么事情，首先学会换位思考，站在父母的角度设身处地地考虑，不要对父母撒莫名其妙的无名火。

③社会方面：每当想发脾气时，在心中默念"莫生气"一诗：人生就像一场戏，因为有缘才相聚；相扶到老不容易，是否更该去珍惜；为了小事发脾气，回头想想又何必；别人生气我不气，气出病来无人替；我若气死谁如意，况且伤神又费力；邻居亲朋不要比，儿孙琐事由它去；吃苦享乐在一起，神仙羡慕好伴侣。

2. 较弱的两个优良品德

针对我认为自己身上较弱的两种优良品德，我设计了以下的实践活动。

（1）审慎（prudence）

①学校方面：做题时要仔细阅读题目，仔细检查答案；看书背书时，不要遗漏知识点。

②家庭方面：做决定（重大的或日常的）前要细致考虑，多问问父母的意见，看看自己有什么考虑不周之处。

③社会方面：凡事三思而后行；话说出口前一定要经过脑子，要确认是否得体得当，是否会伤害到别人。

（2）希望（hope）

①学校方面：遇到难处时，不轻言放弃，相信自己，积极面对挑战。对未来的学习生活、校园生活充满希望，并相信自己的前途是光明的！

②家庭方面：多和父母畅想美好的未来！

③社会方面：对未来的人生充满希望，享受生活，努力过好每一天。凡事多往好的方面想，要乐观，不要总是杞人忧天。

二、美行——优良品德的自我行动

自我行动，是"优良品德的自我发现与发展"活动的第二个阶段，也就是身体力行地去践行"美知"阶段时所设计的自主实践活动，并在真正实践中不断完善自主实践活动方案，使自身的优良品德得以不断完善和发展。

（一）较强的优良品德——以好奇心为例

在美知阶段，我选择了好奇心作为我所具备的较强的优良品德之一，并在完成实践活动设计后恪守方案。对于好奇心，我认为最重要的一点就是能不断尝试新事物。"尝试新鲜事物"与"好奇心"之间的逻辑关系看似应该是先有好奇心才会尝试新事物，实则二者是互为前提、相互促进的——如果一个人试图去培养并保持好奇心，那就会勇敢地去发问、去感受新的事物，在这个过程中也会产生或增强好奇心。好奇心本身就是正反馈。世上的事物之间有各种各样的联系，好奇心会让人想要探究更多，对越来越多的事情感兴趣，因此会更深入地学习。这时，学习就变得很简单——你几乎想学习一切，因为它们真的很有趣。所以，学习的知识越多，越会感到自己的不足，因为随着知识面的扩展，发现未知领域越多，也就刺激了学习者继续深入地学习。

有的人觉得，有好奇心没用，做好事情的最关键原因还是坚持。其实好奇心和坚持并不矛盾，没有好奇心怎会去坚持呢？当我们以好奇的心态去坚持的时候，坚持就不再是痛苦的忍耐，而是充满激情的探索，直到成功的那一刻的到来。在求知的道路上，好奇心能让我们在遇到困难的时候努力找寻方法，敢于去尝试，否则，一个没有好奇心的人怎么可能去开拓新鲜的、未知的领域呢？

而关于我所选择的另外两种优良品德——友善和宽容，在日常生活中，我也基本能按照自主实践活动设计中的内容行动起来，而并非仅浮于纸面。

（二）较弱的优良品德——以希望为例

在美知阶段，我选择了希望作为其中一种我所具备的较弱的优良品德，并大致能按照实践设计中的要求去做，在实践中将设计内容具体化。

对于在希望的实践设计中提到的"对生活要充满希望"，在实践中我会通过各种方式来达成目标。例如，每天都不忘对自己微笑，对着镜子鼓励自己；常常去唱歌，也是一种很好的发泄的方法，把这段时间的不愉快统统都唱出来，让烦恼随着歌声离去；去健身房或者田径场跑步，跑得大汗淋漓，将烦恼全部忘却。

而关于我所选择的另一项较弱的优良品德——审慎，我也能基本上按照实践设计中的内容来行动，凡事三思而后行。

三、美省——优良品德的自我反省

在前一阶段"美行"的过程中，对于优良品德的自主实践活动设计，我开始真正地行动起来，而在"美省"阶段中，我才发现，很多事情写起来容易，但是真正实践起来并不像想象中那么简单。有些实践设计中所提到的、涉及的方案，我并没能完完全全地做到，在此做深刻的反思，并寄望于日后的生活中能真正达成目标，让我的实践设计不会成为一张空头支票，促使自身的优良品德不断地提高和发展。

（一）较强的优良品德——以好奇心为例

在第一阶段"美知"的自主实践活动设计中，关于我所具备的较强的优良品德"好奇心"，在学校方面，我的设计是"对于新课新知识，至少提出三个问题，寻找自己感兴趣的点。遇到不懂的知识点，要善于思考，及时解决疑问，发现新知识。"然而在真正实践中，在日常的学习中，我却总是没能对课程进行提前预习并不断提出问题。

一个只关心自己，对外界没有丝毫好奇心的人，即使有再好的机会出现，也会与他擦肩而过。

如何打开好奇心的大门呢？兴趣是第一驱动力，这与我们学习知识是相通的——不断开阔视野，不断增加新的兴趣点，好奇心源于对知识的渴望和诉求。要想保持一颗好奇心，就要不断地提高自己，不停地往前走，接触更多的领域，你的人生就成为一个不断循环的过程：提高——发现——好奇——学习——提高——发现——好奇——学习——提高——发现——好奇……所以好奇是永无止境、没有尽头的。保持一颗好奇心也会为我们的学习、生活或工作带来更多的乐趣。

今后，我必定会常常提醒自己，以好奇的心态去学习知识，去探究未知的领域，真正享受在学习中、在探究中获得的快乐。

（二）较弱的优良品德——以希望为例

在第一阶段"美知"的自主实践活动设计中，关于我所具备的较弱的优良品德"希望"，我提出"凡事多往好的方面想，要乐观，不要总是杞人忧天，想到不好的结果。"然而在实际生活中，我仍然是更偏向于悲观主义，对于还未发生的事情，也总是忍不住先设想其不好的结果。

要活得舒心，活得快乐，就要学会知足，学会随遇而安。所以，只要我们一生都脚踏实地做事，即使创造不了辉煌，也能感受到生活的真实。做平常事，做平凡人，保持平静的心态来对待每一天，生活就会充满阳光，洋溢着希望。

人生就是一幕戏，每个人都是主角。每个人都希望自己每一天都开开心心、顺顺利利，可是既然是生活，就总会有那么一些波澜。不要太在意别人的想法，每个人都是单独的个体，我们不需要活给别人看，没必要为了迎合别人而委屈了自己。

所以，从今天起，要做一个简单的人，踏实务实，不沉溺幻想，不庸人自扰，要有平常心，永远对生活充满希望，要心怀梦想，即使看似遥远。

以上是我对于"优良品德的自我发现与发展"活动的阶段总结，我明白，这并不意味着自身优良品德的发展到此为止了，在此活动中所形成的习惯举止、优良品德，我会一直保持下去，并在此过程中将这些优良品德和行为举止内化为自觉自愿的道德品质。这是我在这个活动中的最大收获。

简评

此文结构清晰，逻辑合理，笔者从美知、美行、美省三个阶段和家庭、学校、社会三个维度进行自我发现，进而设计了切实可行的实践活动，凸显学思结合、学以致用。面对"审慎""希望"两个较弱的美德，作者敢于正视自己的不足，勇于探索，砥砺前行，值得我们每一个人学习借鉴。

同时，优良好品德的形成需要靠平时的"养"，这是一个细水长流的过程。作者对此认识到位，一语中的，在文章结尾段指出，阶段性的总结并不意味着自身优良品德的发展就到此为止，而是需要一直保持下去。

（教育学院"课程与教学论"研究生赖秋桃）

发现美德，发展美德

周浩兰

美德，是存在于人们心中的精神品格。不少伟人提出过自己对美德的思考。罗曼·罗兰说："没有伟大的品格，就没有伟大的人，甚至也没有伟大的艺术家，伟大的行动者。"达芬奇说："人的美德的荣誉比他的财富的荣誉不知大多少倍。"莎士比亚说："生命短促，只有美德能将它流传到辽远的后世。"美德不仅仅包括中国传统文化中的"仁义礼智信"，研究者还发现每个人都有六大美德和二十四种优良品德。第一大美德是"智慧"，它包括创造力、好奇心、判断力、好学、洞察力；第二大美德是"勇气"，它包括英勇、坚毅、诚实、热情；第三大美德是"仁爱"，它包括挚爱、友善、社交智力；第四大美德是"公正"，它包括集体责任感、正义、领导力。第五大美德是"节制"，它包括宽容、谦虚、审慎、自理；第六大美德是"超越"，它包括领略优美、感恩、希望、幽默、精神。

要发展美德，首先需要提高对自身的认识。我从小学五年级开始住校，所以自理能力较好。我的父母性格活泼有趣，轻松和谐的家庭环境让我多了一份幽默。可能因为女孩子天生就对美的东西十分迷恋，我喜欢感受一切美好的东西，喜欢领略优美。但是，我的性格比较内向，不善于与他人沟通，经常词不达意，缺乏一定的沟通技巧，缺乏社交智力。过去模式化的生活，培养了我做事的规律性，但也让我的创造力不足，很多时候的思路不够开阔。我自认为常常对身边事物或现象的观察不够细致，在学习上对知识的领悟较慢，即洞察力不足。我了解自己所拥有的优良品德，也深知自己却缺乏的优良品德。作为师范专业的在校生，未来我们大多数人都将成为人民教师，教师的一言一行会深刻地影响年幼的学生们，因此，对于我们来说，发现与发展美德十分有必要，提升自己不足的品德也更显迫切。高尔基说："每个人都知道，把语言化为行动，比把行动化为语言困难得多。"通过实践来发展自己的优良品德和培养自己所缺乏的优良品德是一个漫长的过程，需要我们积极主动，用心经营。对于自己所具备的优良品德，我参加了很多有意义的活动来继续发扬；对于自己所缺乏的，我也勇敢地在实践中向自己提出挑战。

两年前，我离开家乡到另外一座陌生的城市上大学，最初是很心慌的，不知道将会认识什么样的人和见到什么样的事物。好在我从小学就开始体验住宿生活的经验帮助了我很多，进入大学后没有手忙脚乱，懂得如何生活自理和学习自理，到现在，时间的打磨让我渐渐学会了独立，在课余时间会和同学一起做兼职；在学习上，我能按时完成作业，整理好自己的学习资料，还能够针对自己的优缺点查漏补缺，对自己所感兴趣的部分有所拓展。对于任何人来说，自理能力都是非常重要的，我们总要长大，父母也不可能随时随地在我们身边，一个人生活的时候要学会如何将自己照顾好，不管是身体上还是精神上。

幽默感是一种优美、健康的品质，是一种高雅的生活情操，能使平淡的生活充满情趣，是日常生活的润滑剂，它能带给人们欢声和笑语，消减矛盾和冲突，缩短人与人之间的距离，所以具备幽默感是很有必要的。和他人在一起时，幽默感能拉近彼此的距离，让交流充满轻松愉悦感。我很幸运，我的舍友都各具幽默感，所以我们在一起时总是充满欢声笑语。在大学，我的幽默感因为身边有趣的人也得到了保持。总之，幽默感能带给人快乐。

爱美之心，人皆有之。人天生容易对一切美的事物产生偏爱，女生更是如此。我们喜欢听美妙的音乐，喜欢好看的服装，喜欢画面好看的电影，等等。一切以美的形式存在的事物都对人们有着天然的吸引力。见到美的事物，人们总会忍不住去想它究竟美在哪里，是颜色搭配，是旋律，是外在，还是所传达的精神，等等。领略优美是天性，更能在后天的学习中得到发展。

为了锻炼自己的实践能力，我在假期时到家乡的一座酒楼做兼职传菜员。去兼职的第一天早晨，我早早地就起了床，整理好东西准备出门，一路上想着自己在传菜员岗位上会做些什么，会遇见怎样的人，整个人乐呵呵的。很快便到了实践地点。进入办公室大门，走到之前联系过的一位姐姐的桌前，她告诉我应该做些什么，应该怎样做，还有一些工作内容的基本细节，又强调了礼貌态度等方面。之后，我便开始了我的实习工作。我所在的实践餐饮酒楼每天九点钟上班，晚上八点半下班，虽然工作时间较长，但是对一切感到新鲜又充满热情的我丝毫没有感到累，我反而觉得这是一种激励，让我更好地感悟了生活。传菜员的主要职责是开餐前做好区域卫生，做好餐前准备，保证对号上菜，熟知酒楼菜品的特色及制作原理和配料搭配，熟记房间号、台号，按上菜程序准确无误、迅速地送到服务员手里，等等。传菜员的工作看似简单，实际上比较讲究一些细节之处。传菜过程中，要轻、快、稳，不与客人争道，做到礼字当先，请字不断。同时，更需要用眼睛去看，如地上有什么障碍物，我们也要第一时间排除，天冷时要备好菜盖，以便随时使用，还要做好餐中前后台的协调工作，及时通知前台服务人员有关菜品的变更情况，把空酒瓶摆放整齐，等等。这是一份需要足够的细心、耐心的工作。通过这份兼职，锻炼了我的洞察能力和社交能力。去年暑假，我和舍友留在学校打暑假工，工作地点是一所科教公司，我们所在的岗位是资料整理，资料整理是一份需要耐心和细心的工作，那个暑假我们过得很充实。在学期中，我在一所教育机构找到一份助教的兼职，课堂内容是小学三年级语文，这正好和我的专业相符，感受着讲台上专业教师的课堂教学，自己也可以从中受教。作为一名助教，要懂得观察课堂上学生们的表现，观察老师的需要，课前准备和课后工作要做完善。这份兼职，不仅对我的学业学习有帮助，还锻炼了我的洞察能力以及与老师、家长沟通的能力。参加这些实践活动，目的就在于锻炼实践能力、社交能力，我用行动去检验自己，也学习到了一些工作技能和社交技能。

　　社交能力的培养不可能一蹴而就，而是需要每天在生活、交往中慢慢学习、锻炼。作为一名大学生，我们迟早会踏入社会，具备良好的社交能力会让你与他人的沟通更高效，也更容易说服别人，得到他人的认可。培养社交智力的途径有很多，如参加学校的学生会、团委会、两委会等学生团体。这些学生团体经常会组织一些活动，我们可以在一次次的活动中提高自己的能力。还可以加入学校中自己感兴趣的社团。每个大学中都有各种各样的社团，积极参加社团活动，可以学到新的知识或技能，还能扩大自己的社交范围。还要多出去旅游，正所谓读万卷书，行万里路。经常外出旅游，可以增加自己的见识，扩展自己的知识面。还可以做兼职。大学的课余时间是充足的，而学校里或者学校周边总会有可以做的兼职工作，不论是什么兼职，都避免不了与他人交流沟通，所以参加兼职也可以提高我们的社交能力。还要多读书，书籍是人类的第二生命，我们可以从书上学到很多生活中无法学到的东西，提升自己的能力。总之，作为师范专业在校生，未来我们中的大多数人会成为人民教师，肯定要具备良好的沟通能力和社交智力。

　　作为师范专业的在校生，创造力的培养也是很重要的。对于创造力，首先应牢牢掌握基础理论知识，没有理论依据作为支撑，一切想象和猜测都是空中楼阁，经不起推敲。只有扎实的理论知识积淀，才有创造的可能。除了通过在校学习来掌握基础知识之外，我们还要阅读不同种类的书籍，多浏览新闻。然而也不能闭门造车，理论结合实际才能发掘出实用的创造力。就拿做菜这件事情来说，你知道了一道菜的做法，却没有动手去尝试，那你可能一直都不会知道你的手艺究竟如何。创造力的培养还和观察力紧密相关，在日常的工作、生活中，认真仔细的观察是发现问题的重要渠道，而之后的解决问题、创造成果都是建立在观察的基础上。创造源于生活，只有从现实出发，多接触社会，多观察发现，多角度地去思考，然后付诸实践，不断地尝试，创造力才会被激发。

　　美德的发现与发展，需要不断地努力。作为师范专业的在校生，教师职业道德的培养至关重要。教师是培养人的职业，小学教师所教授的对象是小孩子，学生尚年幼，小学阶段正是他们身心发展的关键阶段，教师的一言一行都在潜移默化地影响着他们，因此，教师必须提高自己的素质和职业道德。拥有良好的职业道德，才能用自己高尚的人格、优美的语言、规范的行为和真挚的情感去影响、启迪、塑造、感染学生，让他们健康地、快乐地成长。教师不但要在教育教学上做到精益求精，还要善于处理、协调与学生、家长以及同事之间的关系，创造融洽和谐的工作氛围。教师职业道德的培养，需要我们不断地去发现和发展自己的优良品德，如宽容、耐心、感恩、幽默感、洞察力、社交智力、创造力，等等，我们只能切身去实践，去提高。

总之，我们要了解到自己的优点和缺点，扬长避短，在学习和生活中不断进步，不断培养自己未来职业生涯所需的优良品德。

✎ 简评

文章言语朴实真切，反映了作者做事时的所思所想，做事后的反思与自省。美德的发现与发展，是一个需要不断努力的过程。发现是发展的基础，只有在发现和正确剖析自己的优缺点的基础上才能进行有效的改进。作者在详细分析自己的生活环境和生活经历的基础上，总结出自己的"三强"——幽默、爱美、实践能力，"两弱"——社交能力、创造力，并告诫自己"要在学习和生活中不断进步，不断培养自己未来职业生涯所需的优良品德。"

（教育学院"课程与教学论"研究生赖秋桃）

心胜则兴——自省，自立，自强

周女盈

在大学生活里，我最先学会的并不是专业知识，而是懂得了感恩。十年寒窗，父母呕心沥血的培养，我如同一棵小树苗，努力地汲取大地母亲的养分，只为了拼命地长大。能够顺利地成长，我最感谢的就是父母，他们费尽心血给了我安稳的成长环境。与父亲的谈心，让我最为心痛的就是这么一句话："有时候，为了给我们一个好一点的读书环境，他真的不得不为五斗米折腰。"那时候我的心底在流泪，父母脸上的欢欣笑容，背后有多少我看不到的辛酸与苦累？

"感恩"二字，看似容易，却也不知该怎样表达，无论如何都还不了这份债，只能努力快点成长，希望能为他们分担一些，多报答他们一点。一些发自肺腑的话，总会在心灵酝酿很长的时间，才会懂得抒发。

光阴婆娑，岁月更迭。能让人感受幸福的深层意义，保留心灵中的一方净土，或许也只有父爱母慈的积淀与祥和吧。

大学，其实就是一个小社会，这里充斥着生活的甜酸苦辣咸。大家来自五湖四海，各具个性。这让我学会了如何去适应环境，也学会了控制自己浮躁的心。

萧伯纳说过："明白事理的人使自己适应世界，不明事理的人想使世界适应自己。"只有适应了环境，才能和快乐开心地生活。现在我们面对的是一个飞速变化的社会、一个激烈竞争的社会。"适者生存"，让自己适应环境，让环境接纳自己是我们跳进这个社会圈前首先必须学会的。然而，很多人都还没有意识到这一点，抱怨高考失利，抱怨周围的同学，抱怨没有好的学习环境、学习气氛，整天无所事事，甚至做一些消极的事情，浪费了自己宝贵的青春又一无所获。人活着应该要有一种精神：面对现实，接受现实，改变现实。

快乐是心灵的愉悦，幸福是心灵的满足。完美是一种追求，但追求完美的同时，要把握做人的尺度。不和别人比较，不和自己计较。快乐是生活的必需品，但追求快乐的同时，要守住善良的底线。人的一生，究竟有多少沟坎要独自跨越，又有多少遗憾留给岁月？一路奔波追求，忙忙碌碌，相聚分离，过客匆匆，偶遇邂逅，进进出出，苦辣酸甜，喜喜忧忧。绚烂的花朵，需要经历风吹雨打的考验；成熟的身心，需要经受长年累月的磨砺。人放松，心放平，让生活轻松，让生命丰厚。

有人说，一个人最好的生活状态，是该看书时看书，该玩时尽情玩，看见优秀的人欣赏，看到落魄的人也不轻视；有自己的小生活和小情趣，不用刻意去想着改变世界，而努力去活出自我；没人爱时专注自己，有人爱时，有能力拥抱彼此。

在生活上，我的自我要求就是崇尚朴素的生活，在安静中沉淀，在喧闹中保持自我，收获简单朴素的快乐，如朱自清先生的散文《歌声》中所说："仿佛一个暮春的早晨，霏霏的毛雨默然洒在我脸上，引起润泽、轻松的感觉。"听着我喜欢的歌，我便如卸去沉重的负担，心灵轻飘飘地随歌声起伏而沉浸其中。做人有时候会负累于世俗，但如果能保持着超然的心境，感受自然的美好，也就能在朴实中寻求属于自己的那份安乐。

当然，每个人都会有自己的缺点。美与丑是相伴而存的，"择其不善者而改之"，正是我要做的。即将步入真正的社会，我也必须正视自己的不足之处，尽可能地克服阻碍我成长的毛病。

首先是拖延症。我们生活在节奏越来越快的社会里，很多事都要求快马加鞭地完成，拖延症让我习惯于把该做的事情无限期地延后。做事拖拖拉拉，无规划，有规划了也未能不折不扣地执行。我罗列一些解决问题的方法，希望自己能够快点甩掉这个毛病：（1）时刻提醒。将工作报告或论文的最终期限或约会日期写下来，放在随时可见的地方，时刻提醒自己。对于特别重要的事情，用荧光笔标注出来。（2）将工作安排在一天当中效率最高的时候。（3）给自己设个最后期限。很多人都有这样的经验，那些看似不可能按时完成的任务，往往在最后一刻都能完成。（4）将工作分出轻重缓急，重要的马上就做。（5）每天早上至少完成一件最不想做的工作，其余工作就会在轻松的心态中完成。（6）劳逸结合。（7）将庞杂的工作分成几个部分，分别去完成。（8）避免工作被打断。集中精力可以使你在很短的时间完成更多的工作。（9）不要随意修改计划。一旦制订了计划，就严格遵循。不要为了使计划更完美，而中途添加新的内容。（10）当按时完成工作时，给自己一点奖励。

再者就是我在工作方面有点被动，如在处理班级事务时，很少主动地去和其他班委沟通，导致一些事情没有办好。我也有想过主动地去问，可是又不知道该怎么做，沟通协调能力也有待提高。而且我有时不够自信，有时又有点固执。在判断一件事情时，明知道自己的观点不对，可就是不爱听其他人的意见。我以后要学会倾听，多学他人的长处。渴望成果就要忍受痛苦的过程。清楚自己的问题所在，寻求着手解决的方法，这才是我当下需要去做的。

最后一个缺点就是太过理想化，也就是人们常说的盲目乐观。我时常会想有一天能做一名背包客。因为我觉得人的一生，青春只有一次，我不想把我的青春献给这枯燥的画图以及可恨的加班。对于理想与现实之间的平衡，我把握得差了一点，可能因为我还待在校园里，见到的世界相对狭窄。我想，大学对我来说是一个很好的过渡阶段，我会牢牢地把握。

此外，我的缺点还有不擅长换位思考。当自己与别人的意见不一致时，有时会发生争执，没有考虑到别人的感受。

在今后的生活中，我会发扬、升华我的优点，积极改正自己的缺点。美国人格心理学家奥尔波特说："人格是一个人内部决定他特有的行为和思想的心身系统的动力组织。"愿我坚韧如荒园野草，柔情如荷塘月色，不忘初心，做一个自己想做的人。

📝 简评

　　此文乃一场深刻而真实的自我省思。时间如白驹过隙，大学时光悄然流逝，如雁过无痕，水流无声。回首凝望，静心沉思，深感未虚度光阴：有得有获，有缺有憾。得德之美，颇为珍贵。深悟"感恩"之言，如水之平淡，亦如茶般回甘；积极适应环境，自主忌浮戒躁；释放情怀，摆正心态；崇尚朴素，保持自我，快乐安然。纵怀缺憾，心亦明如镜，正视之，盼改之。太拖延、不主动、盲目乐观、不擅长换位思考，悉知自存缺陷，故做自我剖析，予以克服。此篇美文思路清晰，逻辑清楚。全文的语言似跳动之音符，充满韵律，美感盈动。心胜则兴，心中自省，方能自立，方可自强。愿作者始终能不忘初心，鼓起人生美德之帆！

（教育学院"课程与教学论"研究生屈小漫）

美知·美行·美省

游晓琳

　　所谓的"美知、美行、美省"，是指"优良品德的自我发现与发展"活动的三阶段，即自我认知、自主行动与自我反省。每个人身上都有着自己独特的优良品德，"优良品德的自我发现与发展"活动就是要让自己学会发现、发掘并且发扬自己的优良品德，从而使自己的生活达到一个新的高度。

　　"美知"，也就是要意识到自己身上的发光点，发掘出自己身上的优良品德和美德，与此同时，还要发现自己的不足之处；"美行"，也就是要在生活、学习中通过实际的行动来发扬自己的优良品德和美德，而在放大自己身上的闪光点的同时也要努力消除黯淡之处，不让洁白的珍珠蒙上灰尘；"美省"，是继"美知""美行"之后的最后一步，也是非常重要的一步，即总结自己在前期"美行"的实践活动中的心得体会，反省存在的不足之处，争取在下次的实践活动中做得更好。

　　"美知"是"优良品德的自我发现与发展"活动的基础。如果连自己身上的优良品德都发现不了的话，又怎么谈得上发展呢？有研究者发现，每个人身上都有六大美德和二十四种优良品德，六大美德分别是智慧、勇气、仁爱、公正、节制、超越，二十四种优良品德包括创造力、好奇心、判断力、好学等。每个人身上都有其独特的美德和优良品德——有的人很聪明，有的人很有勇气，有的人处事很公平公正……只有发现自己身上的这些闪光点，才能更好地去对其进行发展和发扬。

在"智慧"这个美德的范围里，包括了以下五种优良品德：创造力、判断力、好奇心、好学和洞察力。创造力、好奇心、好学这三种优良品德都是进行创新和创造所必需的，是个人充实自己、提高自己、发展自己所必不可少的。而判断力和洞察力则是人们为人处世所必备的，没有判断能力和洞察能力，就很难在这个弱肉强食的世界中生存，很难在复杂的社会中立身。在这里，我想重点谈一谈好奇心这种品德。好奇心每个人都有，特别是在婴儿和童年阶段，好奇心最为强烈，对世间的一切新鲜事物都感到新奇，什么都想去探索。但随着年龄的增长，认识的事物多了，好奇心也就越来越弱了，对很多事物的态度都变得不在乎了，不想去探索新事物，也不想去问个究竟，只想活在自己已经探索过的世界里。但好奇心是每个人都应保持的一种品质，没有好奇心，人就失去了探索新事物的兴趣，不去探索新事物，就无法进步，所以说，无论是在童年时期还是成年时期，人都应保持着一定的好奇心。

在"勇气"这个美德的范围里，包括了以下四种优良品德：英勇、坚毅、诚实、热情。自古以来，几乎所有的英雄人物身上都有着英勇、坚毅这些品德，如赵子龙身上就有着英勇的品质，周恩来同志身上就有着坚毅的品质。虽然对于我来说，英勇和坚毅这两种品德体现得不太明显，但是诚实和热情这两种品德还是具备的。鲁迅说，"诚信为人之本"，只有诚实待人、人与人之间坦诚相处，才能建立起人类社会的信任网络。对于我来说，我相信诚实是为人处世的基本条件，只有你对别人诚实了，别人才愿意对你坦诚相待，但在某些情况下，我也会说一些"善意的谎言"。

在"勇气"这个美德范围里，还有一种品德——热情，我身上也是具备的，体现得还很充分。对生活充满热情的人，才能生活得有滋有味。对工作也一样，如果在工作中保持足够的激情和热情，工作效率也会大大提高。而对人热情相待，既能温暖他人，又能使自己精神上得到满足。充满热情的人，在受到挫折的情况下，是不容易气馁的，即使会有挫败，但很快就能振作精神继续奋斗。

在"仁爱"这个美德的范围里，包括了以下三种优良品德：挚爱、友善、社交智力。挚爱和社交智力这两种品德在我身上体现得不明显，而友善这种品德倒是能很好地体现出来。你待人友善，用友好亲切的态度与他人相处，才能让对方用相同的态度对待你。总之，要怀着一颗友善之心待人，这样才能得到对方友善的回应。

在"公正"这个美德的范围里，包括了以下三种优良品德：集体责任感、正义、领导力。这三种品德应该可以说是集体中的领导人物所必须具备的品德，由于这三种品德在我身上体现得不明显，所以在此就不细细说明了。

在"节制"这种美德的范围里，包括了以下四种优良品德：宽容、谦虚、审慎、自理。宽容这种品德在我身上还是可以体现出来的，毕竟如果每件事都和别人计较的话，既费时间又费神，古语有云："退一步海阔天空。"对什么事情都宽容一点，麻烦事也会少一点。至于谦虚和审慎，这两种品德在我身上体现得就不太明显了，每个人在获得了一些成绩之后都会或多或少地有些骄傲的，而我则是藏不住骄傲的那种人，所以谦虚在我身上很难体现的，而审慎就更不明显了。但是这四种品德里，自理是我身上表现得最明显的一种品德了，毕竟我很早就开始独立了。虽然说我现在还在上学的阶段，经济上还不能独立，但是对于自己在学校里的学习和生活起居还是能管理得很好，个人生活也能很好地安排和打理，因此，这算是我很值得骄傲的一种品德了。

在"超越"这个美德的范围里，包括了以下五种优良品德：领略优美、感恩、希望、幽默、精神。其中，感恩可以说是我的一种比较弱的品德，但也是一种比较强的品德，弱的那方面是对父母、家人而言，强的那方面是对朋友、同学而言。俗话说："滴水之恩当涌泉相报。"对于朋友、同学的滴水之恩，我们往往会记得很清楚，并且能涌泉相报；但是对于父母的涌泉之恩，我们则往往做不到滴水相报。幽默也是我时强时弱的品德，和感恩一样，和同学朋友相处的时候能成为人群中的开心果，但是和家人相处的时候往往沉默寡言，跟个闷葫芦一样。

在"美知"这一阶段，我总结出自己比较强的几种品德分别是热情、友善和自理，而比较弱的方面则是创造力和感恩。因此在"美行"这个阶段，应着重对这三种较强的品德进行发扬，对两种较弱的品德进行改进。在"美行"这一阶段，为了发展和表现自己较强的品德，以及提高和优化自己较弱的品德，我按照学校、家庭和社会三个不同场合来设计实践活动。

第一，在热情方面：在学校中，更加积极地对待学习和课后活动，以最好的状态去学习每一科的知识，在课后的活动中融入集体，和班里的同学打成一片；在家庭中，用笑话调节家里的氛围，主动帮家人干家务，在家里始终保持乐观的状态；在社会中，热情帮助他人，在某些活动或者聚会中如果遇到比较内向的人，可以主动上前和对方聊天，用热情感染对方，让每个人都能融入集体。

第二，在友善方面：在学校中，要真诚对待自己的朋友，学会倾听，学会分享，用微笑对待每一个人；在家庭中，一旦家里人发生争执，要帮忙劝解，帮助家里人解决问题，努力使家庭更和睦；在社会中，对需要帮助的人主动伸出援手，如在公交车上为需要的人让座，在别人帮助了自己之后表示感谢等。不过，对人友善的同时也要学会识人辨人。

第三，自理方面：在学校中，独立完成作业，按时完成学习任务，打理好宿舍的事务，处理好在学校里面遇到的问题，尽量不去麻烦别人，不让家人操心；在家庭中，自己的房间自己收拾，零花钱合理安排，自己的事自己做；在社会中，遵纪守法，自立自强，洁身自好。

第四，创造力方面：在学校中，积极参加学校举办的创造性活动，课堂上积极发言，锻炼自己的创造性思维，并且仔细倾听他人的观点，取长补短；在家庭中，可以在厨房里试着做一些新鲜的菜式，还可以利用家里的一些小物件进行组装，也可以重新设计家里或者自己的房间；在社会中，可以去参观科技馆、美术博物馆，听专家讲座，探索生活中的未知领域。

第五，感恩方面：在学校中，遇到老师主动问好，同学帮助了自己要表示感谢，积极配合舍管阿姨、保安叔叔的工作，在饭堂打完饭后要对工作人员说一句谢谢；在家庭中，主动帮助家人干家务，不要对父母发脾气，要体谅父母，关心父母，帮工作后的父母斟茶递水，多陪父母聊天，少让父母操心；在社会中，对帮助过自己的人说一句谢谢，给大热天下劳动的清洁工人买瓶水，给公交车司机一个微笑。也许一个小小的举动，就能温暖他人。

继"美行"这一阶段后，便要开始"美省"这一阶段了。圣人孔子都要每天"三省吾身"，更何况我们普通人，所以"美省"这个阶段是非常重要的。我有很多方面做得不够好，有部分计划中的事情没有做到。比如计划中的去参观科技馆、听专家讲座这些事都没有完成，上课也不怎么积极发言；在感恩方面，对家人还是不够好，还是会时不时对父母发脾气，不够体谅父母，这也是急需改进的方面。相信通过"优良品德的自我发现与发展"活动，经历过"美知""美行""美省"这三个阶段，我们都能发现自己身上的优良品德，并且能在实践和反省中不断改进和发扬这些闪光点。

✍ 简评

此文章对"智慧、勇气、仁爱、公正、节制、超越"六大美德进行了逐个具体分析，而后结合自己实际情况进行反思与审视自身，认真地总结与反思，整篇文章将"美知""美行""美知"贯穿其中，比较切合主题。由文章可知，作者认为自己是一个热情、友善和自理的人，但比较缺乏创造力和感恩，自省已然是一个难能可贵的品质了。文章语言朴实无华，中心明确，构思合理，行文层次比较流畅清楚，用通俗易懂的言语展现了自己的所思所感所想，深沉隽永，感人至深。

（教育学院"课程与教学论"研究生张清华）

好学——个体的不孤单和精神上的不荒芜

廖裕婷

有人说过:"好学是个体的不孤单和精神上的不荒芜。"记得我上小学的时候,偶尔路过书店,我都会拉着爸爸妈妈去书店看看有没有自己喜欢的书。对于买书这件事,我爸妈是从来不吝惜的。书越堆越多,爸爸妈妈就为我置办一个不太大但比较精致的小书柜,那个书柜里堆满了各式各样的书籍。在书柜里的每一本书上,我都会写下买书当天的日期以及我的名字。现在翻看,虽然不再崭新,却依然可见扉页清晰的字迹。

我爸妈一直希望我能成为一个好学的女孩子,所以对待我的学习,他一直秉持的是严肃的、不容置喙的态度。当时我觉得他们对我既苛刻又严厉,可是在后来无数的日子里再回首时,内心却是无比庆幸的。

我深知自己称不上是一个十分好学的人,但我正努力让自己走在"把好学变成一种习惯"的这条路上。摩西曾写道:"有人总说:已经晚了。实际上,现在就是最好的时光。对于一个真正有所追求的人来说,生命的每个时期都是年轻的、及时的。"其实,对于每一个好学的人来说,当下就是无比珍贵的黄金时刻。

有一个词叫"为时不晚",还有一个词叫"大器晚成",很多好学但年龄较大的人,他们的心一直是积极向上的。有位过完 80 岁生日的老人,在公园等人下棋的时候,碰到一位画家,攀谈中画家知道老人靠下棋来打发日子,就建议老人不如学绘画。老人说:"我连画笔都不知道怎么拿,怎么作画呢?"画家说:"你可以去试一试呀。"老人一想,对呀,不试怎么知道呢？这一试，老人竟与绘画结下了不解之缘。几年以后，老人成了美国著名画家，此人就是哈利·利伯曼。这位 80 岁的老人之所以会有所成就，是因为怀着好学之心。他的这份好学之心让他的人生找到了目标，又取得了成就。

我一直觉得，好学的人，是不容易感到荒芜的，因为他们总是懂得不断更新自己的精神世界。

我身边也有一个这样很好学的女孩子，她本身就拥有这令人羡慕的面容和身材，但她从不以自己的外貌来标榜自己。我对她怀着敬佩之心，因为她明明比别人都优秀，但却比别人更好学。起初，我周围的很多人都叫她"女神"，我是不以为然的，总在心里默默地想着：不就长着一副好皮囊吗？觉得大家真庸俗，心里多少是有些不认同的。只是后来好多次看到她在图书馆去早离晚，默默地待在一隅沉静耕耘，常常腾出时间去舞蹈室学舞、练舞，闲暇的时候去考各种各样的证书来丰盈自己。我突然为自己的想法感到惭愧。她这样好学的女孩子，是当得起"女神"这两个字的；这样好学的女孩子，是自然会焕发香气，引人注目的。

进入大学前，我爸就经常告诫我说："你要向一些优秀的同学靠拢，慢慢地你也就会成为这样的人了"。以前的我，总是随口应承。现在的我，已经从口头上应着"好"转移到行动上开始做得"好"了。因为我开始羡慕那些好学的人，我也想成为那样好学的人，我也想有一天会有那么一些人因为我的好学而被吸引，然后悄悄地给我留言："我可以和你做朋友吗？"

好学的人无须刻意地去讨好别人，只是永葆一颗好学的平常心，就能自然地让别人发现他们身上的闪光点，想不由自主地走近他们。

好学是一种学习习惯，好学的人会在学习中主动探索。好学有五个要素，分别是"好奇""好问""好读""好思""好言"。

好奇是科技创新和人类文明进步的原始推动力。2002 年前，四位诺贝尔物理学奖获得者与清华学生做面对面交流，当问到什么是科学发明最重要的要素时，他们没有选择基础扎实、数学好，甚至没有选择勤奋、努力，而是不约而同地说到了好奇心。每个人都会有好奇心，好奇心是个体遇到新奇事物或处在新的外在条件下产生的注意、操作、提问的心理倾向。好奇心是个体学习的内在动机之一，是个体寻求知识的动力，是创造性人才的重要特征。我虽然不能像伟大的科学家那样，通过自己的好奇心来给世界做出杰出贡献，但我也可以凭着自己的好奇心去发现周围新奇的事物。例如，当我们漫步在校园时，也许会遇到一些小动物或者没见过的植物，那么你就可以上前去观察它，了解它。

好奇往往导致好问，而好问是质疑既有知识，探求未知的起点。学问是需要切磋琢磨的，其实在我们学习的过程中，往往最有收获的地方不是课堂，而是课下的时候跟同学、老师们的对答交流中，不知不觉地就可能把某个难点或疑问解决了。在好问这一方面，我觉得自己做得不够好。我从小就没有养成好问的习惯，遇到不懂的问题去问老师的次数也屈指可数。

好学的核心是好思。人在思考问题的过程中，自身的思维习惯、性格、知识积累都在悄悄地影响着思考的过程。只有平时多学习，多读书，才能真正提高我们发现问题、思考问题、解决问题的能力。

在好思方面，在"优良品德的自我发现与发展活动"前期，我制订的计划是：①开启早起晨读活动，小组成员早上七点准时在文新楼进行早读，并且每个小组成员互相监督，互相激励；②每天睡觉前背20个英语单词。这些都是通过勤奋和努力来体现好学这一优良品德的。勤奋和努力是好学的重要组成部分，但是勤奋和努力并不等于好学，还包括其他要素。在我上高中的时候，我们班上有一个同学，学习是出了名的勤奋和刻苦，但是学习成绩却并不好。他每天都是最早起的一个，最晚回的一个，永远在课桌旁读书做题，永远在"嗡嗡嗡"地背书。但是每次考试成绩出来时，这么拼命的他并没有获得应有的回报。他到底在忙什么？这似乎很奇怪，他如此努力，每天只睡5个小时，题库做了一本又一本，为什么总是学不好呢？问题究竟在什么地方？其实是因为他没有研究做错题目的原因，没有进行思考总结。然而，另一个成绩很好的同学，他会先分析为什么会错，是概念不清，还是基础知识没掌握，是思路错误，还是因为自己马虎所致。概念不清的就重新研究概念，思路错误的就对照当时的思路，分析正确答案的思路是什么，以后同类的题是否能用一样的思路。这就是勤奋和深度思考的区别。只有勤思考再加上拼命干，才能有所收获，否则只能是事倍功半，甚至一无所获。

爱因斯坦曾经说过："如果给我一小时解答一道决定我生死的问题，我会花 55 分钟来弄清楚这道题到底是在问什么。一旦清楚了它到底在问什么，剩下的 5 分钟足够回答这个问题。"爱因斯坦的这段话也印证了思考的重要性。在好思这一方面，我觉得自己做得还不够好。

好读，即阅读的范围很广。一是当今碎片化信息高速传播，微博、微信、网页等媒体平台上的信息随时随地触手可及，但我们仍不能忘记读书。二是不仅要读与专业相关的书籍，也要广泛涉猎。在好读这一方面，受小时候爱看书的影响，我完成得比较好。除了专业相关的书籍，我还爱读各种文学作品，特别是思想性较强的读物，如鲁迅的《野草》。

好言，好言是好学的一部分。言就是沟通，就是传播。言的本领，就是传播的本领。只有言，别人才能知道你的观点和想法；也只有言，才能引发争论，而真理往往在辩论中产生。人与人之间是靠交流来传递信息沟通的，所以我们必须要与他人交流，语言是不可缺少的工具。在相互交流中才能取长补短，共同进步。在好言这一方面，我觉得自己也有待改进。由于自己是一个比较腼腆的女孩子，不善于表达自己，和别人交流较少。但我一直在努力着，如尽量让自己多讲话，在课堂上积极回答问题等。

总之，学习本质上是学习者自我体验、自我构建的一种活动。也就是说，学习就是自己的事。好学是一种积极的态度、一种主动的态度、一种负责任的态度。换句话说，好学者始终有一种使命感，有一种内在的动力驱动。态度决定一切，有了态度，学习效果自然就会变好。学习是一个长期过程，要想达到预期的目标，就必须有强大的毅力支撑。所以，好学不仅仅只包含兴趣，也包含毅力，否则其结果也只能是虎头蛇尾，半途而废。学习不论年龄，人要有种活到老学到老的精神，我们要在精神上不断地充实自己，这与年龄无关。

✍ **简评**

文章的题目开门见山，内容令人耳目一新。作者从好学的五个要素：好奇、好问、好读、好思、好言来阐述好学这一可贵品质，结合自己实际生活进行认真总结与反思，并且以身边的人为例子来进一步的展开，也不乏名人名言与励志故事穿插其中，妙笔生花。好学是一种积极的态度，更是一种让人终身受益无穷的品质，望卿继续保持并发扬。文章自然，语言朴实，行文比较流畅，只是在结构安排上仍然有进步的空间。

（教育学院"课程与教学论"研究生张清华）

优良品德的自我发现与发展

胡彩婷

作为师范专业的大三学生，我已经学习了不少专业知识。当然，要想成为一名优秀的教育者，除了具备较强的专业理论知识之外，更应注重优良品德的培养。教师职业道德修养是教育现代化对教师的要求，也是社会大众对教师的要求。教师职业道德这一门课程，让我们对教师这样一项表率性较强的工作有了更深的认识与理解，更注重个人优良品德的培养。课程教师雷晓云老师在学生中开展"优良品德的自我发现与发展"活动，让我们认真思考和发现自己身上所具备的最好的三种优良品德和相对较缺乏的两种优良品德，并制定进一步的计划以加强和提升。经过一个学期的实践，在从自我认知到自主行动，我可以看到自己的努力和决心，为了今后获得更大的进步，还需要做深度的自我反省。

一、自我认知：发现优缺点

"优良品德的自我发现与发展"这一活动的首要任务便是发现自己身上的优缺点。在了解和分析六大美德及其包含的二十四种优良品德之后，通过比较和反思，我最终总结得出自身较强的三种优良品德分别是好学、感恩和谦虚。首先是好学，好学是指个体不管是出于自愿还是外在要求，都能够主动掌握新方法，研习新课题及其相关知识体系。我个人认为自己的好学品质主要体现在自主学习和具有强烈的求知欲方面。从小到大我都比较喜欢阅读，不同类型的文学作品都读过，对自己感兴趣的事物也有"打破砂锅问到底"的精神。其次是感恩，感恩是指敏锐地知晓并及时用心表达感谢和感激。小时候父母在外干活，我就用力所能及的行动帮助父母，减轻父母的重担。从高中开始，由于家距离学校较远，我便留宿在学校，每周一次与父母的通话就成为我的习惯。从小到大，无论在生活上还是学习上，都曾有人给予我帮助，我很感谢他们，在他们有需要的时候，我也会尽我所能伸出援手。最后是谦虚，谦虚是指不自夸而让成就说话，不认为自己比别人更特殊。我是一个一直被称赞的"别人家的孩子"，但谦虚使我始终保持戒骄戒躁的态度，我相信自己的付出也终将有所回报。

正所谓"金无足赤，人无完人"，每个人都有自己比较欠缺的能力。我对自身品德做了深度思考，发现了自身较弱的两种优良品德。一是创造力，指以新颖而富有成效的思维方式思考问题并开展行动，主要体现但又不限于艺术成就方面。可能从小在一个相对落后的乡村成长，环境在一定程度上限制了想象力的发展以及眼界的提升，我一直运用较循规蹈矩的方式来思考和看待问题，创造力较弱。二是领导力，指鼓励团队成员好好做事，维护团队成员间的友好关系，积极组织并投身团队活动。虽然我在初高中时也曾担任过班干部，但学习重于一切的校园环境并没有让我的领导力得到体现和发展。

二、自主行动：计划中前行

在总结了自身较强的三种优良品德和较弱的两种优良品德之后，为了继续加强较好的优良品德，提升较弱的优良品德，我从自身实际情况出发，为自己制订了相应的计划。

在好学方面，我要求自己每天六点半起床，阅读、背单词、训练听力或做练习等，坚持每月至少阅读一本书，书籍类型可以根据自己的喜好来自由选择；坚持每周写一份随笔，可以是读书感想，也可以是周记，自由安排；另外，充分利用节假日时间培养自己的爱好，如陶艺、画画等；对于自己觉得有用的知识用思维导图的形式记录下来，制定自己的学习目标等。

在感恩方面，首先是对待父母和家人，我要求自己有空就多回家陪伴父母，为父母分担家务，与父母一起看电视、散散步、聊聊天等，出门在外要坚持每周给父母打一次电话，向父母表达关心，说说自己的情况，还要多与兄弟姐妹联系。其次是对待师长和朋友，友善待人，尽己所能帮助有困难的人，对于帮助过自己的人要真诚地表达谢意并在节日送上真挚的祝福。在回报社会方面，则利用空闲时间多参加志愿活动，以实际行动感恩和回报社会。

在谦虚方面，我也为自己提了一些具体的要求，比如，认真听取别人的意见和建议，对于别人的批评要做到"有则改之，无则加勉"；认真和耐心地回答别人提出的问题，尊重他人；在学习方面，要虚心学习、戒骄戒躁等。

对于自己较弱的两种优良品德，则更需要用实际行动去加强和提升。在创造力方面，我要求自己积极参加学校组织的创新类活动，以及一些以创新为主题的讲座，学习他人的创新成果；与同学一起开展科研活动，锻炼自己的创新思维等。在领导力方面，我计划通过参加干部选举，从班级干部做起来锻炼自己的领导能力，还通过参加学校组织的一些团体活动来提升自己；此外，也希望能和同学组建小组，一起开展课外科研活动并在其中起积极的领导作用。

三、自我反省：计划都实现了吗？

有目标还不够，还要有计划；有计划还不够，还要有行动。在本学期，我坚持执行自己的计划。学期末进行反思和总结，总体来说，经过自身的不断努力，自身较强的三种优良品德得到了进一步加强，两种较弱的优良品德也得到了提升。但是因为各种原因，有几项计划并未做到。具体的情况如下：

在好学方面，六点半起床的计划大部分时间都做到了，早起的习惯也养成了。我曾计划每月阅读一本书以上，迄今为止，我已经分别阅读了泰戈尔的诗集《新月集·飞鸟集》、米兰·昆德拉的《不能承受的生命之轻》、龙应台的《孩子你慢慢来》以及大冰的故事集《好吗好的》。我一直很享受阅读，看到触动内心的文字也会做相应的摘抄和记录，并在看完之后写简单的几句随想。另外，我的英语六级一直没有通过，这次我下定了决心一定要通过！我坚持每天背 30 个单词，练习听力和做套试卷，并努力阅读英文版的文章或新闻……正所谓勤能补拙，最终我在英语六级考试中获得了令人相对满意的分数。

对于自己计划过的学习绘画，因为自己从小都没有绘画的习惯，可以说是完全没有画画基础，还需要不断加强练习。另外，其实我一直都对金融方面的知识很感兴趣，但是由于各种原因，我没有成功报读金融专业，在大三学期，广东银监局、共青团广东省委员会和广东省教育厅共同举办了 2017 年"金彩杯"广东大学生金融知识挑战赛，我第一时间就报名参加了，因为感兴趣，也因为我可以通过这次机会接触一些金融知识。大三上学期，我还积极报名参加了很多校内活动，如多媒体课件制作大赛、"垃圾分类"知识竞赛、党团知识竞赛等。

在感恩方面，从高中离家住校开始，每周给父母打一次电话就成为我的习惯，因为我知道，无论走到哪里，父母都是最牵挂我的人，打电话不仅能让父母安心，也表达了感恩之情。但是由于离家较远，一学期下来回家的时间次数少之又少，所以很多时候都不能陪伴在父母左右。此外，在感恩老师和朋友方面，我会在感恩节等节日时期向他们表达谢意，偶尔一起聊聊天，也会对帮助过自己的人表达真诚的谢意。在别人需要帮助的时候，我也尽我所能给予他们帮助。由于大三的事情较多，志愿活动参与得也较少。

在谦虚方面，我能认真听取别人的意见和建议，坚持"有则改之，无则加勉"；当别人向我提出问题的时候，我也做到了认真、耐心地回答；对于自己获得的成就，不骄傲也不自负，让成就说话。

　　为了培养我的创造力，我报名参加了多媒体课件制作大赛。这个比赛需要参赛者运用多媒体制作出一份恰当而精致的课件。虽然在制作的过程中遇到了很多困难，但是我坚持下来了，最终通过努力交出了一份满意的作品。

　　另外，我的领导力一直都较弱，虽然在初高中都曾担任过班干部，虽然以前学习为重的氛围让我的领导力并未得到很好的培养，但仍在一定程度上锻炼了我的胆量。大三上学期，我有幸当选了学业指导组长，各组长的日常工作是协助研究生师姐举办"五室一站"活动，而我需要参与的一个较大型的活动是在图书馆借一批书籍，放在四楼图书阅览室供同学们阅读。为了完成这个活动，我需要确定工作的时间、和主任协调好日程安排、借运送的工具、组织一定人数去帮忙……当遭遇一次次碰壁后我才发现，要领导团队一起完成一件事情真的需要良好的领导力和协调能力。虽然很累，但我觉得受益匪浅，在这个过程中我感受到了真正的进步。

　　我一直觉得自己是一个比较执着的人，对于计划绝不会半途而废，除非发现的确不太适合。无论怎样，自从这个活动开展以来，我一直在尽我所能地执行着计划，因为我知道，优良品德对每个人都是极其重要的。在自我行动的过程中，我也发现了一些不太切合实际的部分，但一切计划都是可以根据情况而变化的，就像现在，我也应该制订新一年的计划了。我发现，"优良品德的自我发现与发展"活动已经在无形中对我产生了积极的影响。因为这个活动，我也在慢慢变得更好。

　　反思既是一种必备的能力，也是品德完善中不可忽视的过程。一名优秀的教育者应该具备高尚的教师职业道德修养。因为教师不仅是知识传授者，更是培养学生形成优良品德的关键人物。教师是榜样，他们的言行举止会对学生产生潜移默化的影响，"优良品德的自我发现与发展"活动，让我们在校师范生对自己的品德进行了自我认知，然后根据自己的实际情况制订提升计划，并在实践之后做进一步的反省，这一系列过程就是自我认知与发展的过程。一个教师应该具备的优良品德应是多方面的，要想获得专业成长，我们还需要不断前行。

✎ 简评

　　此文章主题较鲜明，中心思想比较突出，结构安排严谨，层次分明，而且行文流畅，文笔较优美。可贵之处在于文章彰显出作者内心的真实情感，在活动后认真总结，善于反思与正视自己，偶有所感，悠然会心；每有所得，点石成金，一意串珠，如影随形。作者多方位、多角度地观照成长，描摹活动后成长的特征，有肯定与赞美，也有告诫与批评，是一篇不错的文章。

（教育学院"课程与教学论"研究生张清华）

勇敢与感恩

张　倩

丘吉尔说："勇气很有理由被当作人类德性之首，因为这种德性保证了所有其余德性。"在心理学中，将勇气概念中的士气解释为维持意志行为的具有积极主动性的动机，其就外部表现来说分为勇气、耐性、操心三种心理状态。而所谓心理状态是指介于心理过程和个性心理特征之间的既有暂时性、又有稳固性的心理活动。因此，在形成稳固性的勇气时，先要遵循它的暂时性特征。

年少时，长辈、老师常会告诉我们要勇敢。我们不禁会思考：勇敢到底是什么？勇气又从何而来？逐渐成长，阅历逐渐丰富后，我们才真正理解勇敢二字的含义。

勇气是一种信念，一种无所畏惧的坚持。人生路何其漫长，尽管你一路向前，从未停歇，也总有一些意料之外的事情阻挡着前进的步伐。

我从来都不是一个勇敢的人，想开始一场说走就走的旅行，怕走丢；想去找一份兼职，怕被骗。总是只在脑海中打造理想人生，每一个阶段都安排得恰到好处，可真正到了要行动时，又开始胆怯。很多时候，我们不停地寻找借口与理由，其实说到底只是因为不够勇敢。我相信这是绝大多数人有过的体验，苦恼、无能为力、懊悔，在心里批评自己，总在想：我为什么不去做呢？我要是勇敢一点该多好？现在什么都来不及了。当这些想法在我们脑中闪现的时候，其实我们心里已经接受了后果，这些懊恼与后悔只是对自己的心理安慰。

当然，我们身边也不乏勇敢的人，他们可以独自出国游学、出国支教，他们敢体验各种刺激惊险的娱乐项目，去蹦极，去潜水……那时候羡慕着他们的勇敢，但也觉得这些事情太过遥远，无法作为激励自己的目标，但是总有一些事情可以直击心灵，让我对勇敢这个词产生全新的理解。

在这半年里，我也试着让自己成长为更勇敢的人——从去挑战极限项目来锻炼勇气，到后来决定寒假一个人留在学校去实习以提高自己的专业能力。从最开始初入职场，感受职业和工作环境带给我的惶恐不安，到后来的从容应对并从中体会到快乐，感觉到成长的力量。在这样的成长里，我看到了自己的变化，也寻找到了自己长久以来需要的勇气。这样的感觉仿佛像是冲破恐惧之后看到更广阔的世界，充满了新奇与未知。也让我知道，具备勇气可以是一件很简单的事情，只需要先勇敢地迈出那一步。

虽然过去的半年里，我迈出了勇敢的第一步，感受到了自己的成长，但是在一些事情上仍然没有克服心里的不安与惶恐。比如社交时的胆怯，在与他人沟通时，特别是必须与陌生人沟通的时候，内心里会产生排斥和逃避的心理。心里缺少与人交朋友的勇气，而很多时候我也顺从了心里的恐惧而选择了逃避。

勇气可以带给我们克服困难的力量。具有勇气，才可以在自己的人生道路上无畏前行；具有勇气，才可以坦然面对自己的弱点或错误；具有勇气，才可以在别人怀疑的目光中坚定自我。勇气，是对自我的突破与肯定，当我们敢于去做一件事的时候，是源于内心的对自己能力的信任，也说明了我们已经做好了突破自我的准备。勇敢的行为，向人们展现的是坚定，是不怕失败的决心，是披荆斩棘的无畏。勇气让人更坚韧，使我们具备战胜自我的能力。总之，常具勇气，才能一路昂首前进。

再来说说感恩这个词吧——感受别人对你的恩惠并表达自己的感谢。在我看来，它包含两层含义：第一层便是感受。想要感受别人的善意，先要对这个世界充满善意。在现代社会，每个人都习惯全副武装，在他人面前展示出一个无懈可击、戴着面具的自己。当他人对自己表达善意的时候，又总是不断地揣摩其行为背后的意义，甚至将他人的善意拒之门外。因此，我们先要心怀善意，用心去铭记他人的善意之举带给我们的感动。其次，要学会感恩。对于他人的付出，也许对方并没有想要获得回报，但是对于承受者而言，应该有所回馈。当善意得到回馈时，一来一往之间更多地是情感上的交流，而不是简单的互惠互助。

学会感恩，眼里必然是一个充满善意与美好的世界。心怀感恩，是我一直坚持的事情，也是我能够引以为豪的事情。对于教师品德的培养，最重要的是注重为人师表的榜样作用。在学生眼中，教师的一言一行都可能会对他们的行为方式造成影响。教师心中是一个怎样的世界，他向学生传达出来的就是什么样的世界。

除了保持心灵世界中的善意之外，我也做出了一些实际的行动来向帮助过我的人表示感恩。当然，说到感恩，最应该感恩的人应该是我们的父母。因此，在今年的假期，我花了更多的时间去陪伴父母，陪着父母做他们喜欢的事情，带父母去看电影，等等。另外，对于身边的人，我也表达着自己的感恩之情，我感谢朋友对我的帮助，虽然友情无价，但也需要有来有往；我珍惜师兄师姐们对我的指引之恩，所以在他们需要帮助时及时献上自己的一份薄力。虽然并不是每个帮助你的人都想要回报，但是不知道感恩的人也会渐渐将别人的善意耗尽。"滴水之恩当涌泉相报"，从古至今，先人一直教导我们要怀有一颗感恩之心。

除了对帮助过我们的人感恩，对生活的感恩更是十分有必要。感恩是一种处世哲学，是生活中的大智慧。人生在世，总会遇到各种各样的挫折与失败，需要我们勇敢地直面，旷达地处理。如果我们一味抱怨生活的不公，并因此消沉、萎靡不振，那我们将会错失体会生活中的美好的机会。对生活满怀感恩，不应惧怕失败与跌倒。英国作家萨克雷说："生活就是一面镜子，你笑，它也笑；你哭，它也哭。"感恩生活，笑对生活，生活将赐予你灿烂的阳光；如果不知道不感恩，只是怨天尤人，那么生活也会夺走你所有的幸运！遭受失败或不幸时更应该感恩生活，因为生活给了我们历练的机会，让我们体会到别人不曾体会过的人生，让我们的经历变得丰富。

感恩，使我们能在失败时看到自己应该努力的方向，在不幸时得到安慰，让我们重新充满挑战困难的勇气，获取前进的动力。感恩不是一种自我心理安慰和对现实的逃避。相反，感恩，是一种歌唱生活的方式，展现了直面生活的勇敢，展现了笑对挫折与失败的坚强，它来自我们对生活的热爱与希望。

学会感恩，是一个人的必修课。古往今来，每个成功的人都具有一颗感恩之心。"不管一个人取得多么值得骄傲的成绩，都应该饮水思源，应该记住是自己的老师为他们的成长播下了最初的种子。"伟大的居里夫人始终不忘恩师的情谊，对老师的教导心怀感恩；"家庭之所以重要，主要是因为它能使父母获得情感。"伟大的哲学家、数学家、逻辑学家、历史学家、文学家罗素始终不忘父母的养育之恩，心中充满感恩；"感谢命运，感谢人民，感谢思想，感谢一切我要感谢的人。"伟大的鲁迅先生对生活充满感恩之心。

如今，作为接受高等教育的大学生来说，具备勇气、心怀感恩应是最基本的品德素养。作为未来的语文教师，在提升教书育人的技能的同时，更要注重自己优良品德的培养，才能在面对学生时发挥榜样作用。

📝 简评

整篇文章围绕"勇气与感恩"这个主题展开所思所感所想，作者以自身经历认真总结与反思，结合自己实际生活进行阐述，真挚感人，而且语言真实质朴，行文比较流畅，文章中心思想比较突出，运用了排比、比喻等修辞，语句较为形象生动，句式变换比较多，文笔比较优美。卒章显志，画龙点睛；亦有内涵与故事，令人耳目一新。勇气被放到了人类的德性之首，就像是一盏启明灯，在黑夜里熠熠生辉，照亮你我前进的道路。

（教育学院"课程与教学论"研究生张清华）

不积跬步，无以至千里

汤婧娴

"你最强和最弱的优良品德是什么？怎么发展与表现最强的？怎么提高与优化最弱的？"进入中小学教师职业道德规范课程的学习后，教授这门课程的雷老师引导我开始了对这一系列问题的思考。在此之前我几乎从来都没有思考过这类问题，直到参与"优良品德的自我发现与发展"活动，我才知道有"智慧、勇气、仁爱、公正、节制、超越"这六大美德，而其下又有分别与之对应的二十四种优良品德："智慧"里的"创造力、好奇心、判断力、好学、洞察力"，"勇气"里的"英勇、坚毅、诚实、热情"，"仁爱"里的"挚爱、友善、社交智力"，"公正"里的"集体责任感、正义、领导力"，"节制"里的"宽容、谦虚、审慎、自理"，"超越"里的"领略优美、感恩、希望、幽默、精神"。优良品德的种数之多、层面之广，是我不曾想到过的。而在这名目繁多的优良品德之中，要挑选出自己最强和最弱的品德实属不易。虽然，在小组讨论中我们组员都对彼此的最强与最弱的优良品德做了一定的客观评价，但我也只把它作为一种参考，因为此次活动的主题终归是"自我发现与发展"。最后，经过了良久的思考，我不是很有底气地选出了自认为最强的三种优良品德——挚爱、谦虚、审慎，以及坚毅、社交智力这两种最弱的优良品德，并按要求，针对这五种优良品德分别设计了自主实践活动，来对其进行发展与表现、提高与优化。

后来，我被小组选为代表之一在课堂上做了分享，因为其他小组成员认为我选出的自己最强的三种优良品德比较与众不同。听了其他小组的分享，我才发现我设计的五种优良品德的自主实践活动陷入了"假大空"的窘境，缺乏可操作性，难以落到实处。例如，"坚毅"这个我最弱的优良品德之一，我给自己设计的提高与优化的自主实践活动是——在学校，要坚持完成自己制订的学习计划，在日常生活中或参加集体活动时遇到不如意的事，要努力消除负面情绪，积极应对；在家庭里，要坚持做力所能及的家务，感受完成家务的过程给自己带来的乐趣；在社会中，不论遇到什么挫折，都要努力完成自己承担的任务，避免消极应付，在完成任务时体验快乐。而有的同学设计的自主实践活动的内容是——"每天记二十个英语单词""每天晚上去学校操场锻炼跑十圈"，等等，都是切实可行的具体的活动，无疑更能有效地提高与优化最弱的优良品德。

轮到我和另一位小组成员代表我们小组上台分享时，我心里是十分忐忑的。

我逐一解释了选出这五种优良品德的原因，当然对于设计的自主实践活动，我进行了自我批评说太空泛也就略过不提了。之所以认为挚爱、谦虚、审慎是自己最强的三种优良品德，是以老师给的资料为参考并通过自我审视而得出的结论。资料上表明，"挚爱，指看重与其他人物的关系价值，特别珍惜与自己相互分享和关怀的人物的亲密关系并与人亲近"，我自认为是一个情感丰富的人，对自己身边亲近的人以及同他们之间的亲密关系都十分珍视，觉得能与他们相互分享和关怀是非常快乐、幸福的。对于"谦虚，指不自夸而让成就说话，不认为自己比别人更特殊"这一点，我觉得自己与其说是谦虚，用自卑来形容似乎更确切一些。平时，如果有人当面夸奖我什么的，我的第一反应就是连忙否认地说没有。仔细想想，也似乎没有自夸的时候，反而自我否定的想法会经常冒出来，当然也不会认为自己比别人更特殊。还有"审慎，指谨慎对待自己的选择，不鲁莽行事，不说也不做过后可能后悔的事"，我是一个说话做事都十分谨慎的人，谨慎得有些缩手缩脚。平时，如果手头有事急着去做，我也会在行动之前思考再三，如用什么样的方式去做比较好，会得到怎样的结果等。然后，整个人就变得犹豫不决，要做的事也是一拖再拖。就连发微博、发评论，这样带有娱乐性、自主性的小事，我都会对自己将要发出去的微博、评论，字字斟酌，觉得将自己的想法表达得准确无误了才会发送出去。我也不知道这样的"审慎"到底算不算我最强的优良品德了。

　　对于选择"坚毅"和"社交智力"作为我的最弱的优良品德，我自认为是准确无误的。因为这两种最弱的优良品德，已经困扰我许久了。关于这两种优良品德，资料中是这样定义的："坚毅，亦为坚持不懈、刻苦勤奋，指做事善始善终；不论险阻，坚持完成行动；在行动过程中，消除消极情绪；在完成任务时体验快乐"，"社交智力，亦为情感智力、人格智力，指敏于察觉自己与他人的动机和情感，善于为人处世以融入不同社会情境，巧于言行举止不惹恼他人"。先说"坚毅"吧。我这个人一直是"三分钟热度"，做很多事就是一时兴起，没过多久就会失去兴趣、甩手不干，以致半途而废，现在都一事无成。除了"三分钟热度"的事，我还是有想一直坚持做下去的事，然而却几乎毫无例外地停留在想的层面，没能拿出实际的行动，真的感觉自己跟"坚毅"一词沾不上边。还有"社交智力"，我从小就性格内向，不善于同别人交流，有时候说话会惹人生气，不懂得察言观色。如果到了陌生的环境、接触陌生的人，我会感到焦虑不安并且绝对不会主动说一句话。也正是因为如此内向的性格，我总是老师眼中不管上课下课都一个人坐在座位上的很安静、不爱和其他小朋友玩的孩子。虽然随着年龄的增长，我现在的性格比小时候开朗了许多，但还是不善于人际交往。

　　通过这个活动，我发现自己的确是有很多的不足之处需要纠正或弥补；通过这个活动，我才真正开始自我审视、自我剖析，坚定了改变的决心。在课堂分享结束之后，我立即对自己设计的自主实践活动做了很大程度的调整，比如，针对"坚毅"的提高与优化，我设计了每天早上七点起床、每天记四十五个单词，等等，让计划更具体、更具备可落实性。庆幸的是，遇到了一位很厉害的人带我走上了练习瑜伽的道路。学习瑜伽之初，我因身体僵硬、体力不支而感到吃力，偶尔课上会偷懒，但还是比较认真专注，课后都会整理笔记。然而结课之后，我就又把它荒废掉了。

后来，到了期中总结的时候，我们小组成员没有一个人很好地完成自己设计的活动，几乎每个人都半途而废了，可见坚持的不易。又要上台汇报分享了，我们小组派了另外两位组员代表上台分享，坦白了我们都没有完成自主实践活动的事实。后面上来分享的小组里也有很多没有完成活动的，不过有一位小组代表却分析了我们为什么会半途而废的原因并给出了应对措施，这是所有分享中让同学们印象最深、收获最多的一个了。

我再一次对懒惰成性的自己感到了深深的失望，心想或许要做到将所有计划的活动都完成，对我来说有些困难，那我就一步一步来，每天进步一点点。从去年国庆假期开始，我每天都会练习瑜伽，并且一直坚持到了现在，之所以有了这份毅力，还多亏了设置了每日打卡这个环节。正是每日习练完瑜伽之后的打卡，开始了就停不下来的感觉。看着打卡的天数一天一天的累积，如果哪天断签了就一切清零、前功尽弃，所以我每天都会想着今天一定要打卡，不然以前连续那么多天的努力似乎就付诸东流了。就这样，一天一天下来，我每天坚持练习瑜伽到现在，并且还把打卡的方法运用到了背单词上，每天在记完计划数量的单词也会打卡，这样也坚持了一些日子。对我而言，打卡似乎是一种克服惰性的很有效的方法，将小小积累通过打卡变成看得见的日复一日的连续不断的坚持，提醒着也激励着我去完成每天计划要做的事。时至今日，我似乎已经养成了每日打卡的习惯，慢慢地，点滴积累引发的改变也显现出来。

转眼就到了期末结课的日子，结课之前当然要进行这次活动的期末总结与分享。这次代表小组上台的是组内的剩下两位成员。不过这次期末汇报分享，我们组的每一位成员都写下了自己对于这次活动的感想，通过PPT让两位代表组员传递给了大家。在这次的"优良品德的自我发现与发展"活动中，我不仅深刻地反省了自我，还开始慢慢改正自己的缺点，每天的积累也逐渐变成了良好的习惯，的确做到了优良品德的发现和发展。

"不积跬步，无以至千里，不积小流，无以成江海"。文学大师莫泊桑曾写出了许多脍炙人口的经典作品，而这都要归功于他不懈的积累。每天，莫泊桑都会很早地出去采集素材，他将这一天所见到有趣的事、感人的事都记录了下来，并整理运用到自己的作品中，使得自己的作品更加生动。由此可见，每天的点滴积累蕴含着巨大的能量，成功就孕育在每年每月每分每秒的小小积累之中。希望我能以积极向上的心态为动力，做到年年累积、日日累积，积累出越来越强的优良品德，发现更好的自己，脚踏实地、一步一步朝着美好的未来不断前进！

✍ 简评

"不积跬步，无以至千里；不积小流，无以成江海"，一步一个脚印，脚踏实地，方能获取成功。作者结合自己的切身经历来展开叙述，平易近人，较好地突出了中心思想，总结出挚爱、谦虚、审慎是作者最强的三种优良品德，坚毅和社交智力是最弱的两种优良品德，语言真实质朴，行文比较流畅。心底有爱，触目皆成云霞；笔端含情，满篇绽放华彩。文字码得潇洒，句子连得流畅，心音点成一语一句，情感表达酣畅淋漓，有章法，有条理；见风韵，见情致。只是结构安排上比较缺乏层次，另外，题目与文章内容的契合度可以再提高一些，望再接再厉。

（教育学院"课程与教学论"研究生张清华）

美 要 自 知

叶玉君

　　有人说，美而不自知的才最美。我却认为，美要自知，每个人都不是十全十美的，总是存在各种各样的不足甚至缺点，所以要想变得更美，我们能做的就是继续坚持和发展自己的优点，改变不足或缺点，完善自我。要想有所改变，首先就要知道自己的优点和不足是什么，对自己的美有所认知，谓之美知。

　　据说，女性有神奇而准确的第六感，对某些事情有直接的感受力，那其实是一种感性的认识——当我们经历的事情多了，就会形成经过思考和沉淀的判断力。判断力，亦为批判性思维能力，指能通盘考虑，全面审视问题或情境；不妄下结论；能根据事实改变心意或想法；能公平权衡所有的依据而决策。我认为自己的判断力是比较强的。女性的第六感也许是先天的，但是判断力却是由后天的经历、锻炼而形成。只有经历得多了，懂得的多了，看事情的角度才能更客观正确。一叶障目，不能改变叶子的大小，就让自己目光变得长远。遇到事情，我不会急于下结论，一味地从自己的角度去看问题，而是理性地对待事情，多方了解，多听少说，最后综合不同情况才会说出自己的理解。

　　我是家里的姐姐，相对于弟弟，我得到的关注是少一些的。而且我长大后，妈妈会对我说，我是大姐姐，需要照顾好自己甚至弟弟，所以我较早就形成了自己照顾好自己的意识，久而久之，就养成了自理的习惯。自理，亦为自律，指善于管理自己的情感和行为；遵守纪律；控制自己的欲望和情绪。小时候曾经为父母的"忽略"而感到不开心，但懂事后就很感激父母从小就培养我的自理能力，因为拥有自理的美德可以使我迅速适应不同的环境，到寄宿学校里生活也能自己处理好很多事情，不至于手忙脚乱。我能较好地调节自己的情绪，遇事时的想法会趋向于积极，性格较平和，与人相处更和谐。记得高中的同学说，我的自制力不错，我可以在没有人监督的时候自觉完成各种事情，从而使我在学习方面能更加顺利。

这个世界上除了父母，没有人是有义务去帮助你的——怀有这样的想法并不表示厌世或悲观，反而更容易学会感恩，更容易发现这个世界的美好。感恩，指敏锐地知晓并及时用心表达感谢和感激。当你遇到困境，正抱着只能自己解决、自求多福的想法时，有人对你伸出援手，你会很感激，哪怕只是一点点的帮助，但不能认为他人的帮助是理所当然的。我对于很多事情是感恩的。我会在咨询别人时抱有感恩，即使无法得到解答，也会感恩别人能耐心听完我的问题。我在请求别人帮助时抱有感恩，即使没有得到想要的帮助，也会感恩他们为我的事情付出了努力……

当然，美德与不足总是相互依存的。我也有很多不足，如缺乏幽默感，不够坚毅。幽默，亦为活泼快乐，指个体喜爱欢笑并乐于制造快乐；给他人带来欢笑；以乐观积极的视角看问题；善于讲笑话。我是个安静得有些沉闷，性格比较内向的人，平时说话直白简洁，虽然意思表达得清楚，却难免给人一种暮气沉沉的感觉。我不善于讲笑话，不善于制造欢乐。我的性格是有些随遇而安的，这种态度放在某些事情上就是不够坚毅了。坚毅，亦为坚持不懈、刻苦勤奋，指做事善始善终；不论险阻，坚持完成行动；在行动过程中，消除消极情绪；在完成任务时体验快乐。我在遇到挫折时总是容易产生消极的情绪，觉得顺其自然就好，会不作为地放任事情发展，其实说到底还是自己不够坚定，没有坚毅的美德。

了解到自己的美德和不足，我们当然要努力改变和完善自己，所以我根据自己的实际情况制定了一系列计划和活动，从多方面、不同的细节上努力。具体如下：

第一，判断力。在学校中，学会用批判性思维去学习知识，尽信书不如无书，对于自己信服的知识也要刨根问底，对于自己没有涉及的领域，不要妄下结论，而应力求真知。在家庭中，与家人相处时，不要用自己的经验替对方做决定，或站在自己的立场下结论，要学会从对方的角度来考虑问题，要考虑对方的具体情况，例如，弟弟妹妹犯错了，不能第一时间用自己成年的思维或标准去责怪他们，而应从他们那个年龄段的客观实际出发去思考为什么他们会做不好。在社会活动中，当就某件社会事件，发表自己的观点时，应学会深入本质，抛却以往成见，放弃惯性思维。

第二，自理。在学校中，为自己制作一份在校的日常行为作息表，详细列出每天需要做的事情和时间分配并坚持执行，学会管理自己的时间、事情和情绪，形成自己的计划自己管理、执行的习惯。在家庭中，因为家中舒适的环境让人更容易疏于对自己的管理，所以要学会从小事做起，不断强化自己的自理能力，自己的事情自己做，自己的生活自己安排。在社会中，规划一次独自旅游，根据自己的爱好和能力，规划出行的地点、时间、方式并计划路线，准备出行物品，考虑可能出现的问题和解决方法，学会在问题出现时控制自己的情绪。

第三，感恩。在学校中，对同学表达感谢。回想刚刚进入大学，谁是最先对你施予援助的人，到现在为止，谁是对你帮助最多的人，学会大方地对同学表达感谢，用文字记录下别人对自己的帮助，学会感恩。在家庭中，在自己过生日时感谢母亲。其实我们在生日时最应该感谢母亲，感恩她十月怀胎把我们带到这个世界，才有了现在的我们。还要学会对你爱的人及时表达感恩。在社会中，学会心怀感恩并尝试帮助其他人，参加义工、志愿者活动，将感恩传递下去。

第四，幽默。在学校中，细数一天的乐事，学会在日常生活中发现欢乐，从乐观的角度看问题，提高自己的幽默感。在家庭中，学着收集笑话，给家人讲笑话，给他们带去愉悦，营造充满欢声笑语的家庭环境。在社会中，多交幽默感强的朋友，在与人交往时，学会用幽默的语言沟通或回应。

第五，坚毅。在学校中，选择一个自己不擅长的学习领域并制订相应的学习计划，每天坚持完成，记录自己的历程。在家庭中，坚持每天做家务，坚持假期早起。在社会中，在假期中做兼职，在心情低落时自主调节心情，为自己加油鼓劲，在实现目标时享受快乐，得到收获，坚持到最后。

制订了计划，就要求自己能坚持每天完成既定的任务。每隔一段时间后，我就会对比自己的计划，反省是否能很好地完成。在判断力方面，我每次看书时都会抱着疑问的态度去看，遇到与自己认知不同的，会找更多的同类型的书去解除疑问。当身边的朋友讨论自己不懂的事情时，不轻易发表自己的意见，多听少说。面对弟弟的犯错，阻止自己油然而生、几乎脱口而出的责骂，而是冷静下来思考事情发生的原因，合理解决问题。面对以前不喜欢的人或事，我开始试着抛弃成见，根据实际情况来改变自己的想法。我会从更多不同的渠道了解真实情况，多想少说，学会自然而然地全面看待问题。在自理方面，每周从周一到周五都可以按照计划的作息时间执行，课余时间也没有窝在宿舍里面睡觉，会去教学楼里看书，但周末的大部分时间还是会窝在宿舍里上网。在家里，自己的事情都自己做，自己房间自己收拾。把要做的事情记录下来，督促自己一件件去完成。与别人有约，会提前安排好自己的事情，预留足够的时间赴约。在感恩方面，回想大学里与同学们的点点滴滴，对他们说起那些事情并表示感谢，感谢他们在我面对陌生环境而惴惴不安时及时伸出援手，虽然他们认为那只是举手之劳，但对于我来说却是一场及时雨。在今年生日时，由于不善言辞，我选择用文字的形式对妈妈表示感谢，给妈妈发信息，感谢妈妈忍受十月怀胎的辛苦生下我，在之前的岁月里细心、耐心抚养我成长，教导我成才。但是我很少参与义工、志愿者的工作，有时是时间上冲突，有时是因自己懒惰而不愿意去做比较辛苦的事情，以后还是要克服困难，有机会就去做一些志愿工作，不能因为辛苦就放弃表达感恩的机会。

对于缺乏的美德，我需要付出更多努力。在幽默方面，每天晚上睡觉前，都会回想今天发生的事情，找出值得高兴的事情，告诉自己今天度过了开心一天。回到家里，我会在和家人吃饭、休息时说笑话，让家庭氛围变得轻松欢乐。我喜欢与乐观、幽默感强的朋友相处，学习他们的说话方式、生活态度，虽然结果收获不大，但自己的性格渐渐变得乐观外向了。在坚毅方面，我坚持每天完成"美知、美行、美省"的计划，为通过英语四级考试，每天做题，每天记单词。为了通过普通话考级与计算机二级考试，我开始每天坚持用软件练习发音与刷题。在家里，只要自己有空就承担家里的所有家务，减轻父母的负担，假期时也尽可能早睡早起。在假期中我找到兼职，在工作中遇到挫折时，我积极调节自己的心情，坚持到了最后。

美要自知，也需要自行、自省，从认知到行动再到反省，才能得到最好的结果。

✍ 简评

只有经历得多了，懂得的多了，看事情的角度才能更客观正确。一叶障目，不能改变叶子的大小，就改变自己看事物的角度。经过全面的省视，作者认为自己是具有较强判断力、高度自律和懂得感恩之人，但缺乏幽默感和坚毅精神，针对个人"三长两短"的实际情况，她制定了一系列周全的计划和活动，从多方面、不同的细节上努力。从具体的计划和实施情况来看，作者计划周密，执行力强，具有很强的自省能力，令人佩服。希望作者在不断地在美知、美行、美省中成长，从中获得更多的满足感、成就感，在成就自我的过程中，也能积极影响他人。

（教育学院"课程与教学论"研究生赖秋桃）

阅读·旅行·思考

张 兰

与大多数同龄人一样，作为一名在读大学生，我们养成美德的道路虽然各有不同，制订的美德计划虽然千差万别，但同样都充满艰难曲折，每个人都必须把握稍纵即逝的机遇。不过，对我而言，最重要的是，从制订美德养成计划时起，从认识到自己最欠缺的美德是坚毅时起，我就给自己列了一份阅读清单，在之后的日子里，即使在漫漫的冬夜，我都能感受到因坚持阅读而获得的愉悦与精神自由，并总是尝试着理智地解决现实困惑，这种精神状态一直伴随着我，支撑着我。几个月以来，它对于我发展自己的个性，对于我日后的学习生活，都至关重要。

为了使自己能够静下心来，我每天总会抽出一点时间看书。虽然我对外面的世界十分向往，但经常把自己关在书房，久而久之就养成了看书的习惯。最初看的都是童话故事与言情小说，后来看哲学著作。精神生活仿佛从此就有了源源不断的活水滋育。

美学原理结课后，我开始对美学产生了兴趣。引起我兴趣的，是蔡仪写的《新美学》。《新美学》中提出，美是客观事物的属性，如果客观事物并不美，你怎么会从中获得美感呢？粗略地想想，似乎也说得通。

除了哲学外，我对欧洲与俄罗斯文学也很有兴趣，我读了大量罗曼·罗兰、泰戈尔、托尔斯泰、屠格涅夫的作品。在老师的影响下，我开始接触西方哲学，从康德的《纯粹理性批判》到罗素的《正义论》，虽然很难说我到底从中真正学到了什么，也很难概括这些大师的哲学观点，但的确收获了思辨给我带来的快乐。现在我能比较从容地表达自己的观点，这种能力不能不说与哲学训练有关。

最值得庆幸的是，坚持阅读，培养了我对知识的热爱。在书本中遨游时，你会忘记一切。古人说："贵在自得"，这种自得之乐就是一种精神自由，是一切独立反思的基础。它是任何外力都无法从你内心夺走的。我当时特别喜欢纪伯伦的一句诗："一杯美酒，一本诗集，即使在沙漠呵，那也是天堂。"似乎只要给他书，即使失去自由，也不失为一个幸福的人。

看书时难免会遇到枯燥晦涩的理论，我在难受与烦心之余，却又油然而生一种奋力探究的渴望。我获得的最大财富，就是对知识的强烈好奇心，以及在阅读中不断坚定了自己内心的追求——可以说是一种超越名利的知识审美追求。车尔尼雪夫斯基在颠沛流离中为了追求理想而奋斗的故事，也鼓励着我积极应对挑战。

更重要的是，读什么书完全可以凭自己的兴趣爱好，不必为考试而死记硬背，从《坐在你身边看云》《温柔之歌》《寂寞的游戏》，到《安娜·卡列尼娜》《战争与和平》，再到《画在人心的苦闷》，时间一长，无形中形成了跨专业的、综合性的文科知识结构——这是一种与自己个性与思维特长相吻合的知识结构，是应试教育无法催生的，只有在一种"为而不有"、"贵在自得"的从容的精神自由的心态中，经由"知识审美主义"的长期滋养，才会自然地呈现出来。

在苦难中沉思，就像高尔基的处女作《马卡尔·楚德拉》中老牧人说的一句话："人生就是这样，要像天空中那只鹰一样，到处看看，看完了，就躺下死掉……"，它表达了一种对人生浪漫的理解，为了寻求这种浪漫人生，也为了巩固、发展自己的创造力，寒假时我和朋友去了俄罗斯，感受异域山河的美丽。

抵达圣彼得堡时，卡洛明斯科娅庄园银装素裹，耶稣升天大教堂如一位美丽的冰雪女王矗立在莫斯科河河岸。据说当天是圣彼得堡入冬后最冷的一天——看看连浪花都结成冰的涅瓦河河面就知道了。可能由于国土辽阔，俄罗斯的很多建筑物都建得矮矮地连成片，一眼望不到边际。圣彼得堡美不胜收，让人目不暇接；沿街都是四层楼的长条建筑，整个城市就像一座博物馆。

滴血大教堂惊艳了世界，喀山大教堂庄严宏大，彼德保罗要塞的教堂顶部金碧辉煌，夏宫宫殿奢华精致，内部也很美，遗憾的是游客不可以拍照。

1月19日是俄罗斯的主显节，怪不得东正教会里人头攒动，念诵经文和圣水仪式等活动从一早就开始举行，天际也绽放出绚丽的朝霞，不知道是不是圣主显灵了。连伊斯兰教堂也排起了长队，有警察荷枪实弹地在路边看守。军事博物馆边的雪深及膝，但是雪不够黏，堆不成雪人。

艾尔米塔什博物馆占地9万平方米，于1964年建立，是一个由六座宫殿组成的建筑群，其中有藏品270万件，需要花27年才能全部看完；所幸展出的藏品只占5%，但是一分钟看一件，不眠不休也要一个季度才能看完，350个展厅如果每个展厅只待一分钟，走完全部展厅也要6个小时。

那里有伦勃朗、鲁本斯、达·芬奇、拉斐尔、雷诺阿等名家的1.5万幅绘画，另外还有1.2万件雕塑等其他藏品，但是这些精美各异的天花板更吸引我的目光，除了天花板，门和门梁上的装饰等也非常华丽，没见过比这更豪华的了。就我个人观察，甚至每个展厅的走廊的天花板都没有重复的，每个部位都奢华到了极致，是巴洛克风格的杰出演绎。

叶卡捷琳娜宫与大英博物馆、卢浮宫与大都会博物馆并称为世界四大博物馆。叶卡捷琳娜二世真是一个疯狂的收藏家，更是一位很有品位的女人。叶卡捷琳娜二世为她的子民们打下了大片疆土，留下了无数财富，她认为如果自己能活到两百岁能吞并整个欧洲，这或许并非只是她的豪言壮语。

美丽是珍贵的财富，上帝将它赋予了俄罗斯人，使他们貌美又强健，在俄罗斯人的字典里面没有"屈服"二字，他们天生就是战斗的民族；在接触中我又发现他们大多热情豪爽，乐于助人，风趣幽默，个性坦率不客套。景区的商品并不比偏僻地区贵多少，也让人感觉他们非常实在的。

这是我一生都难忘的经历，沿途我还拍摄了很多张相片，写下了一万字的旅行日记。

不久前，我读到罗素《西方哲学史》中说的一段话："浪漫主义者在推开对人性的种种约束时，往往会获得一种新的元气、权能感和登仙般的飞扬感，这会使他觉得即使为此遭到巨大的不幸也在所不惜。"

浪漫主义对人的吸引力，是一种对世俗平庸生活的叛逆，一种对登仙般的飞扬自由的追求，一种被长期压抑的生命力的激活与提升……在旅行中，我把历史、人生哲理与现实生活联系在一起了。大好的河山与大自然的生命力，使沉闷、单调、灰色的世俗生活中的我心中生发出一种人生诗意。除此之外，苏联作家巴乌斯朵夫斯基的《金蔷薇》也给予我很大的精神鼓励，"他（格林）每天总是在垃圾堆上看到美丽的太阳升起"成了无数人的人生格言。

我一直在想，对于有限的人生来说，对生活的诗意的理解，永远保持赤子情怀，保持超越功利的人生态度，人就会获得一种内在的"精神自由"。学者们之所以称它为内在的自由，是因为人的形骸是受制于环境，但人的精神却有着相对自主性，精神自由不可能被别人剥夺，除非你自己的心灵被攻陷。而这种内在的精神自由是人生最重要的价值，是抵抗世俗平庸的隔离带，是获得真正幸福的首要条件。我似乎觉得自己变了，出国旅行的经历让我尝试改变，变得更坚强、更自信、更执着，更有创造力。我把这种旅行看作是应对日常生活的"强心剂"。

实施美德养成计划以来，我总觉得，自己是一个幸福感很强的人，因为懂得感恩，能够与人为善，即使有很多短板。但最可贵的是，总有一些内在的东西支撑着我，生活对于我来说，总是有着无限的吸引力，我甚至能从一些生活细节中读出意义来——从电影的镜头里，从窗台上花朵的绽放中，从柬埔寨吴哥窟高棉雕塑面容的微笑中，从所阅读的回忆录里当事人透露的人生经历中，我都能感到源源不断的、无穷无尽的新鲜感。我总是会找到乐观开心的理由，让我在以后的职业生涯中不断成长进步。坚韧乐观的心态帮助我渡过了无数难关。

我觉得，最重要的还是由于我始终处于一种被学者称为"精神自由"

的状态中，我能在知识中不断获得好奇心的满足，知识领域就像是一本没有读完，也不知结果的侦探小说。我总是以欣赏的态度去理解它、体悟它，并从这种经验中获得新鲜、独特的感受。头脑中的思维始终处于活跃状态。这个世界真奇妙，一切都永远那么美好，那么有趣。

其次，当你不断调动自己已有的知识与资源，尝试你所不知道的或者使你困惑的领域，作出属于你自己的理性的解释时，就进入了"思想创造"的过程——从超越功利的对知识的好奇心，上升到一个更高的层次，领悟到利用知识实现自我价值的愉悦。那就是学习者的陶醉感。它如同醇美的酒滋润着你的心灵。一旦你从学习知识的过程中获得这种由衷的欢乐与陶醉，那么谁也无法夺走它。追求知识并陶醉于此，成为我的人生信仰。

第三，仅仅拥有知识方面的自得之乐，仍然不能完全保证内心的充实与幸福。个体的生命不能仅仅满足于个体的自我完善，还必须有一个外在的支点，一条能与外在的活水源头连接起来的通道，否则他的内心资源也会像古井一样渐渐枯竭。对我而言，那个外在的活水源头，就是社会责任感，也是我们常说的社会担当。这是一种很强的、难以摆脱的责任感，你会觉得自己的生命存在并非无关紧要，你的反思、你的参与是有意义的，这样你就会远离虚无主义。当你把这种对知识的超功利追求，与对理想目标的追求结合起来，那就有了双重的抗衡虚无感或生活无意义感的力量。而且，这种乐观主义会不断转化为促使事态向好的方向发展的积极驱动力。一个人会由于不停地努力行动，从而改变了事物原来的轨迹。

对知识的好奇心，求知中获得的陶醉感，以及由此形成的用来认识现实世界的创造力和毅力，这是我从美德活动中得到的收获。人在世俗社会中需要内心的精神力量和逐步完善的道德品质，才可以在外来压力下始终自得其乐。现实生活是美丽的，我们热爱生活，而生活又由于我们的热爱与不断努力而变得更加美丽。

在这世上，我们还有无数个地方没去，无数本书没看，无数件事没做，但我却相信，我们仍然可以使现在有限的生命过得更充实。

📝 **简评**

　　行文富有诗意，言语极具哲理，如"对于有限的人生来说，对生活的诗意的理解，永远保持赤子情怀，保持超越功利的人生态度，人就会获得一种内在的精神自由"。作者崇尚"自由精神"，如果文章的主题能更聚焦一些，经典片段的引用再做些提炼和技术处理，相信文章会更加出色。

　　"在这世上，我们还有无数个地方没去，无数本书没看，无数件事没做，但我却相信，我们仍然可以使现在有限的生命过得更充实。"美知、美行、美省是一个长期的过程，它没有终点，在这个过程中，我们要懂得如何提高自我的幸福感，如何将生活过得更加充实，要看到"生活不仅仅是眼前的苟且，还有诗和远方。"

（教育学院"课程与教学论"研究生赖秋桃）

有依有靠

陈　婷

　　每个人从呱呱坠地那一刻起，就是一个完整的生命独立体。在这一辈子里，我们会遇见形形色色的人，碰撞千奇百怪的墙，感受各种各样的疼痛。难过的是，当局者迷、旁观者清，一个人是很难感受另一个人的悲欢的，鲁迅先生曾在《小杂感》里这样写道："楼下一个男人病得要死，那间隔壁的一家唱着留声机。对面是弄孩子。楼上有两人狂笑，还有打牌声。河中的船上有女人哭着她死去的母亲。人类的悲欢并不相通，我只觉得他们吵闹。"是啊，每个人都是一座孤岛，每个人都有自己的悲欢离合，世界上其实根本就没有感同身受这回事，针不刺到别人身上，他们就不知道有多痛，所以在这个世界上，我们都是看似无依无靠的个体，所有的酸甜苦辣都只能嚼一嚼往回咽。

　　既然如此，我们为何还是做不到潇潇洒洒地背起行囊，去独闯世界？没错，在这条路上，即使我们都是孤岛，却总有人想要进来到你的地盘，努力与你感同身受。幸运的是，从一出生，父母就来到了我的地盘，呕心沥血地付出一切，想要把世间所有美好的事物都带给我，同时替我挡掉所有的不美好。到了叛逆期，我不再认为父母都是对的，我开始有了自己的想法，开始想特立独行，开始伤了两位挚亲的心。到了成年期，为了自己有一个更好的学习氛围、读书环境，更为了以后能买到更好的"面包"，我离开自己温馨的家，离开自己所在的城市，奔赴远方，这时，回头望一望，看看自己一路的印迹，原来，自己已经离家这么远了，而爸妈却始终在原地等我归去，他们知道自己不再能追上我匆匆的步伐，来到我的岛上，他们的脸上更多的是无助和失望。今年，我看到了最好的朋友突然间失去父亲的那种疼痛和无助，我从未想过这种电视剧中的情节会在我的朋友身上上演，我感受到了生命的脆弱、病魔的可怕以及生活的残酷。我明白了，我给我父母的爱不能再迟了。我开始每天给父母打电话，告诉爸妈自己的生活，了解爸妈的近况，我开始学会向爸妈分享，我开始努力尝试登上他们的岛，进入他们的内心世界。今年一放寒假，我就收拾行李，搭上回家的车，一到家，奔波所带来的疲惫都被回家的幸福感给席卷而去。在家帮着爸妈干活，听着爸妈唠唠叨叨，似乎更理解了爸妈的人生。父母，是我一生的挚爱，是我想好好保护的人，这种爱，大抵是世界上最容易被忽略的感情了，它笨拙而粗糙，它无声却温暖，它似一股暖流，缓缓沁入我的心底。而在不经意间，他们已慢慢变老。在以后的日子里，我只希望我的父母，能够身体健康，幸福开心，我也能迅速成长为他们的依靠。

　　另一位想要闯入我的孤岛，与我一齐感受世间悲欢的是我的现任男朋友，似乎也是他，让我开始相信缘分和爱情。说起相识，是在很多很多年以前，缘分让我们顺其自然地选择在一起了。在与我这位挚爱的相处过程中，我也渐渐地懂得了与爱人的相处之道，使得这段感情愈加坚固。在爱情中，首先必须明白没有人会无条件地包容你的所有坏脾气，热恋时可能会发现不管你做了什么，他都会原谅你；你想干吗，他都会带你去；你说什么话，他都会听在心里，可是渐渐地，他不再包容你的坏脾气，后来你生气了，他也不会及时哄你。这个时候，你觉得他不爱你了，其实有时候，我们也要想想，自己在感情中是不是索要过多了，脾气是不是太差了，是不是把对方的付出当成是理所当然了。其次，希望我们都能相互信任，否则只会消磨彼此的安全感。另外，不要太依赖对方。总之，我们必须懂得：这个世界上没有一种感情，不需要经营。时刻挥霍一个人的感情，却不付出，最后只能被疏远。

　　我认为，好的爱情应该是通过彼此看到了整个世界，坏的爱情是为了对方而舍弃世界。很幸运的是，我遇上了好的爱情，遇上了好的他。我们喜欢交流，喜欢沟通，喜欢及时说出自己内心的想法。这个世界上没有一拍即合的灵魂，很多事情都要磨合，都要说出来，都要去沟通。我崇尚多沟通，多交流，只有这样我们才能进入对方的内心世界。在爱情里，我们都是对方的依靠，因为有对方的存在，我们变得坚强，懂得了珍惜，我们不再拿刺对着外界，我们可以卸下铠甲，与对方相拥，去感受对方的体温。我们不再是孤岛，我们有依靠了。在我的未来里，我希望我们尽管是"老夫老妻"了，但我们的爱不减反增，不会因为丧失新鲜感，不会因为生活变得平淡而渐渐地对对方失去兴趣。我们不会因为亲密而把许多事情当成理所当然。相处不厌，越来越爱，真好。

　　电影《欲望都市》中开篇第一句话是："梦想会变，潮流循环往复，但是友谊却永不过时。"剧中的四个姐妹维持了十年友谊，彼此陪伴，懂得感恩珍惜，在朋友需要的时候给予帮助，挺身而出。她们不一定赞同对方的行为，但决不允许其他人伤害、诋毁自己的姐妹。在我与我的好朋友相处中，我也渐渐地总结该如何珍惜友情。首先，彼此的喜欢和认同是很重要的，没有彼此喜欢的友谊是很脆弱的，因为喜欢是带有光环的，也因为这层光环我们会更愿意与对方亲密并发展感情。每个人都是不同的个体，要学会欣赏对方，发现对方的闪光点，这才是友谊发展的基础。其次，出现问题及时沟通。朋友之间最怕相互猜忌，心里都有自己的想法却不表达出来，这是很多友谊发展不下去的原因，就像前段时间上映的电影《前任3》，剧中相恋5年的孟云和林佳因为一点小事就闹分手，分手后仍心系对方却因为面子不肯认错和好。当两人想要重归于好时却发现早已回不去了，两人遗憾地擦身而过，变成了最熟悉的陌生人。友情也是一样，当出现问题时需要彼此及时的沟通，表达自己的内心想法，一起解决问题。再次，友情是需要互相理解和包容的，渴望朋友没有缺点，那你就永远不会有朋友，每个人都是不完美的，只有相互理解和包容，友谊才能长久。另外，俗话说，患难见真情，风生水起的时候很多人愿意锦上添花，但是遇到困难的时候却少有人雪中送炭。真正的友谊是在对方需要的时候给予帮助。当然，还要记得，浮于表面的友情才充满互相吹捧和不实的赞美，苏联作家奥斯特洛夫斯基说过一句名言："真正的朋友应该说真话，不管那话是多么尖锐。"

有人说物以类聚，我不太认可。在我的身边，就有各种性格的好朋友，有传说中"别人家的孩子"，也有家长们不喜欢的"野孩子"，他们都是不一样的，也正是这些不一样的个性吸引了我，让我喜欢上跟他们交朋友，他们可能有这样或那样的缺点，但是心怀善意，他们可能遇到很多不公，但从未被现实打败。到了这个年纪，我们都不再没心没肺，需要认真思考未来，工作的奔波、学习的压力等，让朋友见面的机会少之又少，但是偶尔的电话联系、微信寒暄，都让那种熟悉与亲密感回来。在这个喧闹浮躁的世界里，有一群朋友能陪你努力、陪你迷茫、骂醒你、祝福你，这种有依靠的感觉是多么能安慰人。

挚爱有这么多，依靠有这么多，但是千万别把他们弄丢了。

在任何一种感情中，好像我们越来越自以为是地觉得别人对我们好是理所应当的，但那是因为他们爱你，在我们这个年纪，没有多少人懂得好好珍惜对我们好的人，失去了才会后悔，其实，每个人都有承受的底线，假若你一味地伤害对方，总有一天，那个曾经对你好、爱着你的人，也会因为伤心离开。我时常告诫自己，在有人爱我的时候，不允许自己过于挥霍对方的好，肆无忌惮、毫无顾忌。

就读于师范专业，以后我也必须用我的美德去感染学生。有时候这个世界已经够残酷了，但是爱可以支撑起一切，可以吹散一切乌云，迎来阳光。对于我的家人，我会继续做好自己子女的角色，并尽力去做得更好，成为父母有力的依靠和避风的港湾。对于我的爱人，我会与之一起携手并进，为了我们的将来努力奋斗，即使前途未卜，也不离不弃。对于我的朋友，我坚守有福同享、有难同当，遇见了可爱的灵魂，我就不会舍弃。其实依靠不等于依赖，人总有脆弱的时候，并不需要太多的浪漫和语言，累了，有一个拥抱可以依靠；痛了，有一句安慰可以舒缓。即使两两相望，也是一份无言的喜欢；即使默默思念，也是一份踏实的心安。人，总要有一个家遮风避雨；心，总要有一个港湾休憩靠岸。最长久的情，是平淡中的不离不弃；最贴心的暖，是风雨中的相依相伴。家，很平淡，只要每天都能看见亲人的笑脸，就是最大的幸福；爱，很简单，只要每天都会彼此挂念，就是踏实的情感。拥有能够拥有的，珍惜应该珍惜的。回眸处，总会有一盏灯，照亮我们前行的脚步；总会有一缕阳光，给我们温暖；总会有一张笑脸，为我们而绽放。

　　繁华安居未必暖，粗茶淡饭见真情。生活其实很简单，就是给自己微笑，给身边的人温暖，于残酷的世界里给彼此可靠的肩膀，我想，让你有依有靠！

简评

　　生活其实很简单，就是给自己微笑，给身边的人温暖，于残酷的世界里给彼此可靠的肩膀，让你有依有靠。生活告诉我们，最长久之情，是平淡中的不离不弃；最贴心之暖，是风雨中的相倚相依。生活对我们说：这世上的有些情，可能些许笨拙，抑或粗糙，但却无声而温暖，似那暖流，缓缓淌进心底，让你那早已疲惫不已的灵魂有所皈依，有所倚靠。此文以"有依有靠"为美文主题，别有一番新意。全文皆真实之感言，情感自然之流露，不禁引人共鸣。相信未来担任老师的你，必定能以此挚爱之美德感染学生，让他们有依有靠！

（教育学院"课程与教学论"研究生屈小漫）

在犹豫中前行

徐 含

最初看到列出的六大美德和二十四种优良品德之时，我对照自己，认真反思，终于选出了最强的三种优良品德分别为挚爱、友善、审慎，两种最弱的优良美德分别为自律、判断力。

记得我最喜欢的语文老师曾说：自制力是成功的关键，自律才能成功。非常遗憾的是即便很早就知道了自律的重要性，但可以说我从未真正做到自律，没能成为想象中自律性很强的自己。爸妈对我没有很多条条框框的约束，我从小到大过得比较自在轻松，一直处于比较松散的状态，只有在关键时刻才会紧张起来，用现在的话说可以称作拖延症晚期。还记得从小学到高中的假期作业基本都是在开学前匆匆忙忙写完。印象中我遇到事情也不够果断，总是思前想后，顾虑太多，做决定时犹犹豫豫。从好的方面来说是心思细致，考虑得多，但更多的其实是不明白自己想要的到底是什么。对自己没有清晰的认知，没有明确的目标，才会瞻前顾后，不敢轻易下决定。这种状态也一直伴随着我长大，虽一直都知道这样不对，是不好的，但是就一直没有改变。

自从进入大学以来，我一直坚持在校外做志愿者，曾服务过兴仁图书馆、小行星儿童友好实验室与微辣青年，在这些社会实践的过程中，我学会了与小朋友相处的方法，了解了和小朋友一起阅读绘本的技巧，也认识了许许多多有意思的人。其中对我影响最深的是一个姑娘。她的样貌平淡无奇，但散发出温和的气质，和孩子们在一起时脸上满是幸福得快要溢出来的笑容；她又是坚定的，遇事都有自己的原则，但会以温和的方式去处理。温和而坚定，意味着既有温度又有韧度，我希望自己也是一个温和而坚定的人。如果只有温和的姿态，没有坚定的品质，遇事无原则地迁就，就会导致执行力疲软。与之相反，如果只有强硬的措施，没有温和的情怀，这样强势的方式也许能带来一时的成功，但缺乏人性温度，也不可持续。

我觉得"优良品德的自我发现与发展"活动对我很有帮助，在完成过程中，我想了很多，也苦恼了很久，但在最终做出选择之时则感到十分舒畅，像是梳顺了打结缠绕的头发一般，大概是这种感觉。

我的自制力太差，时常陷入追求理想和荒废生命的矛盾之中无法自拔。晚上不想睡，白天不想起床。一边内心极度痛恨虚度光阴，一边握着手机和鼠标挥霍时间。不被欲望所左右，对我来说是一件难事，但总是要开始改变。我给自己设定了目标，学着合理安排自己的时间。虽然会出现像掉入漩涡中一样的烦躁感，但我没有焦虑和恐慌，也没有极力阻止或对抗，仍继续执行计划。用这种不理睬、不主动克制的态度去对待，在不知不觉中好像能够坐得住一些了。当遇到问题时，我也去多方寻求别人的意见、寻求支持的力量，以减轻情绪困扰，让自己的心理压力得到纾解或宣泄，进而达到调适自我、专注做事的目的。培养自制力就像是种庄稼一样，你一直坚持着，一直等待着、守护着，等啊等，等到它可以收成的时候，会是满满当当的大丰收；如果你不愿意等待，想要中途把庄稼收割，那你只能得到不成熟的果实。

对我来说，这一学期比较重要的一件事情是我担任了党支部的组织委员，同师姐一起开展支部的党务工作。既然有了这样一份责任，就想着一定好好做。学期伊始，我迷迷糊糊地跟着师姐去参加学院第一次支委会，一知半解地记录下会议的内容，然后按照进度安排和师姐一起完成任务。我们一起组织生活会、发展新党员工作、举行通表会议等。其间由于缺乏经验，在工作中我出现了许多小问题，好在有老师、同学的帮助和指点，不够细心的我慢慢变得更加细致，考虑问题时更加周全。印象最深的一次是在年末的时候协调同志们的时间来开展会议，可谓是经历了一波三折。起初安排好时间之后，后因临时的事件导致参会人数达不到要求，又恰逢月末，能留给我们协调的时间已经不多了。所幸在师姐的建议之下，我们最终决定将时间延迟到下月。虽然和预期的不同，但的确是在当时情况下最好的结果了。总的来说，在这个学期，我按照上级党组织提出的各项要求和部署，认真开展工作，及时完成上级交给的各项任务，并结合支部的实际情况，努力增强工作的针对性和实效性，把思想政治工作落到了实处。其间我认真听取经验，仔细记录，并且在活动之后的空余时间认真思考推敲，有目的地做一些尝试。在工作中我认真投入、认真学习。我感到人人都是我的师长，我要学的、我能学的东西还有很多。

我想应该静下来反省自己，当一切都开始静下来的时候，静得可以让我听到平和安详的心跳。今天这里下着雨，雨滴的声音衬得室内更显安静，窗外嘈杂渐渐平息，窗帘还是留着一道小小的缝隙，隔壁阳台上灯笼的红光透过来，家里的冬天真冷啊。耳机里的今日推荐音乐正好播放赵雷的《静下来》，听着他淡然的声音，轻轻唱着"静下来"，好像真的让我静了下来。

回顾践行"优良品德的自我发现与发展"活动的这一学期，我是做了一些事情的，却还有着许多做得不够的地方。

这一个学期，我浪费了一些时间。我不想虚度光阴，更不想日后为之后悔。在学习上，我在上课的时候还不能完全集中精神，似乎总是有着各种各样的干扰，使得自己时常走神，时而发呆。说是干扰，其实也是因为自己的心不静，自制力不够强大。而且在课后花在学习上的时间还远远不够，也不能灵活运用老师所教的知识去解决实际问题，在进行教学实践的时候时常感到力不从心。时常会觉得有些知识仿佛在某位老师的课堂之上提过，但于我却只有浅显的印象。云霾在黑暗中发愁，却忘记了遮住太阳的就是它们自己；我在虚度光阴之后后悔，却忘记了让时间溜走的恶人就是自己。

在与人相处的过程中，我需要更加耐心，虽然无法完全感同身受，但也要保持同理心。人无完人。我想我能做到的就是对事不对人,将事情与人分开处理,用"佛系"的心态去看待。在与家人相处的过程中,我要多点关心多点爱,更要学会体谅,在家人需要帮忙时毫不犹豫地伸出援手,对亲近的人要保持良好的态度,不能因为亲近就为所欲为,也要照顾他们的情绪。因为我在外地上学,一般只有寒暑假才回家,和家人相处的时间真的不长,那我能做的就是在家的时候好好与他们相处,帮着做一些力所能及的事情。不在家的时候,也要和家人保持联系,每周通一次电话,常常用微信聊天,分享我在学校遇到的开心事,让他们知道我的近况,也让我能了解家人的情况。距离虽远,但也不能成为忘记的理由。

我自己做过的很多决定,虽然犹豫不决,虽然不甚满意,但我会继续前进。从初中时想要染发直到我二十岁之后才达成,虽然发质变得很差,褪色后的发色更是让人不忍直视,但终究也是去做了自己想要做的事情,心情是快乐的呀。

✍ 简评

每个人心里都有一个欲望清单,可是,它们总是被推迟,被搁置,在时间的阁楼上腐烂。或许有时候,我们需要的是少一点犹疑,多一点勇气。作者在这一点上恐怕深有同感——一边极度痛恨浪费光阴,一边又紧握鼠标键盘手机挥霍时间。还好,作者遇到问题懂得寻求帮助,懂得反思,能够悬崖勒马,可喜可贺。积极投身于班委工作也有利于培养自己的责任感,在学生工作中不断反思,为自己的"美德"又添上光辉的一笔。文章似随笔,以轻松愉快的语气,向我们娓娓道来,令人回味无穷。

(教育学院"课程与教学论"研究生董逸梅)

第二部分

走近小学：

语文教师访谈报告

小学语文教师教学素养的发展：
基于对一位在职小学语文教师的访谈

育人者，必先受教育。伴随着课程改革的深入，"核心素养"被置于全面深化课程改革、落实立德树人目标的重要战略地位。时代对小学语文教师的要求越来越高。教学素养是教师职业和教育专业的核心基础，培养学生的核心素养必然要求教师具有育人的教学素养。小学语文教师的教学素养直接成为学生建构核心素养的示范引领，成为育人质量与学生学习方式转变的制约因素。本文在访谈的基础上，针对小学语文教育实际，根据时代对提高学生核心素养的要求，提出了小学语文教师教学素养的基本结构及培育建议。

一、访 谈 过 程

访谈人：王茹

访谈时间：2018 年 2 月 23 日

访谈方式：微信访谈

被访谈人：花都秀全街某小学的吴老师

被访谈人介绍：吴老师是我于 2017 年暑假参加满天星阅读夏令营时认识的一位老师，她毕业于广东技术师范学院，目前任教于花都秀全街某小学，教三年级，有三年教龄。

141

二、访谈实录

◎**问**：是什么使您走上语文教学的道路呢？

◎**答**：其实并没有什么高大理想或明确目标，也没有什么渊源，只是大学时候报了师范专业，后来在毕业时候觉得自己也不会干其他职业吧，就跟着同班同学一起去考试当老师。

◎**问**：与其他学科相比，您觉得小学语文的特点是什么？

◎**答**：不管是哪个学段，语文跟其他学科都有着明显的不同。有人说学好数理化，走遍满天下。我不认同。从学科地位和作用的角度看，小学语文学科具有基础性、人文性和工具性特征。小学语文知识的学前启蒙和正规小学语文学科教育，是一个人接受知识的起点，是素质教育的重要基础。这一时期获得的语文知识，对促进学生今后发展和终生学习产生了重要影响。另外，从学科联系和学科德育的角度看，小学语文课程和教材首先关注的是人类悠久灿烂的文化，是儿童健康成长与发展，特别对他们应具有的人文情感的熏陶。比如说热爱自然环境、对祖国优秀文化的情感、知道集体生活的重要性、对人格美和自然美的感受力，等等，这些东西都在语文知识里包含着。当然，语文也是有实践性的，比如孩子的观察能力、听话能力、读解能力、联想和想象能力、创新能力都在语文基础教育中得到培养。还有好多呀……（笑）。

◎**问**：结合您的日常教学，您觉得做好一名语文教师，应该注意的是什么？

◎**答**：想要做好一名语文教师需要具备的实在是太多了，很难，只能说不断地在自己的教学生涯中完善自己。第一就是自己的专业知识很重要，一个学识广博的老师是会受孩子们的尊敬的。第二就是要思考怎样用适合孩子的方式把知识教给他们，因为往往很多文凭高的教师不一定会教，这需要在教学当中不断去探索适合自己又能应对学生的教学方式。总之学无止境。

◎**问**：您认为在教学过程中教师与学生是什么关系，教师应该扮演什么角色？

◎**答**：每个老师都会有自己的风格吧，教师与学生的关系也是各种各样的，没有固定的。像我，可能因为是一位新老师，我更偏向于与孩子一起去学习，也就是偏向于伙伴或朋友关系多一点。

◎**问**：结合您个人的成长经历，您认为哪些因素会影响语文教师的成长？

◎**答**：同班同学特别是舍友，可以多交流学习资讯。另外对于我而言，实习时候的指导老师，是促使我好好去考教师岗位的主要动力。

◎**问**：在您的语文教学生涯中，最让您难忘的事是什么？为什么？

◎**答**：让我难忘的其实都是小事情，但也是大幸福。记得有一次我出去比赛，前期都在忙着备课什么的，对班里的孩子关注很少，但那天一回到办公室，就看到孩子留有早餐，还打好午饭放在我的桌子上，当时好感动。能被人记在心里，让我觉得很暖。

◎**问**：您觉得一名优秀的小学语文教师应该具有哪些方面的语文学科知识？除了语文学科知识，还应该具备哪些素养或者技能？

◎**答**：欲求教好书，必先做读书人。作为小学语文教师，需要具备良好的专业素养与文化素养，以及良好的品德修养和政治情操。小学语文教师要具有"人文性"素养。小学语文教师的教育素养应包括教育理论素养、语文教育能力素养及语文教学研究素养等方面。要有相当的文史知识和较高的文学修养。对于小学语文教师的创新素养，最重要的是有引导创新的意识，其核心是推崇创新、追求创新、以创新为荣。还要有丰富的自然科学知识，要有多方面的艺术修养。对小学语文教师来说，书法尤其重要，"三笔"字要写得好。语文教学可说是集德、智、体、美、劳这五育于一炉，这就要求执教者有一专多能的过硬本领，对于一个仅有语文学科知识的教师来说，是不能胜任的。这就要求我们小学语文教师多才多能，一专多长，具备多方面的素养，才能在教学中得心应手，左右逢源，取得良好的教学效果。

◎问：您觉得要成为一名优秀的小学语文教师，应该如何努力？

◎答：仔细对照上面提到的小学语文教师需要具备的技能，然后一项一项地完善就好啦。多看多听多学，每个人都要经历从不会到慢慢学会的过程。

◎问：您能给我们师范生提供一些关于学习和就业方面的建议和指导吗？

◎答：大学的课程看起来好像没什么用，可是后来发现跟自己现在的职业息息相关并且影响很大，所以，能不逃课就不要逃课，能认真听就认真听。就业方面的话，了解招聘信息很重要，只有知道别人需要什么，你才能明确自己努力的方向。另外，学习伙伴很重要。考教师，笔试面试，你要经历一场长期的硬战，所以最好有伙伴一起互相鼓励，互相当彼此的老师，互评互助太重要了。

三、基于访谈的思考

(一) 何为小学语文教师的教学素养?

在这次访谈中，我问了吴老师关于小学语文学科的特点、如何看待师生关系、小学语文教师的素养等问题，其中让我感触比较深的一点是对于小学语文教师的教学素养的认知。对于还没有真正走上教师岗位的我们来说，最大的困惑就是如何上好一节语文课？其中起最关键作用的是教师的教学素养。在此谈谈我对于小学语文教师的教学素养的一些思考。

何为教学素养？"素养"在《新编汉语辞海》中被解释为"平素的修养"，即通过持续修习涵养而形成的知识、能力和情意的综合。根据"素养"的定义，可以将"教师素养"理解为教师平素的修养，即教师在学习研究和教学实践过程中，通过持续修习涵养而形成的教学知识、教育能力和教育情意的综合。当前关于教师教学素养的研究为数不多，孙双金在《谈谈教师的核心素养》一文中详细阐述了他的教师教学素养观，认为教师的教学素养是指教师的教育情怀和教育能力。教育情怀就是爱的情怀和执着的情怀；教育能力就是要有文化底蕴或学科底蕴，拥有解读文本的能力，而要提高文化底蕴就得读书，同时教育能力还要求教师具有教学艺术，即循循善诱，教师必须善于倾听、善于观察、善于点拨学生，教育情怀和教育能力都离不开教师的创新思维。根据"教师素养"的定义，借鉴孙双金老师的教师教学素养观，可以将"小学语文教师教学素养"理解为小学语文教师需要具备的最根本、最核心的教学修养，即小学语文教师在学习研究和教学实践过程中，通过持续修习涵养而形成基本教学知识、关键教育能力和必备教育情意的综合。

（二）小学语文教师教学素养的基本结构

著名语文教育家李镇西认为，"素质教育的重要前提之一，是必须拥有足够的高素质教师"。他解释说，"高素质的学生呼唤高素质的教师，因为人只能靠人来建树"。中国学生发展核心素养，要以科学性、时代性和民族性为基本原则，以培养"全面发展的人"为核心，分为文化基础、自主发展、社会参与三个方面，综合表现为人文底蕴、科学精神、学会学习、健康生活、责任担当、实践创新六大素养。本文探讨的不是小学语文教师素养的结构，而是响应时代对中国学生核心素养的要求，探寻当前课程改革对于小学语文教师的新期待，构建小学语文教师的教学素养体系。

1. 小学语文教师的教学知识素养

要给学生一碗水，教师首先要有一桶水。小学语文教师只有具备了核心知识素养才能在教学过程中得心应手。小学语文学科体现了工具性与人文性的统一，小学语文教师不仅要懂得语文学科知识，更要博古通今。小学语文课文涉及丰富的知识，既是学习语言的材料，也是学习知识的宝库。小学语文教师只有具备渊博的科学文化知识、精深的语文学科知识才能满足小学生的求知渴望。

（1）语文知识

第一，汉字音形义知识。音形义知识素养主要包括正确认识语音，精通汉语拼音；规范汉字书写，准确分析字形；借助构字特点把握字义。第二，语法修辞知识。如果说汉字是中文的骨骼，那么语法和修辞就是中文的血肉。语法和修辞使得中文能高效地表情达意。小学语文教师必须牢牢把握语法修辞知识才能科学指导学生学好语文、用好语文。小学语文教师的语法知识素养主要包括准确区别词性、分析短语、划分句子成分、熟练运用复句以及正确使用标点符号；修辞知识素养主要包括准确区分词语修辞、句子修辞、篇章修辞以及熟练运用修辞格。第三，阅读知识。阅读是积累语言、发展思维、提高审美、传承文化最有效的途径。小学语文教师要在小学语文阅读教学中发挥更加积极的作用，就必须主要包括熟练掌握文章内容和形式知识、文章背景知识、阅读学理论知识以及精读、略读、速读、默读等多种阅读方法。第四，写作知识。写作知识的熟练掌握是发展写作能力的根基，小学语文教师若要教好学生写话、写作就必须自身具备良好的写作知识素养。首先，必须悉心留意身边的事物，能够遗貌取神，牢牢抓住事物特征，同时能熟练运用科学观察方法；其次，要具备分析综合知识，只有对积累的素材进行分析综合和筛选，才能发现题材的价值，才能写出有神韵的文章；再次，小学语文教师还要掌握联想、想象的知识，能够将直观的感知进行加工改造，创造出新的形象和个性化的内容，最后，要熟悉各类文体写作知识。

（2）小学教育教学知识

教育教学知识素养包括对小学教育的认识、对小学生的认知以及对小学语文教学论的掌握。在小学阶段，儿童一旦对某个事物产生浓厚的兴趣便会全身心投入进去，其心理和技能发展都处于初级阶段，认知和意向的特点决定外部信息的直接灌输很难激发小学生的注意力和自主发展积极性，因此，小学语文教师要充分把握小学生的思维特点、学习特点、语言特点和情感特点，掌握小学教育的特性，根据教学实际来合理选用小学语文教育教学方法。

（3）人文知识和科学知识

小学语文教师应具备厚重的人文知识涵养，主要包括深厚的人文社会知识、高尚的专业情意、以生为本的教育理念以及对学生的博爱。科学知识素养主要包括自然科学基本常识、基本科学方法、科学研究的一般方法、实事求是崇尚真知的科学精神以及小学语文教学科学研究。

2. 小学语文教师的教学能力素养

小学语文教师应具备四个方面的教学能力素养：首先是教学设计能力，包括教学目标设计能力、课题分析能力、教学内容整合能力、教学方法选择能力以及教学评价实施能力。其次是教学管理能力，主要包括教师自我管理能力、科学管理小学生的能力、对小学语文课堂教学内容的管理能力、对小学语文课堂教学时间的把控以及课堂教学环境的调控能力。此外还有教学评价能力、教学反思能力。

3. 小学语文教师的教学情趣素养

对于很多小学语文教师来说，教师这一职业不仅是谋生的手段，更是毕业追求的事业。小学语文教师的教学情趣素养是小学语文教师必须具备的、对教师职业的最核心的热情和情意。它包括审美素养、学生观和核心价值观。审美素养即内在的审美感知力、审美鉴赏力以及审美教育素养和外显的形象美、行为美、语言美。学生观是教师对小学生的总体看法和态度，是教师的人才观、价值观在对待小学生问题上的体现。小学生具有向师性，小学语文教师对待学生的观念更需要受到广泛重视。核心价值观素养主要表现在小学语文教师对小学语文教育事业的热爱和对学生的热爱中，体现在不断学习、严谨治学中，小学语文教师要永远保持积极昂扬的生活态度，积极进取、勇于创新。

(三) 小学语文教师教学素养的发展

和吴老师的谈话使我学到了很多，也在一定程度上给我指明了努力的方向。

　　首先要重视和精通自己的专业知识，树立终身学习理念。充分利用在校学习时间不断夯实专业基础知识，提高自己的专业技能。上课认真听讲，掌握相关的教育教学知识；下课钻研小学语文教材，争取把每一本教材读熟、读透。同时还要多阅读文学作品，提升自身文化修养。此外，时代的车轮不断滚滚向前，知识信息、技能方法更新迅速，我们身处其中，如逆水行舟不进则退，一不小心就会被社会浪潮远远抛在后面。因此，必须重视自我提升，树立终身学习理念，将不断学习作为贯穿人生的长期行为。

　　其次要重视学习实践。一方面，读万卷书不如行万里路，通过课后兼职寻找教师工作，在教学实践中锻炼自身能力与素养，实践既是认识的来源，又是认识的归宿，在教学实践中不断发现新问题、产生新要求，能够推动教师从事教育探索和研究，在不断摸索中促进核心能力的发展。另一方面，行万里路时也要适时请人指路，要在学习、借鉴中提高自身教学能力，可以通过分析名师专家的典型教学案例解读教学环节设计技巧，还可以观看优秀教学课例视频，研究他人的教学特点，然后根据实际需要学以致用、革故鼎新。

　　最后要博采众长。善于吸收前辈的教育观念，同时结合实际来塑造自身的教育理念。多阅读著名教育家的作品，归纳其教育思想，结合当代发展潮流和学生的实际情况，不断革新自身的教育理念。

合作学习：基于对一位
小学高级教师的访谈

庄　昇

合作学习是小学语文课堂中重要的课堂组织活动形式，它在实践中的特点和操作方法是十分值得我们去探索、研究的。本文针对开展合作学习的教师进行访谈，以期更深入地了解、探析合作学习的相关理论与实践。

一、对访谈过程的简要说明

在新课改的倡议下，合作学习这一课堂互动学习模式从起初的示范课、公开课逐渐扩展到了日常的小学语文课堂教学，那么合作学习的适用范围和效度在小学课堂中到底是怎样的呢？一线的小学老师又是如何开展合作学习的呢？带着此类问题，通过辗转的电话联络，有幸邀请到湖南省岳阳市岳阳县某小学的王老师进行访谈。王老师是拥有 31 年教龄的小学高级教师，多年活跃在教育教学一线，对课堂教学有着丰富的教学经验和深刻的见地。在此次访谈中，她围绕着合作学习对教师的教学、对学生能力的发展等方面进行了一系列阐述。

二、访谈实录

◎问：您了解合作学习吗？合作学习在小学中是如何体现的呢？

◎**答**：学生组成小组的合作学习模式，在现在的小学课堂中实际运用得还是比较广泛的。在日常学习生活中，学生其实会经常接触到"小组"这个概念，如小组值日、小组收发作业等活动，所以将"小组"引入课堂也是很自然的，没有特别明显的分界线。教学上最先开始了解合作学习是在接触到示范课、公开课的创新活动中，在十多年前的课堂上想要创新，在课堂活动形式上就得改变以教师为中心、教师为主体的模式，所以学生自主进行小组合作，教师引导的课堂活动模式是最先接触到的。然后是课外综合实践活动，如手抄报、黑板报，都是学生小组合作共同完成，可以说合作在小学里也并不让人觉得陌生。

◎**问**：在教学中，什么样的班级或是怎样的课程，使您更倾向于采用合作学习这种教学方式？

◎**答**：要说在什么样的班级倾向于运用合作学习的话，我一般会在小组分配得比较合理的班级，比如我当班主任的三年级二班的分小组的方法就是：一个小组4~6人，一个小组里尽可能保持双数的人数，小组里有成绩相对较好、性格积极的孩子，也有成绩稍微落后的孩子，小组长则由组内成员轮换，每个孩子都有机会当领头人。像三年级二班的小组模式就能保证大部分学生的积极性，小组合作学习能够落实到每一个学生，而不是几个学生在唱"独角戏"，这样我就会更多地选择小组合作的方式来完成学习任务。如果没有这样的基础，我会选择先建立起学生们都接受并习惯的小组，再去使用小组合作。至于怎样的课程，没有太明确的区分，实际上运用合作学习较多的是课文中有多角色对话的童话故事类文章，对于这种文章运用小组合作，学生会比较喜欢，甚至可以说很积极。在叙事、抒情类的文章里，小组合作的运用模式一般体现为问答加分、小组纪律加分等类型的小组积分奖励形式。

◎**问**：您刚才提到的在三年级二班的分组办法，小组成员是固定的吗？如果是固定的，时间长了，小组会不会僵化呢？

◎**答**：小组成员在一段时期里是固定的，但是我们会一学期一换，这样同学们会有更多相互接触的空间，有助于同学们联络感情、增强班级凝聚力，也可以避免你提到的"僵化"，给小组更多新鲜的刺激。

◎**问**：您备课时会根据预授课内容做出课堂合作学习的计划吗？如果会安排合作学习的环节，是否会细化到具体的步骤及模式？可以简略举例说明吗？

◎**答**：做出课堂合作学习的计划是肯定需要的，有较多的备课时间的时候我会罗列细则并形成教案，实在没有时间也会在制作课件的时候过一遍，起码得考虑这个环节该放到何处、何时，以及预设学生反应之类的。例如，小组合作学习一般为10~15分钟，占用课堂时间较多，所以需要精心选择合作完成的内容，不然就浪费了宝贵的课堂时间。在确认小组合作内容的时候，我首先考虑的是，选择的内容在学生之间会不会有不同的认识、不同的发现——一般这些问题是教学的重难点，很难依靠学生个人自主学习解决的。在教学中，当学生在思考中出现困难或意见分歧时，或者学生主动提出具有探讨价值的问题时，在这种情况下安排合作学习才能把学生的问题变成教学资源，收到相互启发的效果。例如，为《鸟的天堂》设计导游词时，我会先通过视频和视频文字稿的形式，让学生们初步认识什么是导游词、有什么特点，然后通过对文字稿的分层分析，归纳出特点，接着就是同学们动手写（在仿写的基础上创新），最后是小组互改，在组内选出最受认可的、集合了大家想法的一篇导游词，现场朗读或者贴在班级活动展示墙上。有些孩子可能有旅游经验，他会介绍导游是如何带领他参观的；有些孩子语感比较好，可以比较轻松地把文段改为介绍式的第一人称；有些孩子则对文章比较熟悉，可以对同学们的文段进行修改；有些孩子天性活泼，可将导游词声情并茂地朗诵出来，等等。

◎**问**：您认为教师在学生进行合作学习的过程中应当扮演怎样的角色呢（如引导者、观察者、组织者，等等……）？

◎**答**：教师在学生进行合作学习的过程中扮演的角色是复杂多样的，你在提问中列举的都是教师应该扮演的角色，只是这些角色出现的阶段不同。学生的每一次合作学习都离不开教师的精心组织，需要考虑到可能出现的各种情况并做好应对措施，要避免学生在有限的课堂时间里因相互争执或拖延而浪费时间。教师在合作学习里也是引导者，引导学生有秩序地进行小组活动、有秩序地发言，避免个别学生独占时间或几个学生争着说、同时说的无效学习行为。同时，教师要引导学生学会倾听其他同学的发言，并从中鉴别哪些看法与自己不同、哪些又是相同的。在学生积极讨论时，教师还要在班级边走动边观察是否有学生未参与讨论、是否有学生起了争执，等等，以便于及时发现问题并解决。

◎问：在评价环节中，您通常采用得点评方法是什么呢（比如教师直接点评、学生互评，等等）？评价的内容一般包括哪些因素呢？

◎答：课堂教学在最初就一定要建立合理的评价机制和奖惩机制，评价要做到及时、准确、有针对性、多样性，奖惩有度，奖惩分明。对于学生的展示和成果，做得好的，要及时鼓励，好在哪里，要点评到位，以利于学生间的相互学习和发扬；不好的要及时指出并予以纠正，问题在哪里，如何改进，标准是什么，一定要明确，具有指向性、针对性和启发性，切忌片面笼统和"一竿子打死"。就评价方式而言，现在普遍摆脱教师"一言堂"的习惯，采用得比较多的是学生自评、小组内部互评、小组间互评、教师点评相结合的方法，语言要精准、真诚，要注意说话方式。评价的结果最终一定要落实到奖惩机制上。科学合理的奖惩，能在小组内部以及小组间形成一种积极的、热烈的竞争氛围，更好地激发学生的学习积极性。

◎问：与其他学科相比，在合作学习方面，您觉得小学语文的特点是什么呢？

◎答：语文是博大精深且没有固定答案的，将范围缩小到语文学习、语文课堂，其中可以被选择运用合作学习的内容也是十分广泛而多样的。在学习生字时，我们可以运用分组合作学写生字、学读生字；在学习词语时，我们可以运用"互读—互纠—词语认读游戏—词语运用—互评—师评"的模式；在学习朗读时，文章的字、词、句、段应该怎样读是学生自己感悟出来的，然而自行感悟在准确度上还需要监督和纠正，通过小组的力量可以辅助老师兼顾整个班级，等等。

◎问：结合您的日常教学，您觉得做好一名语文教师，应该注意什么？

◎答：首先小学语文教学大纲无非是字词积累、课本知识，应试考试就是字词、造句、阅读、作文，我个人并不完全赞同这套做法。小学阶段的孩子们已经开始看童话故事、成语新编，早熟一点的姑娘们捧起了郭敬明之流的青春疼痛文学，如何正确引导孩子对正正方方的字词的排列组合，个人认为是比较重要的事。新老师普遍存在的问题就是不太懂怎么跟孩子相处，而孩子是最怕无趣的老师。特别是年纪小的孩子没有心机，什么都情绪都直截了当地挂在脸上，喜欢就是喜欢，不爱就是不爱。每一堂课要讲出新意、讲出特色、多准备有意思的环节——如果不能保证每一堂课，至少一周有一节课带给他们惊喜。曾经有篇作文要写"我的老师"，我就把几节课划分成几个阶段的时间让孩子们自己备课，自己站在讲台当作老师，我坐在座位上，看着他们说。我想让孩子们真正站在讲台，感受什么是老师，以及老师怎样面对学生，让他们感同身受的体会老师这两个字背后的含义，虽然粗略，但总算是有感受有体验。其次就是以"吸引"来达到教学目的，基础知识尽量讲得通俗易懂，生动有趣，把孩子们的情绪调动起来。达到教学目的手法很多，但是我个人觉得引导他们到自己想学的地步是最好的。

三、基于访谈的思考

在小学教学实践中，合作学习被教师们广泛运用，但其中并非是毫无问题的。根据小学生的年龄特征和心理特征，在进行小组合作学习的时候，采用有趣的游戏和比赛才能更好地激发学生学习的兴趣，在合作中才能更好地发挥其主动性。小组合作把数个个体融为一个整体，每个成员的成功会带来整个小组的成功，同样，成员的失误也会影响整个小组的成绩。因此，集体意识、合作精神在小组合作中显得尤为重要。而教师应该善于把握时机，加强对学生学习方法的指导与合作意识的培养，从而激发他们的合作学习的兴趣与热情。合作学习中的引导应基于小学生年龄小、注意力不集中、自主能力差的特点，教师必须精心设计小组合作学习的形式，否则学生在合作中容易产生争执以致耽误学习时间。所以为了实现合作学习的有效性，教师一定要重视在合作中对学生的合理引导。首先，合作学习要让每一个学生参与进来，并让他们都有机会发表自己的看法和意见，教师在引导学生发言时要注意发言时间和节奏，不能一人或某几人独占发言时间，否则就会让大部分学生失去发言的机会而感觉课堂无趣，也不会认真参与到学习中来，从而影响课堂教学。其次，在语文课堂教学中，教师在引导学生理解课文内容的时候，可以用词语概括就不要用句子，可以用一句话总结就不要用一段话，这样才会使总结更深入人心。

只要有学习，就要有评价，无规矩不成方圆，无评价就没有效果，因此，在开始合作学习前，这种评价的要求要深深地印在学生脑海中，形成条件反射。另外，评价方法可以多样化。

（1）语言激励法：教师要常用口头表扬方式，用语言来赞美学生的进步与努力。

（2）等待创新法：学生们会在思维碰撞中产生火花，也会出现思维"打结"与停滞的情况，也许课堂上再多等学生几秒，又或者用鼓励的眼神让他坐下继续思考一会，我们的课堂会更具有生命力与真实性。

（3）积累成长法：为学生建立个人成长袋，课堂评价要装订成册，一个月或一段时间后，引导学生将前后两个评价表进行对照并反思，让他们寻找到成长的足迹，记录成长的快乐。

对待学生的学习，教师应一律予以肯定和鼓励。有些教师提出，如果学生回答错误，怎么办？还要肯定与鼓励吗？笔者认为，如果学生回答错误，应该给予更多的鼓励，但鼓励的是学生敢于说出自己的想法，即从态度上给予鼓励。学生敢于说出自己想法，其行为本身就已经是一种成功了，为什么不予以鼓励呢？我们要知道，创新从来都是在错误中产生的。传统的教育一向追求"标准"的答案，学生的回答跟老师心中的"标准"越接近越好。合作学习则不同，它更注重思维的发散，并非寻求唯一的答案，而是鼓励学生可以有多种见解。因此，教师首先要给站起来回答的学生一个肯定的评价，再予以引导，促使其深入思考。无论评价怎么样变化，教师都应立足于鼓励与引导，期盼学生能更认真、更积极地投入到学习中去，养成积极的学习态度和人生态度。

关于小学语文教师成长机制与特质的思考：基于对一位新任语文教师的访谈

李晓恬

在这篇访谈中，冼老师针对小学语文教师成长机制与特质这两个关键点发表了一些自己的观点。在小学语文教师成长机制上，冼老师认为学校环境与个人努力都发挥着同等重要的作用；在语文教师特质上，冼老师认为小学语文教师应具备严格细致、善于反思的特质。

一、访谈背景

冼老师是佛山市南海区罗村某小学的一名新任语文教师。她于 2017 年获得广州大学教育学院教育学专业本科学位。冼老师对小学语文教师成长机制与小学语文教师特质有独到的见解。2018 年 2 月 24 日，笔者与她相约访谈。

二、访谈实录

（一）关于小学语文教师的成长机制

◎问：冼老师，首先非常感谢您接受我的访谈。我注意到，您对语文教学充满热情。我想请问是什么促使您走上语文教学的道路呢？

◎**答**：我从小受到家庭教育的熏陶，在上幼儿园时就已经很喜欢看书。读小学时，我非常喜欢我的语文老师，对我的影响很大：她时常为我们提供推荐书目，鼓励我们多读书，多做读书笔记，在那时候我深深体验到了语文学习的乐趣，所以从小学开始，我便立志做一名语文老师。

为了能实现成为一名小学老师的理想，我一直保持睡前读书半小时以上的习惯，也选择了相应的专业，接受相应的专业学习，时刻为成为小学语文教师做好准备。

◎**问**：您觉得要成为一名优秀的小学语文教师，应该如何努力？

◎**答**：首先，要夯实教学基础：反复阅读和研究小学 1~6 年级的教材，看透语文课标要求，做到将教材熟记于心；练出一手好字，硬笔、毛笔、粉笔都要掌握好；广泛阅读，同时也要积极提高朗诵技能；多手写教案，多写文章，锻炼自身的写作技巧。其次，要善用身边的资源。多听课、多试教；多与有经验的前辈聊天，吸取他人的经验为我所用，不断进步。最后，我认为很重要的一点是，要对自己"狠心"。为达到目标，对自己必须狠心一些，即提高自我管理能力，去完成想要偷懒不完成的事，促使自己不断做到更好。

◎**问**：结合您个人的成长经历，您认为哪些因素会影响到语文老师的成长？

◎**答**：首先很重要的一个因素是学校制度。学校重视教师的成长，多给予关心和帮助，更有利教师的专业成长。反之，如果学校制度过严，老师压力大，负担重，则没有那么多心思去学习与成长。其次，教师成长离不开自身努力，自己设定的目标会影响工作效果。此外，身边的教师队伍对教师个体成长也有着不可忽视的影响，若身边的教师比较上进，自己也会有压力，会跟着上进；反之，则会只按要求完成任务。

◎**问**：您能给我们师范生提供一些关于就业方面的建议和指导吗？

◎**答**：其一，要巩固所学的专业知识，学好专业知识，这些专业知识日后都会用到。其二，要尽力挖掘自身的特长，趁着现在还有时间，多培养自己的特长，如唱歌、跳舞等。其三，注重经验的积累，多积累实战经验，尤其是班主任工作的经验，小学语文老师成为班主任的概率较大，需要时刻准备着。多看教材教案，多写教案，多看名师上课视频，多试讲。其四，为就业面试提前做好准备，提前了解各地区教师考试的流程、要求，提早做准备。其五，学习与就业都需要明确目标，不怕吃苦。

（二）关于小学语文教师的特质

◎问：与其他学科相比，您觉得小学语文的特点是什么？

◎答：个人认为，语文与其他学科相比，最大的特点在于人文性和基础性。人文性指的是，从学科之间的联系和学科德育的角度看，小学语文课程和教材首先关注的是人类悠久、灿烂的文化，是儿童的健康成长与发展，特别是对他们的人文情感的熏陶。多年来，我们见到的各种小学语文教材的语言中充满人类丰富、美好的情感，这些情感不仅体现在选作课文的童话、诗歌、散文、小说里，在编者精心设计的练习里，在与学生的任何语言交流中，甚至还体现在大多数实用文体中。如果说，文以载道的"道"中除了政治思想内容之外，还应包含人类所有灿烂文化和美好情感的话，那么，文以载"文（文化）"或文以载"情"则是语文学科的一个显著特点。在语文教学中，教师必须创设文化情境，以文激情、以情激情、以境陶情，才可能以文教人、以情感人，以健康、优美、高尚的人文情境育人。基础性指的是，学生接受知识、接受教育的前提是会识字，识字是一个人接受教育的起点。其次，学生要接受知识，还需要学会阅读与理解。由此可见，学习语文，是实施素质教育、获得技能的重要基础。

因此我觉得，语文具有人文性和基础性这两个基本特点。

◎问：在您的语文教学生涯中，最让您难忘的事是什么？为什么？

◎答：我现在所教的班上有一个女孩子，是一个新的插班生。她的基础不是很好，在我们班里的成绩排在末尾。她的性格比较胆小，但比较有礼貌，懂事。为了让她尽快融入班集体，最开始每天我都会问她当天在学校的情况，并且鼓励她上课时多发言。一个月后，她完全适应了新学校的学习生活。但她的成绩依然跟不上，也不甚理想，我就经常在她的听写本、抄写本或周记本上给她写几句话，鼓励她多看书，多提问。虽然到了期末考试时，她的成绩依然不理想，但相对开学而言，她在学习方面有了明显的进步，整个人也乐观多了，会主动帮班集体做事。

第二个学期，上学期一直没有举手回答问题的她，在有十多位领导和老师听课的公开课上多次举手发言，这令我非常惊讶！她的改变，令我感动。

这件事给我的带来的感悟是：你用心对待孩子，孩子能感受到的，善良的孩子会用行动来告知老师他的努力和改变。

◎问：您觉得一名优秀的小学语文教师应该具有哪些方面的语文学科知识？除了语文学科知识，还应该具备哪些素养或者技能？

◎答：在学科知识方面，从文字到各种类型的文章，从语言表达到板书等方方面面都要会。在素养和技能方面，一些语文教学的辅助技能，如朗诵、活动组织等都很重要。最重要的是在学习过程中不断反思自我，在反思过后不断学习。

◎问：结合您的经验，您觉得一名优秀的语文教师，在日常教学中应该注意哪些方面？

◎答：在日常教学中，优秀的语文教师应该注重学生的学习细节，例如，要对学生明确学习要求，包括写字要工整、上课做好笔记、按时完成作业、及时复习、按要求改正错题等。

应该重视严格实施规则。语文要抓好基础，如背书、写字、听写。严格落实学科基础学习要求时，对于不能达到要求的学生，要有相应的惩罚措施。如在写字方面，面对写字马虎的学生，就应当要求该学生重写，并且为该学生布置练字要求，直到能写出一手好字为止；在背书方面，要求学生在限定时间内背书，背不出的学生就抄写，抄写完再继续背。背诵基本完成后，全班默写。语文教学中方方面面的规则与要求，只有语文教师严格实施和落实，才不会给自己的教学工作增加额外的负担，学生才不会偷懒，学习质量也会相应提高。

重视课堂教学的艺术。在上课时，重视方法的传授和渗透，鼓励学生多发言，尽量关注到每一个学生。注意多学习不同风格的教学方式。语文的教学方法比较多样，唯有不断学习，才能上好一节语文课。

同时，也要注意言传身教。教师要求学生上课做好笔记，要求学生认真书写，教师自己也要做到，认真备课，写板书的时候认真书写，用行动给学生做示范。

◎问：您觉得应该如何在日常语文教学中寻找最适合本班学生的教学方法？

◎答：找到最适合本班学生的教学方法体现了因材施教的教学理念，想要做到这一点并不容易。首先，应当在接班时密切关注学生的课堂状态，以便查漏补缺。同时，认真批改学生作业，从作业中观察学生对待语文学科的态度，在批改作业时总结并归纳本班学生在语文课堂学习时缺漏的部分。其次，非常重要的是，与学生、家长多沟通，多方面了解学生在语文学习中存在的困难。最后，提倡多与有经验的前辈交流，向他们取取经。

◎问：您认为在教学过程中教师与学生是什么关系，教师应该扮演什么角色？

◎答：教师应该是导游，引导学生去发现语文的奥秘，而不是将知识硬塞给他们。教师又是示范者，要求学生做到的，自己要做好示范，不给学生做坏榜样。

三、关于小学语文教师成长机制与特质的思考

时代发展为教育创造了条件，也提出了需求和挑战，教育发展促进了新技术的革新，提供了时代发展的人才基础，同时也提出了对高素质人才的需求。当今世界的社会形态具有一体化、多元化、信息化、个性化、学习化等鲜明的时代特征，为教育发展提供了新的条件和机遇，也提出了诸多的新要求，在当代小学语文教师专业成长机制中，这些新要求起到了引导性作用。

经过这次访谈，笔者得到的感悟主要有以下两点。

其一，语文教师自身努力与其专业成长环境能共同推动语文教师成长。

首先，在同样的成长环境下，反思型的教师能够得到更好的发展。叶澜教授曾提出这样的观点："一个教师写三十年教案不一定有效果，但坚持写三年教学反思一定能成为优秀教师"。反思下的努力与专业成长成正比。小学语文教师的工作专业性强，需要丰富多样的教学技巧和相应的辅助技巧，这就需要小学语文教师做到杜威所提倡的做中学，抱着教学相长的态度去工作和学习，汲取前辈的经验，并在语文教学过程中不断反思和进步。小学语文教师通过不断磨炼专业技能与特长，才能够得到成长。

其次，优秀的语文教师应当学会在日常生活中培养良好的阅读习惯和写作习惯，在日常生活中体会语文的智慧，将生活与自身专业水平成长更好地融合起来。

其二，由于小学语文具有基础性、人文性的特点，因此，小学语文教师要用更加细致的工作态度对待教学。

由于小学语文学科具有基础性的特点，小学语文教师在教学过程中应具备格外细致认真的特质；由于小学语文学科具有人文性的特点，语文教师在教学工作中要具备较好的感悟力，同时应体贴学生的心灵，学会从学生的角度去挖掘语文中的人文美。优秀的语文教师，应具备多样化的特质。

对小学教师职业的认识：
基于对一名退休教师的访谈

李　卉

教师是一种需要多方面素养，强度高、要求高的职业，通过对从事多年教学工作的教师的访谈，能让自己更加清晰地了解教师职业。在此次访谈中，经验老到的教师给了我许多实用的建议，也让我了解了更多关于教师职业的信息。成为一名教师所需具备的能力和条件是多样的，作为一名教师是需要不断发展进步的，作为师范生应及时制订合理的职业规划，为将来职业目标的实现打下基础。

一、访 谈 背 景

教育是神圣的，教师是履行教育教学职责的专业人员，承担着教书育人，培养社会主义事业建设者和接班人、提高民族素质的使命。一名优秀的教师不仅能传递人类文化知识，不仅对人类社会的文明延续与发展有承前启后的桥梁作用，而且，作为人类灵魂的工程师，对青少年一代的成长起到了关键作用，也是教育工作的组织者、领导者，在教育过程中起主导作用。通过对从事多年教学工作的教师的访谈，能让自己更清晰地了解教师职业，从而为师范生及时制订合理的职业规划，为将来职业目标的实现打下基础，在未来的教师道路上走得更顺畅。

为增进对小学语文教师职业的认识，我联系并访谈了广东省佛山市三水区某小学的一位陈姓教师，她有三十多年的小学语文教龄，教学经验丰富。

二、访 谈 实 录

◎问：陈老师，好久不见，祝您身体健康！感谢您百忙之中接受我的采访。这次采访您是想向您请教一些关于教师这个职业的认识的问题。首先，想问您为什么会选择教师这个职业？

◎答：在我上学期间，文科成绩比较突出，对于文科的学习很有兴趣。在我们那个年代，教师是一个比较光荣、神圣的职业，被赋予了一层伟大而神圣的光环，而且我的恩师对我的影响很大，我父母的儿女多，我排行第七，几乎不怎么管我，全靠我的恩师的帮助——生活上的照顾啊、学习上的支持啊，我才能取得那么优秀的成绩。我就想，我长大也要像她那样，成为一名教师。

◎问：在当时，教师经常被比做蜡烛，燃烧自己照亮他人，对吗？

◎答：是的，非常讲究无私奉献和大爱。

◎问：那您认为作为一名教师，需要什么样的素养呢？

◎答：你们书上学过的那些我就不说了，基本功的重要性你们知道，也不多说了，就说说我从教那么久的感受吧。首先，我认为不论教什么，语文、数学还是英语，都极为注重教师的思维和记忆两方面。当一名教师，不仅仅需要我们拥有很强的逻辑分析能力与思维的灵活性、广阔性，而且对于精神上追求层次很高。不断吸取知识就不说了，更多是需要对广阔的知识进行多个角度的分析处理，现在的教材和学生实际情况都在不断变化，如果思维和记忆力跟不上，很多问题自己都不理解，就谈不上教学生了。

另外，你们现在上大学了，很多问题看一眼就懂，但是，小学生可不一样，他们的思维和我们截然不同，有许多问题，我们自己很清楚，认为很简单，但真正教授别人却不是一件简单的事。如果掌握不了方法，你怎么讲学生也不会懂，那你的课就没用了，因此需要我们认真备课，不仅要记得课文内容和要点，更重要的是你要琢磨怎么用最简单明了、易于学生理解的方式来讲解。与此同时，还要加深我们对于知识的理解，从一个小小的知识点挖掘更多的内容，在已有的内容上加以拓展，这样才能教给学生更多东西，记住，课本只是基石，只是让你站在上面远眺的平台。

在精神上就是教育责任感的问题了，教师对教育工作要高度的责任感。现在很多教师出现各种不良行为，都跟责任感缺失有关。你得知道，一名教师只有当他肩负起教师这一职业对社会和学生的责任时，他才会不遗余力地去做好这份工作。你如果立志做一名优秀教师，那么优秀教师与普通老师的区别就体现在责任感上。优秀的教师对教育工作有着强大的责任感。也正是这份强大的责任感促使他们比普通的教师更加积极、执着、认真、负责地教学，不容自身行为有一丝错误和违规，才能在教学上取得更大的成就。有责任感还要有道德感，为人师表，要做到以身作则，要谨记教师的道德行为规范，严格要求自己。

◎**问**：参加教育工作多年，您认为教育过程中的快乐与郁闷的事是什么？

◎**答**：很多教师认为教育是一件困难又让人苦闷的事，每天重复一样的工作，每天应对不尽的琐碎事，很枯燥，但我不觉得。工作中的快乐数不胜数。作为一名教师，每天认真地完成自己的教学目标，看着学生在自己的教导下，每天都有进步、一步步地成长，是一件很自豪的事。当你看到他们长大，成绩一点点变好，性格一点点完善，只是你会觉得自己累一点都是值得的。

郁闷也有吧，不过更多是可惜……嗯……其实更准确说应该是遗憾。总是有一些怎么教也教不好的孩子，自己有时真的无能为力，毕竟不是他们的父母。还有，我每天与学生打交道，甚至我们与学生的相处时间还多于学生与家长的时间，但每当我送走一届学生的时候，我会感觉与他们要离别了，可能永远不会再见了，与他们相处的点点滴滴浮现在我的脑海中，会让我有一段时间的失落与遗憾……毕竟不像你，住在这儿，学在这儿，从我的班上走了之后还会记得回来和我聊聊天。

◎问：教师是个高强度的职业，您平时如何安排自己的生活？

◎答：早上做体操的时候，会与学生一起参加体育锻炼，下班了也会去打打球，保持自己的身体健康，同时多与学生聊天能使自己永远年轻、充满活力，还能和学生拉近距离，了解一下他们的兴趣爱好和各种小心思，很有趣的。你不是总问我怎么选礼物来哄学生吗？多跟他们聊聊天你才知道怎么办。你以后要成家，也许会有很多问题让你烦恼，但尽量不要让自己的私人情绪影响正常的教育工作，特别是不要迁怒于学生。

◎问：对于一名教师，什么是重要的、不可缺少的素质？

答：我认为不可缺的，第一是之前说过的职业责任感和道德感，教师教书育人，不光教书，还得育人，育人就要以身作则，教师不仅是教授知识，在教学过程中更应发挥模范表率作用，对待自己的教学要严谨，对待学生要细心，对待学生和对待教材都不应该有一点马虎。教书的目的是育人，不要教了书却失了人。第二就是专业技能了，自身具备完善的知识体系才能更好地向学生讲解。应该多读书，扩展知识，才能更好地向学生教授各种知识和人生的道理，别到时候学生提问，你却不知道，就很尴尬了。

◎问：对于新加入教育事业的教师，您如何看待？有什么意见与建议？

◎答：你们从大学校园里出来，刚踏进工作岗位，应更注重知识储备，培养稳健的基本功。在储备知识上，勤于巩固自己的旧知识，在书本上学到的，不要立马就还给老师了；钻研教材就不用说了，是一定要做的，在教学过程中遇到的新知识，在各种课外书看到的前沿知识，也要记在心里，总之，从各种途径丰富自己的知识储备。知识不是处于静止状态的，它在不断地丰富和发展，每时每刻都在发生着日新月异的变化，特别是在被称作"知识爆炸时代""数字时代""互联网时代"的今天。因此，为师者让自己的知识处于不断更新的状态，跟上时代发展趋势，不断更新教育观念，改革教学内容和方法，显得更为重要。否则，我们已有的知识就如同一潭死水，终会走向腐化，也总有一天会不够用的。所以我觉得你现在的习惯就不错，遇到不会的立刻去查，遇到有疑问的立刻去问，也有好奇心，要保持下去。

在教学方法上，你知道有什么教学方法、会用什么样的教学方法还不够，更要把自己的教学方法与不断进步的社会、技术相结合，更重要的是尊重学生的想法，把自己放在学生的位置上思考问题，从而明白如何教能让他们最大限度地接受知识，并且不断从教学活动中总结问题，再去解决问题。所以不要忽视课后总结评价，这很重要。

在心态上，你得保持教育的热情和责任，因为这样，你才能够接受烦琐，面对烦琐，才愿意去了解那些学生。有一些老师总是抱怨初中生正处于叛逆期，每个班里总有好几个学生在上课时特别闹，管不了。但是你不能只是抱怨，应该去想办法解决这些问题。多看一些关于 PPT 制作的书，PPT 做得好可以吸引学生，还要看一些心理学方面书籍，了解学生的心理特点，在课后找那些比较调皮的学生聊天，和他们适度玩耍也不错，尽量走进他们心里，玩得高兴的时候试试提一些关于上课的约定，他们会乐意遵守。要注意的是，学生的改进要慢慢地来，如果你看见他们上课认真了一些，但还是会走神，你不要灰心，继续努力，因为他们在努力做好。

◎问：如果师范生要成为一名优秀的教师，您有什么建议？

◎答：结合上面的回答，我建议做到以下几点：

一是明确目标，坚定理想信念。理想能给我们一个目标，一种追求的动力，一个让动力运行的方向。有了目标，才懂得如何去追求，不至于迷失自己，更不至于让自己一直消沉下去。只要心存理想，不断地为此付出，并敢于挑战自己，敢于驾驭自己，而不是一味地懒惰，追求安逸，生活必然会精彩充实。身为师范生，要从现在起确立好自己的目标，并朝着这个目标不断地努力。只有这样，才能利用好宝贵的四年大学时光，不断提升自己，为将来的教育事业打下良好的基础，一步步实现自己的人生理想。

二是科学规划时间，养成良好的行为习惯。人生最宝贵的财产就是时间。生命的品质就在于你如何利用时间，良好习惯是事业成功的一半。因而，科学的规划时间和养成良好的行为习惯是十分重要的。要珍惜学习的时间，不要虚度光阴，要争分夺秒地学习，努力提高自己的科学文化水平。教师还要起到模范作用，因此从现在起要时刻约束和规范自己的行为，养成良好的行为习惯，不断提高自己的思想道德素质，今后才能为学生树立良好的榜样。

三是学好专业知识，广泛阅读书籍。作为在校学生，最主要的任务还是学习，要把自己的主要精力放在专业知识的学习上，只有这样，才能为日后的工作打下良好的基础。同时还要广泛地阅读各种类型的书籍，开阔视野，提高自身的综合素养。

四是理论联系实际，多参与社会实践活动，培养各种能力。实践是检验真理的唯一标准，在社会实践中不仅可以检验真理，还可以把学到的知识转化为推动社会发展的动力，提升自己的各种能力，不断地进步。不要一味地埋头钻研教科书，更要大胆地走进社会，勇于实践、敢于创新。

五是严于律己，以更高的标准要求自己。教师要严格遵守教师行为规范，甚至以更加严格的标准要求自己，以身作则，为学生树立良好的榜样，只有这样，教师才能得到学生的尊敬与爱戴。

六是从小事做起，培养高度的责任感和道德感。一名有责任感的教师才能认真做好本职工作并作出一番成就。

三、个 人 思 考

通过与陈老师的交谈，我深刻认识到了教师这门职业所需要的素质与能力，我更加坚定了自己将来要成为一名优秀教师的决心，按陈老师所说，我打算从以下几个方面来提高自己：一是努力学好专业知识。作为一名大学生，学习是天职，而且我以后打算从事语文教师职业，更要求有扎实的专业理论基础。二是积极投身社会实践。在读书期间，除了基本的学习之外，我要积极参加各类校内外的活动，全面提升自己的综合素质，我比较内向，而从事教师工作不仅需要有知识文化，还需要良好的口头表达能力、组织能力、应对紧急状况的能力等综合素质。三是关注新事物，多了解一些课外知识，不断丰富自己，充实自己。四是努力做一名富有爱心、德才兼备的教师。想要成为一名优秀教师，首先必须要有一颗博爱之心，还要有优良的品德，所谓德高为师。其次是要培养自身基本的素质，达到成为教师的基本条件。身为一名教师，一定要不断提高自身的业务能力，还要具有发展变化的意识，与时俱进，不断关注学生的实际情况，同时不断更新自己的知识储备，养成终身学习的习惯。

此次访谈，让我了解到了更多的关于教师职业的信息，让我知道了成为一名教师所需具备的能力和条件，也让我认识到了自身的不足，我将及时制订合理的职业规划，为将来职业目标的实现打下基础。长风破浪会有时，直挂云帆济沧海。我坚信，只要我勤奋努力，朝着目标一步步前进，一定可以实现我的目标！

"爱" 是小学语文教师的底色
——基于对一位小学语文教师的访谈

汤婧娴

作为一名即将走向教师岗位的小学教育（语文方向）专业的学生，虽然已经学习过许多专业知识，也得到过几次宝贵的见习经验，但要成为一名合格的小学语文教师，我们所要学习的还有很多。而这次对一线教师的访谈，让我更加真实地了解了一位小学语文教师的职业发展状况，并结合查阅的相关论文，深刻体会到爱岗爱生、积极进取是每一位优秀的一线教师共同的底色。

一、访谈过程的简要说明

我在新浪微博上一直关注一位江西南昌的小学语文女教师。这位倪老师现在任教于南昌某小学五年级，年龄 27 岁，学历本科，已经任教七年了，目前的职称是中小学一级。其实倪老师完全不认识我，我是在机缘巧合之下才在新浪微博上关注到她，而关注了之后也一直是默默地看着倪老师更新动态，没有和她有过交流。直到这次访谈活动的开展，我才以此为契机，通过微博私信联系了倪老师，从而有了这次交流。

二、访谈实录

◎**问**：是什么促使您走上语文教学的道路呢？

◎**答**：父亲是高中英语老师，我很小就帮忙改试卷，耳濡目染吧；小学的班主任语文老师，是个刚毕业的"小鲜肉"，温柔有趣，所以让我喜欢上语文；我从小担任课代表，语文成绩好，这个学科给我很强的成就感。

◎**问**：与其他学科相比，您觉得小学语文的特点是什么？

◎**答**：语文学科的听、说、读、写等是学习一切其他学科以及日后交际的基础；语文学科不仅仅要求相关知识的掌握，还附加了对语言文字的运用，对祖国的热爱以及培养审美情趣，提升文化品位等重要属性；另外，语文教学无处不在，教学方式多种多样，不局限于课堂。

◎**问**：结合您的日常教学，您觉得做好语文教师，应该注意什么？

◎**答**：四心。一是童心，我们面对的都是孩子，要用孩子能理解的语言，孩子喜欢的方式去进行教学。能亲其师，则信其道。二是野心，要做到有趣，成语、典故、诗词歌赋、天文地理、童话故事甚至各种游戏、明星、动漫等都要在需要时随时拿得出来，剩下就是收获学生膜拜的眼神。三是细心，很大一部分小学语文老师要接手班主任工作，有时候工作非常烦琐，处理不好会占据你钻研教学的时间，甚至私人时间，所以能够细心把手头工作有条有理地分配好并及时完成，才会在工作中得心应手、举重若轻。四是耐心，每个学生的学习情况都是不一样的，我们必须面对有部分孩子接受得特别慢、有些孩子的学习习惯非常糟糕、有些家长根本不想配合你工作等千奇百怪的情况，我们必须控制好自己的情绪，多一些耐心。

◎**问**：您认为在教学过程中教师与学生是什么关系，教师应该扮演什么角色？

◎**答**：教师和学生是同学。教师应该与学生一起学习、一起分享、一起成长。

◎**问**：结合您个人的成长经历，您认为哪些因素会影响语文老师的成长？

◎**答**：有这样几个因素，一是入职学校的类型。入职学校提供的资源或条件对教师成长作用比较大，如优秀教师的教学互动、同伴互动、师父的指导等。二是公开课、教学中的反思，也对教师成长起着重要作用。三是家庭因素。

◎**问**：在您的语文教学生涯中，最让您难忘的事是什么？为什么？

◎**答**：上一届毕业的六三班是我带到二年级的，后来因为身体原因，我辞了班主任和语文教学工作，去图书馆暂代管理员，也能休养身体。因为学校批复下来时新学期已经开学了，没有机会去跟孩子们好好告别，孩子们在开学时才突然发现自己换了班主任，之后在课间总有孩子到图书馆来看我，问我为什么不带他们了。后来过了半年，学校安排我接了一个休产假的老师的班，带队在路上碰见原来班上的孩子，他们都觉得是自己不够好，所以被我抛弃了，我也一直没有解释，现在想想心里还是挺难受、挺后悔的。

◎**问**：您觉得一名优秀的小学语文老师应该具有哪些方面的语文学科知识？除了语文学科知识，还应该具备哪些素养或者技能？

◎**答**：如现代汉语、古代汉语、语言学概论、中国文学史、外国文学史、文艺理论、写作学等，多多益善。

另外，敏锐的观察能力、熟练的语言表达能力、正确处理教材和组织教学活动的能力、合理的板书设计能力等也是语文老师应该具备的；还有，对这个职业的热爱也很重要。

◎**问**：您觉得要想成为一名优秀的小学语文老师，应该如何努力？

◎**答**：一要夯实自己的知识底蕴，二要掌握丰富的教育专业知识，三要不断地反思和创新。

◎**问**：您能给我们师范生提供一些关于学习和就业方面的建议和指导吗？

◎**答**：有这样几个方面吧，一是阅读。无论怎样强调阅读对于教育者的重要性，都不过分。二是写作。教师的写作，是践行教育思考的很重要的途径。写作的过程，就是反思、审视、总结、提炼、升华自己的教育实践的过程。三是思考。这里的思考，也包括对自己的反思。四是心态。有些人的心态不好，往往是因为总觉得自己不幸，觉得处处不公平。其实，不要总觉得自己最不幸，自己遇到的事最不公平。在这个社会、这个国家中，很多的人比我们更苦。我始终认为，拥有幸福感比变得优秀更重要。

最后，教师这个职业，钱少事儿多没地位。但就我来说，与其每天对着死气沉沉的数据或者物件，我更愿意对着活生生的人。相比其他职业，教师也比较单纯，从孩子身上也更能体会到职业幸福感。对于这份职业，希望还是充分考虑之后再选择。

三、访谈后的感想与收获

通过对倪老师的访谈和部分相关论文的阅读，我从这些一线教师的话语间体会到一名合格的小学语文老师都应具有"爱"这一底色。

一是热爱自己的职业。正如倪老师所说的那样，目前我国教师的薪资待遇和社会地位还不够高，大多数教师在自己岗位上的付出与他们所得到的物质回报是不成正比的。然而，即便如此，仍然有许许多多的人愿意从事教师工作，也仍然有许许多多的教师在平凡的工作岗位上默默地辛勤付出。这是为什么呢？是因为他们向往着、热爱着这一"太阳底下最光辉的职业"，他们怀有美好的教育理想，并为之努力践行着。而也是因为如此，这些优秀的一线教师们一直对自己的职业保持着激情，可以说教师这一职业不但富有激情，而且更富有生命力、创造力。

二是爱护每一位学生。教师这一职业相对于其他职业而言，具有特殊性。教育是培养人的活动，教师面对的是一个个活生生的人。小学语文教师面对的是稚嫩、天真的孩子，这让他们自己也变得更加单纯，从这些孩子身上也更加容易体会到职业幸福感。小学生与初高中学生相比，更加崇敬、信任，甚至依赖老师。小学阶段的孩子就像是一棵初长成的小树，他会自己吸收阳光雨露，也会被害虫侵袭。所以作为一名小学教师，应该细心呵护每一位学生，要正确对待他们，了解他们的身心特点，争取使每一位学生的个性都得到充分的发展。特别是语文教师，更应该担起作为学生的领路人、护航者的角色，要和学生一起学习进步，引导他们健康成长。但作为领路人，教师应该鼓励学生走到我们前面；作为护航者，教师要担负起引导学生走正路的责任。

三是重视反思与提升。反思对一名教师而言，是贯穿其职业生涯始终的活动——不仅完成每一次的教学任务后需要反思，作为一名教师我们需要对自己在教学工作中的一言一行，哪怕是微不足道的细节，都要进行反思。反思，是每一位教师都需要时常温习的功课。不断地反思会带来各方面的进步，但这种提升是从内向外的，这还不够。身为一名教师，我们还要积极主动地接受新的知识和观念，不断提升自己的素质与能力。不但要夯实自己的专业知识，还要丰富自己的文化底蕴，培养自己的创新意识。除了主动参加各类培训，更要把提升自己的目标具体落实到日常的点滴中，如在忙碌之余，静下心来进行定时、定量的阅读和写作等。并且阅读的书目不应只限于专业和文学一类的文史哲领域，而要广泛涉猎理、化、生等其他领域，在加强自己的教育素养和人文素养的同时，积极培养自己的科学、美学等方面素养。让今天变得比昨天的自己更加优秀！

教师成长：基于对小学
语文教师素养的访谈

林 筠

这是一次在校生与在职教师的访谈，通过提出在校师范生感兴趣的问题，了解在职教师的成长状态和教学能力素养，以及在职语文教师的成长和教学能力要求等方面的讯息。在访谈中，在职教师针对小学语文教师需要具备的素养和技能，以及成长过程中的影响因素，结合日常教学的经历，谈了自己的想法。

一、访 谈 背 景

寒假期间到实践单位实习时，我与单位的一位姐姐说要访谈小学语文教师的事情，姐姐说她有一位朋友是小学语文教师，可以联系她进行访谈。这位老师是一位任教三年的黄姓老师，在揭阳市榕城区一所小学工作。我联系了她，她愿意接受我的访谈，便有了下面的访谈实录及相关思考。

二、访 谈 实 录

◎问：你为什么选择当语文教师？

◎答：读小学的时候，有同学问我，长大了想干吗。我当时也想不到其他的，就说想当老师，可能那时候就埋下了梦想当老师的种子了吧。六年级的语文老师对我影响很深，丰富有趣的课堂活动让我对语文产生了兴趣，在老师声情并茂的教学中我不仅学到了知识，而且发现了文字的魅力。当时我就想以后要像这位老师一样，让学生在学习语文中受到美的熏陶，激发学生的学习兴趣。因为兴趣是孩子最好的老师，学习要有兴趣才能学得更好。上大学后，我读了师范专业，毕业后也就从事了教师的工作。而让我坚定走上语文老师这条路的是我教的第一届学生，是他们的信赖让我体验到当教师的乐趣和幸福感。

◎**问**：您觉得一名优秀的小学语文教师应该具有哪些方面的语文学科知识？

◎**答**：因为小学语文涉及古今中外的文学名著、诗歌散文、小说、议论文、童话等各种体裁，小学语文教师要有广博的文化视野和浓厚的文化底蕴，这就要求具有较宽的阅读面和较大的阅读量。

从语文学科知识看，小学语文教师首先必须具备语文学科知识，全面掌握现代汉语、古代汉语、古典文学、外国文学、文学理论等语文学科知识。其次必须具备丰富的社会科学知识，把历史、哲学、语言学等社会科学知识纳入自己的知识结构中。只有这样，小学语文教师才能为学生的语文学习展示丰富的历史背景，创设出语文知识应用的现实情境来。再次，要掌握必要的自然科学知识，主要包括对科学知识的了解、科学的发展过程和科学方法的运用及科学对社会的影响等方面，将自然科学知识运用到语文中。

那语文学科知识，从小的方面来看，就是字词、阅读和写作，小学语文老师就要很好地掌握这三方面的知识。例如，字词就包括拼音、汉字的笔画笔顺，那么就要掌握汉字学的知识。在大学的课程中，有很多门专业课是涉及语文学科知识的，《文学概论》《古代文学》等课程要认真听课，多积累文学知识。

◎**问**：除了语文学科知识，您觉得还应该具备哪些素养或者技能？

◎**答**：当一名小学语文教师，当然不能只掌握语文学科知识，还要具备良好的教师素养。作为教师，应掌握一些教育学和心理学知识，在实际教学与班级管理过程中恰当地运用教育学原理和策略以及心理学知识，对教师的教学以及班级管理一定会有所帮助。

小学语文教师要有良好的道德修养，语文教学也是对学生进行思想道德熏陶的过程，因为小学语文课本所选课文大部分包含向青少年进行思想品德教育的内容。此外，教师的道德观念会在日常教学中、和与学生的相处中对学生产生一定的影响。

教师的心理素养也是十分重要的。一方面，教师的心理状态会对教学产生影响，所以教师要有愉快的情感、健康的心理。教师积极乐观的心理素质能够给学生带来积极的影响。另一方面，教师了解学生的心理特点、与学生沟通时会更加得心应手，同时也能够根据学生的年龄阶段和心理特点进行教学安排。

教育机智对于教师来讲也是要具备的能力。不管哪一科的教师都要能够根据学生的情况，迅速正确地做出判断，随机应变地采取有效的措施。语文老师一般也是班主任，要会处理班级中发生的各种各样的状况，更要有教育机智。

◎问：结合您个人的成长经历，您认为哪些因素会影响到语文教师的成长？

◎答：第一，要有机会和平台进行锻炼。师范生在大学期间可以多参加教学类的比赛，如教学技能大赛；或者自己出去实践，在实操中提升自身的能力，同时可以积累经验。人不管做什么事情都是需要机遇的，但是机会是自己可以争取到的，要勇于去尝试、去实践。对在职教师而言，就要努力提升教学技能，参加教研活动，多与其他老师交流沟通，他山之石可以攻玉。

第二，注重自身的学习。俗话说，"活到老学到老"。教师不能停止学习，要坚持学习，紧跟时代步伐，学习新的教育理念，也要多更新语文知识。温故而知新，适用于学生，同时也适用于教师。小学语文老师还要养成读书写作的好习惯。语文教学的目的是培养学生的阅读欣赏能力和语文表达、写作能力，教师自身应当掌握阅读和写作能力，才能有较好的语文教学效果。"腹有诗书气自华"，这不是一期一夕可以达到的，要坚持，要有长期阅读、写作的习惯。并且，教师要有钻研精神，要钻研教材教法，要钻研学生情况等，适时地对班级情况、教学情况进行总结归纳。

第三，在教学中将理论和实践相结合。一方面，现在的教师大多是师范生毕业，在校期间学习了很多教育教学的理论知识，但更重要的是要学会根据实际教学情况去运用理论知识。另一方面，在语文教学中，如针对具体的课文教学，可以创设情境，让学生在实践（亲身体验）的过程中去体会课文中的理论知识。

第四，要与时俱进，有创新精神。时代在变化，教师的观念也要随之有相应的变化，老旧的观念不能够适应现代教学，也会让学生反感。这与刚刚讲到的教师要坚持学习是紧密相关的。创新更多地体现在教学方面。我现在教的是六年级，进行作文教学的时候，就可以组织学生互改、互评作文，这是批改作业的一种创新。通过作文互改、互评，学生可以直观地感受到其他同学的写作能力，也可以接触到从不同视角进行写作的作文。教师也可以尝试让学生自主备课、教课，让学生成为学习的主人。但是，这需要教师有丰富的教学经验和扎实的教学理念，因为学生自主上课时会出现有些不可控的因素，教师要去纠正、补漏，这也是一种挑战。

第五，师生关系也会影响一位教师的成长。在班级中，要建立良性的师生关系。良好的师生关系可以诱发学生学习的动力，学生会因为喜欢某科的教师，所以对这一科的学习更用心。就像我们当学生的时候，会因为不喜欢数学老师，所以就学不好数学一样。好的师生关系可以让教师体会到职业幸福感，保持教学激情。教师见到学生的时候是开心的，上课也就会开心些，教学效果就会更好。教师有无私贡献的精神，为了让学生的学习更好，就会认真备课，去找多种教学方法等。看着自己教的孩子一天一天成长，教师会从中获得幸福感。

◎**问**：结合您的日常教学，您觉得做好一名语文教师，应该注意哪些方面？

◎**答**：第一，课堂达到三维目标，即知识与技能目标、过程与方法目标、情感态度与价值观目标。语文教师在设计教学目标时，要根据课程标准的要求和学生的实际学习情况，针对单元主题或者课时的教学内容提出学生可以达到的具体目标，同时也是教师能够完成的教学任务。在三维目标中，情感态度与价值观目标是学生比较难以掌握的，教师在做教学设计时要思考通过什么形式去让学生拥有情感体验和形成价值观念。

第二，语文课要上出语文味，让学生受到美的熏陶。我想当语文教师是因为小学时候语文课的影响，感受到了语文的美。从我自身的经历可以看到小学语文课对一个人的影响，虽说我个人的经历可能不具有普遍性，可是语文课对一个人的影响可以说是终身的，在日常生活中，我们每个人都要说话、识字、读书。这都是语文课为我们打下了基础。语文课要有语文味，要能够让学生感受到语文的美，才能够给学生留下深刻的印象。语文，语是口头的，文是书面的，对应的就是朗读和书写。一名语文教师能够写一手好字，板书整洁，粉笔字和硬笔字工整清秀，对教学是有一定帮助的，对学生是有影响的，因为小学生是会模仿老师的。教师的朗读也能让语文课有语文味，通过朗读，创设情境，用声音带学生入情入境，用声音带领学生体会浩瀚的语文世界。朗读对教师的要求很高，教师自己也要多读多练，学习朗读和朗诵的技巧。

第三，要注重激发学生学习语文的兴趣。爱因斯坦说："兴趣是最好的老师。"学生对语文有兴趣，就会愿意去学习语文。在教学过程中，教师就要想办法培养学生的兴趣，调动学生的积极性、主动性。教师要热爱语文教学，热爱语文，对自己所教的科目感兴趣，才能去带动学生。

◎**问**：您能给我们师范生提供一些关于学习和就业方面的建议和指导吗？

◎**答**：利用大学的时间多读书，专业知识要扎实，课外知识要丰富。语文是一门综合学科，涉及不少其他学科的部分内容，所以教师还要掌握其他学科的知识，要有丰富的课外知识储备。语文教学的基础知识的专业性较强。教育心理学课程要熟读，教师要了解、掌握学生的心理特点，与学生沟通才会比较容易。在课堂教学中，也会运用到教育心理学。

坚定目标，明确方向，教育之路需要能力，也需要爱心、信心和恒心。师范生如果明确是要走教师道路的，那就要注重掌握或者提高教育教学能力，要喜欢学生，爱学生。

注重时间和积累经验，理论联系实际。大学是一个时间比较多，可以自由安排自己的学习生活的阶段，那就要利用空闲的时间多看一些书，或者找与专业相关的兼职，在实践中学习，在实践中运用学到的理论知识。也可以多去尝试讲课，多站上讲台，也能积累经验。

三、关于教师成长的思考

（一）热爱教育事业

不管是自己想当一名人民教师，还是由于家人的建议而读了师范专业，当决定要成为教师，走上教育之路时，就要热爱教育事业、热爱教学、热爱学生。"热爱"这种情感是可以培养的。正所谓"干一行，爱一行"，只有热爱，才能支撑一个人在一个行业中坚持下去并作出成绩。想要成为一名优秀教师，首先要热爱自己所从事的教育事业，在事业中塑造自己的形象，有强烈的责任感，这是做好教学工作的前提。对一名教师来说，只有热爱教育事业，才能感受到自己所从事的事业是"太阳底下最光辉的事业"。身为教师，必须要对教育事业、对学生有爱。

（二）不断学习，增加知识储备

"学高为师"。当一名教师，知识储备必定要多于学生。"要给学生一杯水，自己要有一桶水。"教师只有不断地充电，才能在课堂上发挥出最好的状态。传授学生知识的过程，也是教师自身成长的过程。师范生是未来的教师，在校期间就要认真学习教育教学理论知识，抓住一切锻炼的机会，提高自身能力。教师在不断学习学科专业知识的同时，还要涉猎其他学科知识，努力达到"一专多能"。在职教师在工作之余也是要多读书，要有与时俱进的精神，不断地为自己增加新知识，扩大自己的知识库。小学语文是一门涉及范围很广的学科，这就要求教师在掌握语文知识之外，还要对其他学科的知识有一定的了解。

随着现代化技术的广泛应用，在教学中常会使用多媒体教学设备，教师要掌握一定的计算机应用能力，学会使用多媒体教学设备，利用现代化教学技术为课堂教学增添光彩。

(三) 不断加强教师技能，掌握专业的教学知识

作为一名教师，在课堂上的教学技能是十分重要的。教师要熟悉各种教学方法，并能够熟练地根据班级教学情况进行合理运用。师范生在大学学习期间要培养教育教学组织能力、语言表达能力、班级管理能力、协调能力、自我调整能力与反思能力。在职老师则要在教学实践中，结合实际教学情况来考虑教什么、怎么教，这就要求教师要熟悉教材，吃透课本。

(四) 掌握一定的心理学知识，建立良好的师生关系

教师要掌握心理学与教育心理学知识，因为小学生在不同年龄阶段会有不同的心理特征，教学要依据学生的心理特征、接受能力进行调整。师生进行交流沟通时，教师也要根据学生的心理特征来开展谈话，才能够更有效。

师生关系是在学校中相当重要的一种关系。良好的师生关系，有益于学生的学习，也有助于教师的教学。

小学语文教师的成长与发展：
基于对一位小学语文教师的访谈

王婷婷

为丰富对小学语文教师和小学语文教学的认识，提高自身的综合素养，特别是沟通能力与研究能力，本人参与了"小学语文教师访谈"活动，就小学语文的特点、师生关系、成长发展、建议意见等相关问题，对一位在职小学语文教师进行了专门访谈，得到了不少启发并对小学语文教师的成长与发展形成了个人体会。

一、访 谈 背 景

通过朋友的介绍，我利用微信与广州市黄埔万豪儒林小学的陈老师取得了联系，并提前一个星期约好时间。陈老师很和蔼，乐于与我交谈和分享建议，使我感到很温暖。

二、访 谈 实 录

◎问：与其他学科相比，您觉得小学语文的特点是什么？
◎答：小学语文呢，我认为有如下的几个特点。
第一点是它的文艺性。作为一名语文教师需要具备一定的文艺细胞，我认为语文教师不但是一名教师，也是一名演员，他需要把所要教的东西以艺术的形式展现给学生，学生才能够易于接受。如果使用传统的教法，课堂是非常平淡的，那么学生的注意力很难长时间集中，对知识的接受能力会降低，这样就会影响教学效果。如果教师把自己的知识点以文艺的形式表现出来，学生会更容易接受。比如说教古诗的时候，直接让学生理解它的意思，让他们背诵，那是枯燥无味的。如果换成诗歌朗诵的形式，将古诗的感情融合在里面，加以改歌词、编舞蹈和肢体语言的元素，那么学生会比较喜欢。

第二点是它的生活性。语文是老祖宗几千年文化沉淀下来的，它是与生活密切相关的。所以，在语文教学中，要时时刻刻联系生活实际，对学生进行思想方面的教育，让他们的内心更加充足、精神更加饱满，用一句话来说就是使他们更积极性。

第三点是它的长期性，也就是日积月累。语文不像其他的学科，有一些规律可循，它需要我们平时大量的积累，不是一下子就能提高的。所以，我们语文教师平常每天会要求学生积累一些东西，特别是一些名篇名句、好词佳句，都是必须要加强的，必须是每天都要积累的。

第四点是它的应用性，学了要会用。如果仅仅死记硬背而不能够运用的话，是不切实际的，也会让学生觉得学习它的用处不大，所以可以创设一些应用式的情景让学生发挥。那么怎么应用呢？一般就是应用在写作文时，还可以把教室当作情景地，以表演的形式呈现出来，比如课本里剧本的表演也是可行的。再者也可以带他们到实际的社交场合进行实践，所以我觉得在应用这一块，也要灵活一点。

以我多年的教学经历来看，我认为小学语文的这四个特点是很突出的。

◎问：刚才听您说每天都让学生进行知识积累，我想问一下您一般是以什么样的形式让他们积累的？

◎答：我一般是在课前安排时间，每次课前请一到两位同学进行好词好句的分享，大家一起朗读和积累。还要联系现实，比如，有说一次母亲节，我问同学们："今天什么节日啊？"有些小孩子可能不知道，我就提醒他们："今天是伟大的母亲的节日，我们有没有学过什么诗是跟母亲有关的？"然后大家就很踊跃地回答，我就让他们把今天积累的关于母亲的诗作为礼物，晚上回去送给母亲。还有就是要求他们每个星期都写一些有趣的小片段，或作文之类的，把学过的好词好句用上去，通过这样的方式来长期积累。其他的话比如社会实践就稍微少一点，因为受到各方面的限制。

◎问：刚才提到的周记，需要运用好词好句，那么您认为在作文中是情感比较重要，还是好词好句更加重要呢？

◎答：我觉得还是情感方面重要。因为作文讲究的就是真情实感，要让孩子充分表达自己的情感，所以还是倾向于情感比较好。但是还有一个问题：小孩子利用文字来充分表达情感是比较困难的，所以，教师就要引导他们利用恰当的词语和句子来进行情感表达，这也是一个难点。小孩子用口头语言表达自己容易得多，相较于用书面文字，有很多小孩子会用口头语言表达，但是不会用书面的词语和句子进行表达，所以就必须训练他们用词语和句子来充分地表达情感，好词好句的学习也是有利于他们的表达更加生动和充沛的。

◎问：也就是说，您认为重视情感的同时，也要兼顾好词好句的学习对吧？（师：对的，对的）好的，那么我接着问下一个问题，您认为在教学过程中教师与学生是什么关系，教师应该扮演什么角色呢？

◎答：提到师生关系的话，在传统教学活动中，教师是牵着学生的鼻子走的，这样对学生是没什么吸引力的，也不利于学生的发展。现在提倡的教师作为指导者，学生作为主体的观点，我是比较赞同的。教师必须要善于运用各种方式进行教学，引导学生，让学生自己去探究，这是教师必须要学会的，也是具有一定技巧性的。至于师生之间的关系，是一种教师指导、学生学习、互相发展的一种关系。教师就像是一名导演，在教学过程当中像导演指导演员那样去给学生建议，但同时学生又可以像演员演戏那样，自己再进行发挥，创造适合自己的方式，这样的话，学生才拥有更多的自我发展的机会。我认为在我们现在的社会教育中，这种师生关系在比较发达的城市是存在的，然而在部分比较落后的城市相对来说就差一点。

◎**问：那么结合一下您个人的成长经历，您认为哪些因素会影响语文老师的成长？**

◎**答：**第一个就是待遇方面的问题。如果一名教师得不到重视，得不到表扬和应有的待遇，那么教师的积极性是比较低的，也难以进步。作为领导呢，要善于表扬，发现教师的优点，鼓励要多一点，当然教师的缺点也需要指出来。对待教师的时候，要看教师的水平，如果他已经尽力了，但达到的水平也不是很高，那么也不应该一味地去指责，这样是不利于教师成长的，作为学校领导需要注意这点。第二个就是家庭因素。家庭成员的关系会影响教师的成长，如果家庭关系破裂或不和睦，会影响教师在工作上的情绪和积极性。第三个就是继续教育。继续教育非常重要。师范生一毕业，学习的东西是不够的、比较固定的，所以学校或者教育机构需要与时俱进地更新老师的教育观点、教育方法等，使教师跟着社会向前走，不断研究学生的特点，通过一系列报告的形式进行检验。那这样教师就不会固步自封，他会慢慢地跟着社会，跟着潮流走。以上就是我的观点。

◎**问：那么我想请问您一般都参加过什么形式的继续教育呢？继续教育的机会多吗？**

◎**答：**对我来说，机会是不多的，因为之前我大部分时间一直在家乡的私立学校教书。个人感觉国家对公办学校比较重视，公办学校的教师得到继续教育机会多，私立学校，特别是经济欠发达地区的私立学校的继续教育机会会比较少。我觉得继续教育这一点，在广州这里做得是比较好的，教育信息和动态随时更新。在教学研究人员方面，我认为应该要具有与时俱进的观念，尤其是年轻人的观念会比较新。我之前听报告，一些年轻人的教育观念和思想给我很多的思考和启发，这是一个非常好的现象。

◎**问：那么您认为教师在主观方面应该做些什么努力来对自己进行继续教育呢？**

◎**答：**教师在主观上肯定是想不断进步和发展的。我认为，除了外部因素的刺激，还要加上教师主观上的努力，比如主动向优秀的同行学习、及时更新教育观念、不断学习新的知识以充实自己等，两者结合起来就能很好地促进教师的继续教育……

三、个 人 思 考

通过对陈老师的访谈，我对小学语文教师的专业成长与发展有了新的认识。影响小学语文教师的成长与发展的因素有以下几个：

第一，主观因素。需要不断地阅读，增加知识储备；在教学实践中不断反思；虚心向他人，尤其是优秀的同行学习；另外，学会时刻关注学生，促进学生的发展，挖掘学生的潜能。

第二，客观因素。首先是学校待遇，包括工资待遇与学校领导对其的关心程度和态度。作为领导，要善于表扬，发现教师的优点，多鼓励，当然老师的缺点也需要指点出来。其次是社会生活关系。家庭生活、学校生活、同事关系和师生关系是否和谐，对教师成长的积极性影响至关重要。还有就是继续教育。学校对教师的继续教育是否重视，也关系到教师的专业成长与发展。学校可以给教师提供更多的继续教育的机会，或不断更新继续教育的方式，如利用网络课程等进行教师继续教育，都有利于促进教师的继续发展和成长。

爱无疆，授若水，教师的责任和使命：基于对粤北山区一位教师的访谈

张远芳

一、访 谈 背 景

为丰富学生对小学语文教师和小学语文教学的认识，提高学生的综合素养，特别是沟通能力与研究能力，广东省卓越教师改革项目"'双专业+特长'卓越小学语文教师培养模式构建与实践"开展了"小学语文教师访谈"活动。而我一直与小学老师有联系。每年都会去老师家拜访问候。春节期间，我本着学习的心态，特意登门拜访老师，顺便请老师帮忙完成了这次的访谈任务。我拜访的这位老师是一位小学高级教师——谢老师，她有 30 多年教龄，教学经验很丰富。

为做好这次访谈，我准备好了访谈需要问的问题，并提前联系老师。虽然拜访的过程有些曲折，但让我感到欣慰的是，谢老师热情地招待我，还做了她家乡的特产糍粑给我吃，对我提出的问题也非常仔细耐心地回答。终于我顺利完成了采访。从老师家里出来时刚好下雨了，可是通过这次访谈我学到了很多东西，心中的大石也落下了，心情并不因为下雨而感到低落。

二、访谈实录

◎问：看完老师的基本信息，原来老师已经教了 30 年多书呀，不知道您当初是怎样开始走上人民教师这条道路？而且还能在这么贫困的山区学校坚持了这么多年？

◎答：这话说来就远了。当初在大布（广东韶关一个小镇，也是谢老师任教多年的地方）有很多代课老师，大多来自外地，他们来到这个人生地不熟的地方，教学条件简陋，出于现实的考虑，最后真正能够留下来的老师没有几个，而我那时正好在家没工作，就去那里当了老师。到那里一去就是 30 多年，也有了自己的家庭，再过两年，我就退休啦。

◎问：退休之后，老师您就可以到处去走走看看，过着自由自在的生活啦。我记得以前我的音乐课是您上的，比如《让我们荡起双桨》这首歌还是您教我的，那与别的课程相比，您觉得小学语文课有哪些特点呢？

◎答：就拿《让我们荡起双桨》这首歌来说，我可以把这首歌运用到语文课的教学中，让同学们通过音乐去体会小船荡漾的感觉。别的学科也是一样，都可为语文的教学提供一些帮助，从这点看，语文学科是一门综合性很强的学科。而且，小学语文容易出错。一些很基础的知识，如前后鼻音、平舌音翘舌音，还有一些偏旁部首，等等，学生刚开始学很容易弄混，要记的东西也很多，但是这些最基础的东西对未来学习语文又起着非常重要的作用。另外，语文考试的答案具有灵活性，它不像数学、英语有固定的答案，很多时候需要学生自己慢慢理解领悟。有些领悟能力比较弱的学生，需要花很多时间去弄清楚，老师也只是做辅助、引导。

◎问：那结合您的日常教学，您觉得一名好的语文老师，需要注意些什么？或者说，语文老师需要哪些素养或者技能？

◎答：首先最重要的是兴趣。不仅是老师需要有教学的兴趣，热爱这份职业，而且要让学生对语文感兴趣，对老师感兴趣。老师需要对教学感兴趣这就不需要多说了，因为只有你真心喜欢这份职业，你才会觉得快乐，才会想着怎样提升自己，不会觉得枯燥。另外，我觉得很重要的是，要让学生喜欢你，对你有兴趣。学生都是很单纯很简单的，他喜欢你，信服你，他就会乖乖听你的话，听你的课。反之他不喜欢你，你就是在讲台上喊破喉咙，他也对你爱理不理。

◎问：那怎样才能让学生喜欢自己呢？

◎答：首先你要把他们当朋友。对于现在的学生，你以为他们年纪小、不懂事，可是对于有些道理，他们比大人还较真。你要尊重他们，不能对他们大呼小叫，不能一副高高在上的样子。和学生当朋友的同时，还要能主持公道。比如教室里有学生打了别人，你要把他叫去办公室里，慢慢地给他讲道理，追溯缘由，帮他分析对错。而且，在教学过程中，要巧妙地运用一些方法、策略。比如正在上课时，有个学生总是开小差，你就可以说："我们看看自己旁边哪些同学上课特别认真？"这样开小差的同学就会意识到自己不够认真，同时上课认真的同学也会因为老师这句话而受到鼓舞。还有快下课的时候，可以说："看哪一组的同学认真听课，作业做得又好又快，等下就越快下课离开。"这样学生就会有竞争意识，纷纷打起精神听课。运用一些教学技巧，不仅有利于提升教学效果，还能避免一些矛盾，也能让学生喜欢你。

◎问：所以老师在教学过程中，应该扮演一个朋友兼主持公道者的角色，而且懂得运用一些巧妙的技巧让学生信服你，这样学生才会喜欢你、追随你。那回到刚刚的问题，除了需要兴趣之外，老师还需要哪些素养或者技能呢？

◎答：还需要耐心。你如果真要想和学生相处，老师就不要用大人的思想来衡量这帮学生，毕竟他们还不是大人。他们的思维有时还很幼稚，还会做错很多事。所以老师要允许学生犯错，犯了错允许他去改正，这样学生才能在曲折中成长。而且每个班级都避免不了有比较聪明的学生，也有领悟能力比较差的学生，不能用同样的标准去要求他们。对比较差的学生，老师要付出更多的耐心，虽然有时候会恨铁不成钢，但是也不能着急，要懂得因材施教。

除了耐心，老师还要做到熟悉教材和学生。现在的教材总是在不断地更新、修订，老师要紧跟时代的潮流，比如一年级上册（进房间拿了一本书出来），以前都是先学拼音再学汉字，但现在很多学生在幼儿园的时候就认得很多字，而且随着电脑、手机的普及，很多学生在一年级之前就认识很多字，所以现在的教材变成了先认字后学拼音。学生也越来越人小鬼大，能说会道，你不能再用以前的旧思想去跟他们沟通交流。在平常的教学中，要熟悉学生的性格、爱好等。只有在熟悉教材和学生的情况下，才能在课堂上游刃有余。

◎问：除了兴趣、耐心、熟悉教材和学生外，还有什么补充吗？

◎答：最重要的一点还没说，就是爱心。一个老师最重要的是全心去爱每一个学生，没有对学生的爱就不会有真正的教育。老师只有内心充满爱，才会从学生的利益出发，为学生着想。你只有爱学生，爱这份职业，才能得到学生对你的爱。

◎问：我觉得谢老师您就是一位充满大爱的教师。不知道您任教这么多年，有没有什么让你特别难忘，一直记在心里的事情呢？

◎答：特别难忘的，我想想……还真有一件我还记着的。那时我才刚刚出来任教，也不太懂事。有个学生家里很穷，没钱交学费报名，开学了大家都在教室里面上课，他就在外面听课，可是我那时没有叫他进来听课。事后我就觉得挺对不起他的，毕竟学费可以以后慢慢再交也没关系，他想学习、想上课就应该让他进来。后来那个学生就没继续读书，出去打工了。很多年后，有一次在街上那个学生远远地叫我"谢老师好"，还开车送我回家，而且一分钱没收，我就觉得挺感动的。现在的学生，别说很多年后，正在教他的时候，在街上看到你，他都可能远远走开了或者装没看见。

◎问：很庆幸这个学生心地挺好。我也希望有一天我走在街上，有个很多年前我教过的学生还认得我，并向我问好。

◎答：会有这一天的。

◎问：我现在还有一年半的时间就得出来找工作了，您对我这种在校的师范生，有什么关于学习或者就业方面的建议和指导吗？

◎**答**：也说不上有什么建议指导吧，首先还是那句话，要爱这份职业，或许很多人选择这个专业都纯粹为了生活，可是你千万不要只是这样想，不然你会觉得很累，生活没有激情，这样对学生也是不公平的。你要学会培养自己对教育的兴趣，知道它的价值在哪里。

◎**问**：老师，我对这份职业也说不上热不热爱，只是我感觉自己好像不太适合教师这个职业，我胆子太小了，一上讲台面对下面的人，脑袋里一片空白，非常紧张。您觉得我应该怎样克服这个问题呢？

◎**答**：这就是我要给你的第二个建议，要自信。你站在讲台上面，可以把下面的学生都当成木头或者萝卜白菜，不要想着他们会不会提出什么刁钻的问题让你为难，不要想着你的课会不会讲得不够完美，不用想太多，你只要好好备课，做好准备，把你自己想要教的东西教给他们就好了。其实老师这份职业也可以当成是演员，只不过观众是学生，你要置身其中，淡定自然地演好老师这个角色，一定要相信自己，让自己多点上台的机会去锻炼，以后就不会紧张了。

◎**问**：老师，我知道了，一方面我可能是不自信，另一方面我可能是锻炼得太少了，以后会慢慢去改变。那还有什么建议吗？

◎**答**：要多学习别人的教学方法，多听课。可以看一些教学视频，看看别人是怎样上课的。再过一个学期你就要去实习了，到时会有比较多机会看看真正的老师是怎样上课的。以后等你去学校工作，学校会提供专门的教学资源，那时也可以学习。找工作应聘时，你要提前准备，懂得刷课。什么叫刷课，打个比方，一年级《金木水火土》这一课，你要懂得这课要掌握的生字词与重难点，教学设计要合理、恰当，条理清晰、重点能突出、难点有突破，教学中要体现新课程理念。更熟练了，能够看到一篇课文就知道大概要怎样上课。这需要花费一些时间和精力。以后你慢慢就会接触到的。另外还有一些细节，比如作为老师也要注意自己的书写，不管是钢笔字还是粉笔字，如果你写了一手好字，别人对你的印象都会好一点。在大学期间可以练练字。现在虽然科技发达了，上课也有专门的触屏黑板，但是小学生的接受能力、学习能力比较差，该板书的时候还是需要板书，老师在上面一笔一画地书写，学生也能更好地学习和吸收。

三、访谈启示

听了谢老师的话，我觉得我要想做好一位语文老师，任重而道远。上述的访谈实录只是访谈中的一些比较重要的内容，因为没有录音，所以也只是对谢老师的话作了大概的记录。谢老师其实还对我讲了很多，也一直在鼓励我，这让我很感动。

在这次的访谈中，谢老师很少用一些非常理论化的语言回答我的问题，她说话浅显易懂，但是从她的言语中，我能够感受到她对于这份职业的热爱，也感受到她对于未来教师的期望。而我除了通过采访学习到了一些东西之外，还有访谈前的奔波和紧张也让我有了不一样的体验。在这个访谈方案出来的时候，我内心是有着许多的小情绪，而且我性格本身就比较内向害羞，要我去联系老师，去约时间，再登门去找老师做访谈，这是我从来都没有做过，之前也不敢去尝试的一件事情，可是我做到了。这不仅是一次作业，也是一种尝试，虽然做得不怎么好，但是我尽力完成，这是很重要的。每个人都有疲倦的时候，但要趁着自己还有力量的时候多去尝试。我们都不是拯救世界的英雄，或者在故事的最后可能都沉入了现实之中，但无论未来我们遇见什么，面临什么，请一定要相信自己的力量，只有你自己能够战胜内心的洪水猛兽。这是我在这次访谈中最大的收获。

谢老师在很多地方讲到了"爱"，老师本身要有对职业的热爱，对学生的关爱，要让学生爱老师。爱是非常珍贵的。如果一个老师心中没有爱，他学习再多的教学技巧，职称评得再高，在我心里，他都不是一位令我敬佩的老师，只有想方设法为学生着想，不求私心为学生负责的老师，才是真正的好老师。谢老师在山区教书33年，无论条件多么艰苦，她仍执着地留下来，她的内心是充满大爱的。她会因为一些本不是自己的错误而惭愧十多年，会因为学生的一声问候而开心得像个孩子。她会站在学生的角度和学生交朋友，又会站在教师的角度去引导学生。她耐心宽厚，教育了那个小山沟里一代代的人，有些学生结婚生子了，孩子还是送到谢老师手中当学生。这样的老师平平凡凡，你也许一辈子也不可能听到她的事迹，可在我眼里，她就是一位伟大的老师，同样，我也对那些同样驻守在山区的老师给予深深的敬意。

谢老师也提过很多次要注重教学方法。如果你满腹诗书，但没有教学方法，也不是一位好教师。要让学生喜欢你，这是非常重要的一步。只有学生喜欢你，他们才会听你的话，你才能管好一个班级，才能更好地传授知识。我曾反复向老师提出一个疑问："如果我把学生当朋友，那我要怎么树立我的威严？学生会不会因为我把他们当朋友而对我没大没小，甚至欺负我？"谢老师却非常坚决地告诉我不会的，你把学生当朋友，他们也会尊重你。我不知道真正的情况是不是像老师说的那样，但是我总觉得这其中除了把学生当作朋友的态度之外，还需要准确恰当的方法——不仅包括课堂上的教学方法，还有课下与学生相处的方法。就说课堂的教学吧，首先教学要具有形象性。机智幽默的语言、惟妙惟肖的演绎和恰如其分的笑话，以及直观的图像、动听的音乐等，都可以起到好的教学效果。其次，教学要富有情感。教学要喻理于情，情理结合，以情感人，要懂得用一个微笑、一个停顿去表达爱，去感染和启发学生。同时，教学还需要有创新。老师要与时俱进，了解学生的需求，要懂得随机应变，创造性地展开教育。

此外，还有很重要的一点，要终身学习。不仅是现在的我，还是未来的我，都不能停止学习。我在谢老师家看到了非常多的书籍，而且她告诉我，练字非常重要，她也在坚持练字。一个即将退休的老师都能不断地充实自己，更别提我这初出茅庐的学生了。所谓教书育人，重要的是师者的示范效应。我们无法想象一个满脸艰难劳苦之态的老师可以教会学生热爱生活，同理，我们也无法想象一个不愿读书不会读书的教师，可以教会学生读书。即便不从以教育作为职业的角度来说，读书也是人类的安身立命之本，滋润生命的基本需要。"三日不读书则面目可憎"，知识对人的浸润与滋养是无可替代的。人是一种匮乏性的生物。大部分动物在出生后几个小时之内就学会生存的本领，人却需要十几年才能学会生存，有的能力甚至需要终身学习。人除了自己亲历性的经验，还有很多知识来自间接经验，这就离不开读书。

我还不懂什么深奥的教育理论，但我希望在未来的日子里我可以去慢慢领悟，并运用到实际的教学中——或许都是一些简单的、别人早已参透的东西，可是只有真正去接触到谢老师这样的人，你才知道自己需要的不只是努力，而是竭尽全力。

在实践与反思中成长：
基于对一名小学语文教师的访谈

李宇楠

　　这次访谈以深圳市某小学语文科组的李老师为访谈对象，主要内容包括李老师对语文教学和教师所需素质能力的见解、成长过程中自身的努力、所受到的学校的培养等。相关分析如下：1. 教师成长离不开自主实践和反思；2. 对教师成长作用重大的学校培养也要围绕激励教师实践和反思来开展；3. 教师成长过程中的实践和反思具有阶段性；4. 实践和反思贯穿教师成长过程的始终。这些思考都指向了一个结论——小学语文教师的成长是在实践与反思中实现的。

一、访谈背景

　　眼见大学时光飞逝，我迫切想得到更多与专业相关的锻炼，恰逢老师提供了小学语文教师访谈活动的机会。进入大学以来，我一直想成为一名小学语文教师，很大程度上受家人影响，其中对我影响最大的就是本次访谈对象——我的姐姐。她毕业于华南师范大学汉语言文学专业，本科学历，毕业后通过教师编制考试进入深圳市罗湖区某小学，任教小学语文。访谈中，我称呼她为"李老师"。

　　李老师所在的水库小学创办于1920年，文化积淀深厚，1997年被评为广东省一级学校。她从一年级跟班教起，曾获评"深圳市罗湖区优秀辅导员"，教完三年级后开始休产假，到今年（2018 年）3 月休完假正满 27 岁，将回校接手原班级，即任教小学四年级。今年 2 月 25 日，在广东省揭西县河婆镇，李老师接受了我的面对面访谈。

二、访谈实录

（一）李老师对语文教学的见解及其阅读教学规划

李老师对语文课程传承中华优秀传统文化的重要作用有清晰认识，加上自身爱好文学，热衷传播语文知识，所以对语文课程的工具性与人文性的统一有清晰认识，如语文课程既有培养语言文字运用能力的工具性，又有培育学生形成正确三观的人文性。这些都呼应了语文课标对语文课程性质的界定，"语文课程是一门学习语言文字运用的综合性、实践性课程……工具性与人文性的统一，是语文课程的基本特点"。

此外，李老师非常重视阅读教学，在访谈中不时提到自己阅读教学的规划和实际行动。学生上一年级时，她就开始提供优秀作品清单，倡导亲子阅读，且每周一有一到两节课对学生阅读进行指导、引领和点拨，发展学生的感受和理解能力。可见李老师在教学上注重行动引领，具有自主性。

（二）李老师对教师所需素质和能力的见解

教师承担着传道授业解惑的重大责任，而小学语文教师"作为基础学科教育实践的践行者"，其一言一行更是对启蒙阶段的学生产生潜移默化的影响。与此对应，李老师认为这一职业比想象中需要更大的责任心与能力，要有对教育事业和孩子无私的爱、高尚的职业道德、正确的三观，还要有扎实的专业知识基础和教学技能。

此外，李老师着重提到组织管理能力，认为这一能力要通过实践经验来磨练。分享难忘的经历时，李老师讲述了自己上班第一天时面对的各种意想不到的情况，以及在一群一年级孩子面前手足无措的情景。由此她提出上岗之前一定要深入了解相应年段学生的心理特点，有意识地提高组织管理能力，否则备课再精细都会事倍功半。李老师能够详尽进行回顾并总结经验，也说明她善于对实践进行深刻反思。

（三）教师自身在成长过程中的努力

在作为一名小学语文教师的成长过程中，李老师始终对学生和自我的成长都抱着负责任的态度，这不仅体现在她能明确教师所需的素质和能力、善于实践与反思，也体现在她始终认真的工作态度和自觉的专业发展意识。即使繁多的额外任务让李老师身心疲惫，她也不遗余力地完成，保持努力已经成了一种习惯。李老师自嘲道，后来领导有事都喜欢找她做，但其实接踵而至的实践机会已经说明了上级对她的能力的重视。正如她回答另一个问题时所说，责任越大，发展空间也就越大。

（四）学校在教师成长过程中的作用

在成长过程中，除了李老师自身的努力，学校的培养也不可忽视。学校每周末都会针对新教师开设名师理论课堂，并组织听公开课；在实践方面，除了日常教学和班级管理等基本任务，学校还把大量课外任务优先交给年轻老师，如带领学生完成社团活动、参与语文节等校园活动、参与市校比赛、参与公开课和课题研究项目等，以此锻炼年轻教师的实践和反思能力，而老教师则主要负责指导。在教学评估方面，李老师所在学校除了看班级成绩，还有科组老师互评以及家长评价，即要求教师不仅要教学教育能力强，还要善于与其他教师、与家长进行充分的沟通、协作和分享，综合实践能力要强。

由此可见，如果学校对教师的专业素质和能力成长相当重视，培养作用会较大。

（五）学校培养模式的利与弊

在李老师的讲述中，可以看出大力度的学校培养模式有利有弊。一方面，对新教师进行的名师培训能快速提高其教学能力，平日各种课外任务也给予年轻教师大量实践机会，锻炼了组织协调能力，使教师在磨砺中获得综合性成长，犹如凤凰涅槃；另一方面，繁重的课外任务为教师带来极大压力，尤其是新教师普遍有加班到深夜的情况，有时甚至不得不压缩基本教学任务的准备时间，也缺乏教学反思时间，极有可能造成教学质量下降。

（六）城市与乡镇学校的教师培养环境对比

深圳这种大城市对教师要求较高，重视对教师的培养，一开始的考编的学历门槛便比乡镇的高得多。在这种环境中，教师必须在实践和反思中及时成长，否则便如逆水行舟不进则退。此外，学校提供的理论资源和实践机会都较多，教师工作和学习强度大，压力大，工资较高。

而在较偏远的乡镇任教，除非是毕业班教师，不然基本压力不大，工资也不高。如笔者家乡的河山小学，对教师的培养制度不健全，教学评估方式单一，教师的成长积极性不高。这样的环境下教师易产生惰性。个别教师甚至坦言对学校已经不抱多大希望，教好自己的孩子就知足了。

综合访谈内容和平日了解，可知相较乡镇学校，深圳这种大城市里的学校对教师的要求较高，培养环境较好；结合上文，还须在对教师疏于培养和过度锻炼之间找到平衡点。

三、访谈引发的思考

通过梳理访谈内容，可发现无论是教师的自主成长，还是学校对新教师的培训，都离不开实践及相应反思。舍恩（D. Schon）提出"在同情境的对话之中展开反省性思考，解决复杂情境中产生的复杂问题的实践"的

"反思性实践"概念，完全适用于教师成长过程中的教学实践。围绕对教师成长的实践和反思，可总结出以下几点：

（一）教师成长离不开自主的实践和反思

教师要成长，就要有自觉的专业发展意识，自主进行实践和反思。李老师根据自己的教学实践，建议师范生在大学期间就开始寻找优秀课例来分析并把握到中小学实习的机会，否则入职后会发现自己的理论常与实际脱节。

为何会觉得脱节？因为大学期间所接触的教学理论是高度概括和抽象的，体现为普遍性的规律，这在规范师范生教学理念和行为方面的作用不可小觑；但规律是有限的，在真正教学情景中只是冰山一角。实践性知识则如海面下的冰山，有巨大的不确定性，"通常呈内隐状态，基于教师的个人经验和个性特征，镶嵌在教师日常的教育教学情境和行动中"，教师必须在实践中获取经验并进行反思，从而得到成长。

除了李老师建议的分析优秀课例与实习，师范生还可以自己写教案、把握义教或家教机会。毕竟到了教学实践中，教师需要"以一种'在行动中反思'的方式发现问题，形成假设，采取对策"，趁早撰写详细教案，充分预设学生行动，能尽量避免在教学实践中出现尴尬场面；义教或家教虽与真正的教学课堂有差距，但也能让师范生通过亲身接触来积累实践经验，了解相应年龄段学生的特点，使自己的理论知识与实际教学课堂相衔接。

在实践与反思中，李老师已经积累了不少经验。通过李老师有规划的阅读教学，就能看出她通过实践一点一滴地改变学生和家长，培养了学生良好的阅读习惯；同时，她善于反思，其目的不仅是回顾过去或意识到元认知过程，还为了指导未来的教育实践，通过反思认识到亲子阅读开展的困难，以及自己阅读教学理论的不足，并决意继续探索。如今在教学中遇到意外情况，她已经能快速反应，如善于临场设置小游戏来吸引低年级学生的注意力，等等。

（二）教师成长离不开学校的培养

在师范生时期，未来的教师们在校园中学习成长，学校的培养作用自不必说。学校方面需要加强的主要是为师范生们提供更多的实践机会。以下讨论的，则主要是教师入职后，所任教的学校的培养。

教师个体的专业成长不是通过教师孤独的自我修炼来达成，而是在教师群体中与其他教师充分的互动、沟通以及协作、分享中逐渐实现的。这就要求教师在一定的互动环境——通常是在学校中成长。李老师所在的小学对教师的专业素质和能力要求较高，有较完善的保障教师专业发展的培养机制，可以说是大城市的学校教师培养环境的缩影。

首先，高素质人才较多的环境让教师感受到山外有山，激励教师不断在实践中自我反思，寻求进步。此外，学校建立了良好的发展机制——教师刚入职，学校便提供为期一年的名师培训，助新教师提高教学能力；在平时，除了教学和班级管理等基本任务，学校还优先为年轻老师提供大量实践机会，如参与语文节等校园活动、市校比赛、公开课和课题研究项目等，使教师在磨砺中提高实践和反思能力，获得综合性的成长。

在教学评估方面，学校构建了合理的评价体系，同样可看出培养之用心。在关注班级成绩的同时，学校设置科组老师互评及家长评价，这样的评价制度相当于包含着一个"学校群体对话的学习型组织"，激励教师在提高教学教育能力的同时，还要与其他教师、与家长进行充分的沟通、协作和分享，在他人评价中进行反思，提升综合实践能力。

总之，学校为教师提供了实践条件和反思动力，在教师成长过程中的培养作用不容忽视。

需要注意的是，学校对教师既不能疏于培养，又不能过度锻炼。就上文提到的培养模式来说，繁重的课外任务在提供大量实践机会、培养组织协调能力的同时，也为年轻教师带来极大压力，甚至可能压缩基本教学任务的准备时间，更不用说开展教学反思，如此便会造成教学质量下降，与学校培养教师的初衷相背离。学校如何在对教师疏于培养和过度锻炼之间找到一个平衡点，是一个需要继续在实践中探索的问题。

(三) 教师成长过程中的实践和反思具有阶段性

教师的成长过程无论侧重自主成长还是学校培养，贯穿其中的实践和反思都体现出阶段性，与教师专业发展的阶段性相吻合。

教师成长在不同的阶段有不同的发展速度和侧重点。在"职业准备期"即师范生时代，开始学习学科专业知识和教学理论，对组织管理能力方面有所涉及，但基本上是纸上谈兵。刚入职时，教师开始面对在实践中不断生成的课堂，为了更好地应对教学情景而加以反思，获得持续的自我成长；学校也会对新教师进行培养，一方面提供周期性的名师理论课程或公开课听讲机会，另一方面通过多样化的课外任务，对年轻教师进行高强度的培养。

因此，在"职业适应期"，新教师把专业知识运用到实践中，在自我发展需求和外界压力的双重作用下成长，从没有实践体验到初步适应教育教学工作，再到具备最基本的教育教学能力，综合能力——尤其是组织管理能力和协调能力得到飞跃性提升。经历过这个阶段，进入了"职业发展期"，教师能够在保证教学质量的基础上放开手脚探索和创新，最后进入"职业创造期"，形成自己独到的见解和教学风格。

在这几个成长时期中，实践和反思与教师专业发展过程具有大致相同的阶段性。如今飞速发展的社会更需要的是能够终身学习的教育专家型老师，教师需要终身在实践和反思中成长。

(四) 实践和反思贯穿教师成长过程的始终

以李老师的成长历程为例，对语文、对教育的情怀是她成为一名小学语文教师的前提，而在教师生涯的成长过程中，实践和反思贯穿始终。她尤其指出，从师范生时期开始便不能局限于掌握理论知识，须把握实践机会。入职后，李老师的成长离不开自主努力和学校培养，也离不开实践后甚至是实践过程中的反思。

入职后的成长以李老师极为推崇的阅读教学为例。她在阅读教学方面有相对清晰的教学规划，注重行动研究。通过实践，她成功培养了一部分学生的良好阅读习惯，也在反思中发现阅读教学贯彻实施的困难，意识到自己对"整本书阅读"缺乏系统认识，并打算在今后的教学实践中持续探索。学校则给予多项课外任务，强化教师的问题意识，帮助教师在实践中发现问题、分析问题、解决问题。

这样，通过各种形式的实践和反思，李老师巩固了专业知识和技能，极大提高了组织管理能力，得到了学校的肯定，更得到了学生的喜爱和家长的信任。如李老师所说，"以真心换真心"，他人的信任成为她前进的不竭动力，促进了她在教师道路上的持续成长。

总之，实践和反思贯穿教师成长过程的始终，也体现了教师的成长过程是前进性与曲折性的统一，是一个螺旋式上升的过程。教师只要愿意不断地实践并正确反思，发展就是无止境的。

四、小　　结

这次对深圳市水库小学语文科组的李老师的访谈内容丰富，涉及语文教学、教师所需素质和能力、教师自身和学校培养在教师成长过程中所起的作用、学校培养模式，可知教师的成长是终身的，而且无论侧重自主成长还是学校培养，自始至终都离不开与教师专业发展同样具有阶段性的实践和反思。总之，小学语文教师的成长需要在实践与反思中实现。对于师范专业的学生来说，这次访谈也将促进学生的专业成长，唤起学生进行教学反思和教学实践的意识。

把握新手教师的适应成长期：
基于对一名小学语文教师的访谈

李林莲

一、访 谈 缘 起

"百年大计，教育为本，教育大计，教师为本"，十六个字道出了教育的重要性，更道出了教师培养的重要性。《国家中长期教育改革和发展规划纲要》中指出，有好的教师，才能有好的教育，要建设一支献身教育的高素质教师队伍。而语文教育是关于中华民族共同语的教育，是我国基础教育中最重要的组成部分，语文教师则是基础教育的支撑。随着新课程改革的发展，我国语文教坛涌现了许多名师和教育专家，如钱梦龙、李吉林、于永正、孙双金、邱学华、魏书生等。他们以锐意进取的改革精神、先进的教育思想、科学的教学方法，在素质教育的实践中引领教育改革发展的方向。由此看来，语文教师的成长与发展是教师专业化的必然要求。

小学阶段是人生成长的关键期。一名从事"人之初"教育的小学语文教师是一把钥匙，为学生打开"知识大门"的同时，也敲响了学生的"心灵之窗"。小学语文教师教学生学语文，学做人，学创造，其言传身教直接影响学生价值观、人生观和世界观的形成。小学阶段语文课程的基础作用和多重功能，昭示了小学语文教师肩负着重大的责任。

社会呼唤教育，教育呼唤名师。从科学发展观的角度来看，名师的成长需要过程。国内外对于优秀教师成长的研究很多，比如休伯曼等人将教师的职业周期划分为五个周期，分别为入职期、稳定期、歧变期、保守期和退休期。其中入职期时间界定为第1~3年，也是新手教师的求生与适应期。大多数教育研究者将这一阶段的教师称为"新手教师"。所谓"新手教师"又称为"新教师"或"新任教师"，是指完成了职前教师教育，取得国家规定的教师资格证书，走上教育工作岗位，进入教师队伍，并在一所学校从事教学工作，但缺乏教学实践经验的教师群体。

"新手教师的适应"是指新手教师根据社会需求、专业要求以及自身需要，运用知识与技能，主动调整自己的理念、角色、方式等，以迅速适应新的教育环境、教师专业、教学工作以及人际关系等，实现教师专业成长的过程。新手教师的适应期是教师职业生命的开端，也是教师专业发展的一个重要的时期，更是奠定专业意识和专业能力的关键时期。本文将基于对小学语文教师蒋老师的访谈，结合相关研究，探讨新手教师在适应成长期中的可能出现的问题，以及如何应对适应期的困境。蒋老师是广州市某小学四年级的一位语文老师，至今已有两年教龄，属于"新手教师"。无论是课堂教学，还是对教师这一职业，蒋老师的经验对师范生或者其他新手教师的发展成长都是有借鉴作用的。现将对蒋老师的访谈过程整理如下，希望可以丰富教师成长的相关研究。

二、小学语文新手教师适应期中可能出现的问题

赵昌木教授把新手教师入职适应期作为教师成长发展过程的一个重要阶段，从理想到现实的转换、实践知识和智慧的探求、单纯的学生身份向多重的教师角色的转换等方面进行了深入研究，认为"初任教师最初几年教学情况如何，能达到什么教学水平对其后来的专业发展和成长有重要影响，甚至持续数年"。

从其内容来看，新手教师要适应教师职业的要求，表现在教育教学能力方面，即了解和熟悉所教学科的教材内容、学科知识以及学生情况，并

能进行有效的内化，掌握并合理运用易被学生所接受的教育方法和策略，独立地承担和完成教育教学任务；在组织管理方面，能承担班主任工作或其他学生管理任务，组织维持好课堂纪律，有效地调控学生的行为，会培养班干部，形成良好的班风；在角色承担方面，能够迅速进入新的角色，在由受教育者转变为教育者，由知识的学习者转变为知识的传播者的同时，还能承担起管理者、激发者、交流者、组织者和咨询者的责任，并根据不同的角色采取不同的行为；在人际交往方面，不仅善于同学生交流，更善于与同事、家长、学校领导进行及时有效的沟通交流，能够联系家长和任课老师形成教育合力，不断地增强工作信心和职业信念。

结合蒋老师的回答，新手教师可能遇到的问题可分为以下几个方面：

（一）课堂教学与教学工作

新手教师在入职前的教育准备主要是在师范院校或者综合性大学获得的，其主要特点是重视理论知识的积累，培养了初步教学能力和科研能力，缺乏在教育教学实践中发展教学技能的经历。作为连接学生生活与教师生涯的入职期就成为新手教师专业发展的一个关键时期，新手教师在这个时期不仅面临着"做学生"向"为人师"的角色转换，面临着从大学校园到中小学校园的变化，也正处于所学理论知识与实践智慧的"磨合期"。从熟悉教材方面来看，新手教师因为对教学目标、学情、教学重点把握不好而导致拘泥于教材或者脱离教学大纲；从教授知识方面来看，由于学生学习能力参差不齐，可能会导致教学效果不佳；从课堂管理和组织方面来看，新手教师缺乏应对课堂突发状况的"教师智慧"。由于缺少经验，有时无所适从，不知从哪里下手，往往导致教学纪律比较混乱，不利于教学任务的完成，不利于教师权威的树立等。新手教师通常根据问题的表征来看待问题，会马上尝试解决，近乎用"尝试错误"来解决问题。但是，他们也采取自责幻想等应付方式，这也就暴露了缺乏稳定的情绪和行动的特点。教育理想和教学实际难度的落差，打破了小学新手教师的心理平衡。

蒋老师说，新手教师的工作量比较大，有时未必能专心于课堂教学。

据李玉霞老师的调查结果显示：100 名新手教师中，有 25% 的新手教师在最初的教学工作中感觉有点困难，有 27% 的新手教师的教学工作水平一般，只有 15% 的新手教师完全可以胜任教学工作。

（二）师生交流

"做一名教师，尤其是小学的语文教师、小学的班主任，你担任的无非就是教师的角色、母亲的角色、朋友的角色，很多专家也都是这么提的。而当真真正正到这个岗位之后，我发现果真是如此。"蒋老师如是说。教师面对的不仅是一个学生，而且每个学生都是不一样的，职业性质要求教师要能自如地转化角色，比如像朋友一样理解他们在课堂上的表现，像母亲一样关心他们的课外生活，像导师一样指引他们如何获得知识、如何思考，像心理咨询师一样疏导他们多变的情绪。

"角色转换"影响小学新手教师专业能力的发展。一名教师在生活与教学工作中要扮演多种角色，有研究表明，教师至少要担任 10 种不同的育人角色：（1）社会代表：培养学生道德观念，并为学生树立榜样；（2）知识的传授者和能的培养者；（3）法官与裁判，对学生之间行为冲突的是非做判断；（4）辅导者和咨询者；（5）侦探，调查学生的良好行为或者犯规行为；（6）认同的对象，以教师的人格感染学生；（7）父母替身，给予学生父爱与母爱；（8）团体的领导者，领导学生参与校内外各种活动；（9）朋友，帮助学生解决困难或问题；（10）感情倾诉的对象。现在的小学新手教师都是 80 后或 90 后，而他们所带的学生是 00 后或 10 后，这两代人的生活背景、条件、教育资源、思想、知识等方面存在很大的差异，有的新手教师会"看不惯"00 后的"不良习惯"，比如看待问题的立场差异，如教师认为"学生缺乏自律性，并在看问题上有盲目性"，而学生会认为"我已经长大了，不用老师总是事事管着自己，我应该有自己的主见"，这些都会严重影响师生之间的关系，从而造成小学教师与学生交流不畅。

"我们都知道要作为一名老师要有耐心，要循循善诱。但是呢，在真正的岗位上，当各种各样烦琐的事情压下来的时候，你往往就会失去耐心……你就会希望学生都是天生就很乖的，都是天生就会配合老师的。"蒋老师以她的真实经历说明了当好一名具有多重身份的教师是多么重要，但同时说明了对新手教师而言，这并不容易达成。

（三）人际交往

古人云："师者，传道授业解惑者也。"这里说的是教师要把知识传授给学生，并解答他们的疑惑。而到了现代，随着教育的改革发展，人们对于教师的职业期待也改变了，或者说提高了。作为一名教师，除了上述的教师在面对学生时有多重角色，还有面对同事、领导和家长之间的角色转化，这些都在考验着新手教师的交往能力。

首先，新手教师与同事如老教师，在教学知识与技能、生活阅历与教育观念等方面，都存在着很大的差异。比如新手教师的教育知识较具有时代性，老教师实践知识丰富扎实；新手教师的教学技能生疏，老教师的教学技能熟练，并形成了自己的风格；老教师在处理学生问题上比较老练、灵活，新手教师就显得稚嫩、耿直……这些都可能导致新手教师与老教师之间关系紧张。与此同时，教师一旦进入职场，也必须面对新的关系——"上下级"。良好的上下级关系，有助于教育政策的贯彻与实施，同时有助于教师的教学工作的开展和自己的成长。但新手教师与领导的身份、立场、工作职责不同，在实施工作时的重点、考虑的因素方面也会有所不同。种种差异使得新手教师更容易在面对领导分配的工作时产生不良情绪。

另外，新手教师还是一名"外交官"——面对学生家长时。"学生"是新手教师与学生家长之间的纽带，家长与教师所做的一切都是为了学生。但新手教师与学生家长之间所站的立场是有差异的，如不好好沟通，不仅会影响双方的关系，还会影响学生的学习。例如，教师在处理学生打架事件时，大多会站在比较客观的立场，而家长更可能偏向自家孩子。这时教师就被夹在双方家长中间，加之新手教师首次面临这样的情况，没有经验，可能会无所适从，束手无策。学生成绩、学生管理工作的成效是最直观地表现新手教师工作成效的指标，也是家长评价新手教师的指标。新手教师刚走马上任，尚缺乏实践教学经验与教育成果，家长往往对新手教师的教学能力产生怀疑，担心新手教师不能教好自己的孩子，会耽误了孩子的学习和成长。出于这些顾虑，新手教师在与家长打交道时过度小心翼翼，心理压力大。

三、应对途径

（一）新手教师走向专业化成长

教师专业成长是一个包括知、情、意、行在内的综合体系，其终极目的不仅体现在外在的教学行为上，也存在于教师内在的教育观念中。因此，从接受师范教育的学生到初任教师，再到发展为一名合格的教师的过程，其成长主要体现在专业知识、专业技能等方面。

语文学科知识也称语文的"本体性知识"，是作为一名语文教师胜任语文教学工作所必须具备的语文学科方面的专业知识，即对自己所教的语文学科的内容要有深入透彻的理解。它决定了语文教师应该"教什么"或"用什么去教"。它主要包括语文基本知识（文字知识、文章知识、文学知识和文化知识）与语文课程知识（语文课程计划、语文课程标准、语文教材和语文课程资源）。

语文教育理论知识是语文教师的"条件性知识"，就是"如何教语文的知识"，是教师将语文学科知识与技能转化为学生可接受、可理解和可掌握知识的工具与桥梁，一般包括一般教育理论知识和语文教育理论知识。一般教育理论知识作为超越具体学科课堂组织管理的广泛原则与策略，包括教学准备知识、教学及辅助教学行为知识、课堂管理知识、课堂教学评价知识等带有共同特征的教育教学理论。新世纪的语文教师要把自己所掌握的学科知识教给学生，就必须将自己所知道的学科知识经过教育学和教学法的加工，使之变成学生可接受的知识。这种知识就是语文教育理论知识。换句话说，语文教育理论知识就是语文教师在教学中对语文教育心理学知识和语文课程与教学论知识的综合运用。

"语文它是活的。"蒋老师再次强调，"首先我觉得非常重要的就是要培养学生的学习能力，授人以鱼不如授人以渔，学生掌握知识容易，但是掌握学习知识的方法并不简单……根据语文它本身的特点，我们一定要注意培养学生的人文素养，陶冶他们的性情，丰富他们的课外知识，一定不要满足于当前的教材。"在蒋老师看来，语文教育不仅仅是学科知识的掌握，还是情感态度和价值观的培养，在此过程中，学生能够体验学习过程与掌握学习方法。要做到这些，新手教师的自我认识、自我提升，走向专业化成长必须提上议程。

1. 在阅读中成长

语文是工具性与人文性相统一的基础学科，这就决定了作为一名语文教师一定要拥有一定的文学素养。在蒋老师看来，文学素养的获得，精彩课堂的达成，没有捷径，唯有通过广泛的阅读才可成功。"阅读的多少，将会对教师产生非常重要的影响。其实，当一名优秀教师没有那么复杂，追求太多的技巧，是舍本逐末，最重要的是这名教师他胸中的墨水有多少。一位教师如果有丰富的阅读储备，还有着十分独特、有魅力的人格，那么他不需要那些所谓的技巧，也能赢得孩子们的尊敬。他站在那里，他一开口朗读，一开始谈论古往今来的各种见闻，就对学生有一种天然的吸引力。这就是教师的人格魅力。所以阅读的丰富也是教师成长中一个非常关键的因素。"

杜威说："一个人要成为合格的教师，第一条件就是需要对教材具有理智的准备，应当有超量的丰富的知识。他的知识必须比教科书上的原理或比任何固定的教学计划更为广博。"新手教师要"学会学习"，只有教师本身"会学习"，才能教会学生"学会学习"。2012年2月10日教育部印发的《小学教师专业标准（试行》，明确指出教师要具备小学生发展知识、学科知识、教育教学知识、通识性知识四个大方面的知识，其中还划分为17条细致标准内容。《标准》还要求教师要具有通识性知识，其中包括自然科学知识、人文社会科学知识、艺术欣赏与表现知识以及信息技术知识。通识性知识关注的是教师整体素质的提升，它是非功利、非职业性的，同时也是教师作为专业人员必须具备的素质。

我们常说教书育人，一个教师要想浇灌那些国家的小树苗，首先自己要成为一汪活泉。让阅读成为习惯，与书籍做伴，在和风细雨中，在激流奔荡中，从思想上自我丰富，是新手教师加深巩固语文素养必不可少的一步，也是更好地把握教师适应期，搭起转变为专业型教师的桥梁的基础。

2. 在沟通中成长

"我觉得做一名老师最难忘的一件事情，一定是跟学生有关。而且，这件事情还不是那些日常表现优秀的学生做的，很可能是那些让你稍稍有点头疼的学生做的。"在访谈中，蒋老师讲述了自己在教学过程中最难忘的一件事。她说，作为一名无论是年龄还是知识能力都长于学生的教师，应当有更高的责任感。忽视学生的诉求、情绪化的老师，给孩子们造成的心理伤害是不可量化的。"经一事长一智，这件事让我自己明白，作为教师，作为那么多学生信赖的老师，一定不能失控，一定不能在他们面前表现出来没有耐心，擅自去判断，去伤害学生。如果说发现自己做错了，应当及时挽救进行道歉，修补师生关系。"

俗话说："种花须知百花异，育人要懂百人心。"教师要时刻关注学生，无论是主题班会，还是小组交流，抑或是面对面交谈，新手教师都要及时调整好自己的心理状态，及时有效地与学生进行沟通。

另一方面，虽然教师面对的主要是学生，但是同事、家长之间的沟通也不可忽视。新手教师要做一个教育的合作者和实践者，积极尝试小组合作，虚心求教，在交流中实现自我提升。与家长交流时要耐心，要及时向家长反馈学生学习情况，做好家访记录。

（二）注重课堂教学艺术

1. 以鼓励、理解代替灌输

新手教师需要掌握学科专业和教育理论等各种知识，而更重要的是获得丰富的个人实践知识和智慧，并与实践知识融合在一起，能灵活地解决复杂情境中的问题，赫尔巴特称之为"教育机智"。他认为，"机智理应成为实践的主宰""谁将成为好的教师或坏的教师，左右这个问题的只有一个，就是如何形成这种机智"。例如，蒋老师引导学生共同保护一只无人认领的小鹦鹉、鼓励并带领学生于课前课后多朗读。实践证明，蒋老师的理解和鼓励是有效的——通过近距离地养护一只小鸟，学生写出了有自己的感情和想法的日记和作文；在日积月累的朗读中，学生得以培养语文语感，感受中华古诗词的美。

美国著名的教育家厄内斯特·波伊尔走遍世界各地，先后研究了高等教育、基础教育，最后认定，教育改革最具希望的前景在于小学。因为在小学教育阶段，教师对学生的影响与儿童年龄阶段相应的心理特征相关，小学生更多地把教师作为模仿、认同的对象。小学生鲜明的向师性，使小学语文教师的素养显得尤为重要。蒋老师的小学语文老师会把书借给有进步的学生看，并亲手写表扬信，这种鼓励对学生的影响是巨大的，也正是如此，当她由学生变成蒋老师时，她会更注重以心灵叩响心灵的教学方式来开展教育活动。

2. 在规则中共同成长

俗话说，无规矩不成方圆。"你是这个班上规则的——不说是制定者——但至少应该是倡导者、维持者。"良好班级班风的建立需要教师与学生的共同努力，必须让学生意识到他们自身的主体性，每个人都能够为班级作出自己的努力。对于新手教师而言，更应树立规则意识，但理解不等于放纵，威信不等于摆架子，规则也不等于控制。新手教师要让学生真正尊敬自己，信任自己，就要倡导与学生建立共同的班规，共同去维护，去遵守。如果班规是教师与学生共同建立起来的，无论是新手教师，还是学生，都会感受到其中的约束力以及凝聚力。要注意的是，当真正需要运用班规来惩罚或者鼓励学生时，不要让学生觉得教师好像有所偏袒或教师自身都有些事情没有做好。李镇西老师在讲到建立班规时特别强调教师要以身作则，而不能以师者自居。

（三）在反思中提升自我

教育反思指教师对自己所有的知识、信念、价值观，以及背后支持它们的理由、假设和倾向进行积极主动的批判性思考。

新手教师要勤于反思以提高教育教学的实践能力。反思是教师自我适应与发展的核心手段，正如美国学者波斯纳提出：教师的成长 = 经验 + 反思。如果一个教师仅仅满足于获得经验而不对经验进行深入的思考，那么"即使有多年的教学经验，也许只是一年工作的多次重复，除非……善于从经验反思中吸取教益，否则就不可能有什么改进，他永远只能停留在一个新手型教师的水准"。由此可见，教师掌握了理论知识之后要通过实践加以验证，要在实践中总结取得的成果和出现的问题，不断调整自己的知识结构和实践方式，以获得持续的终身发展，达到成长的质的飞跃。以下是一些反思的途径：

1. 认真写好反思日记

叶澜教授说过："一名教师写一辈子教案不一定成为名师，如果一个教师写三年反思可能成为名师。因此可以说，教学反思是教师专业发展和自我成长的核心因素。"把一时的顿悟、棘手的问题、鲜活的案例记录下来，在写反思过程中去思考为什么。看到问题，了解问题才能切实解决问题。

2. 积极参与行动研究

教师是教育的实践者和研究者，那种"教教材"的"教书匠"已经不适合时代发展的需要。苏霍姆林斯基说过："如果你想让教师的劳动能够给教师带来乐趣，使天天上课不至于变成一种乏味的义务，那你就应当引导每一位教师走上从事研究的这条幸福的道路上来。"小学新手教师要从四个方面来反思自己的教学：教学理念、教学行为、教学方法、教学效果。教师从事研究的最终目的不仅仅是改进教育实践，还可以改变自己的生活方式，从而在工作中获得理性的升华和情感的愉悦，提升自己的精神境界和思维品质。

3. 多进行观摩与分析

"他山之石，可以攻玉"，苏霍姆林斯基对于新教师是这样忠告的，"深入思考优秀教师的经验，将有助于你看到在自己的实际工作中要取得某种成果，都取决于哪些因素""你对年长的同事们的经验研究和观察的越多，你就愈加需要进行自我观察、自我分析和自我教育。在自我观察、自我分析的基础上，你就会逐步形成自己的教育思想"。新手教师要积极参加优秀公开课，多向有经验的老教师虚心求教，才能取得进步。

四、小 结

赫伯特·科尔说过，教育的一个美丽之处在于——作为一名教师，其发展是无限的，正如你事先并不知道学生能学多少东西一样。教师的成长过程犹如蚌生明珠，一开始的不适应或痛苦，都是一种积累，应该好好把握住这个适应期。适应期于新手教师本人而言，是独一无二的，蕴藏着珍贵的学习财富，因为那颗明珠是新手教师经历多番自我磨砺才孕育而成的。新手教师的成长是其自身不断建构职业信念和价值取向，丰富专业知识和技能的过程，具有长期性的特点。小学新手教师进入新环境后，对各方面都不熟悉，做事情都是摸着石头过河，跌跌撞撞，朝着专业化方向走，还要通过阅读提升自我，学习沟通的技巧，在反思中进步，坚定专业情意，实现从新手教师向优秀教师的转变。

坚定专业情意：基于对一名农村小学 在职语文教师的访谈

李佳琪

小学语文教育是构筑本国国民科学文化素质的基础教育的重要一环，而在城乡各项资源尚不处于平衡的背景下，农村的小学语文教育更是农村基础教育建设的关键环节。本文立足于与一位农村小学在职语文教师进行访谈获得的实际情况，指出专业情意是正在或准备从事小学语文教育教学的工作人员不可或缺的职业品格和专业信仰，坚定专业情意可以跨越地区差异，同时在吸取前人研究成果的基础上，提出几点关于师范生专业情意培养的建设性策略。

一、访谈过程简介

（一）背景

本次访谈活动是在广东省卓越教师"'双专业+特长'卓越小学语文教师培养模式构建与实践"改革项目的支持下展开的，该项目旨在丰富在校的、有志于小学语文教育的学生对于学习课堂之外现实的教师与教学的认识，同时提高学生的研究、沟通等各方面的能力以及专业认知的水平。

我现在在广州大学就读本科——汉语言文学专业（师范方向），有幸参与此次访谈活动。通过给曾老师做这次访谈，虽称不上彻底理解小学语文教学及教师，但借此机会，让我对于语文教师这一职业有了更为清晰的认识，也为接下来的大学生涯提供了更为明确的专业目标定位。

（二）访谈对象的选择与联系

访谈对象的选择，主要基于对母校（就读至五年级，后转学到深圳）的深厚情感以及方便访谈任务完成的考虑，因此积极联系了当下仍在家乡从事小学语文教学工作的亲戚教师。经过多次主动沟通，并将活动的相关事宜一一告知，最终她同意接受访谈。

为了更好地完成访谈任务，笔者于寒假期间动身前往广东省揭阳市揭西县的五经富小镇，与访谈对象进行面对面的交谈，并实现了到访谈对象就职小学进行实地参观的计划。

（三）访谈对象的基本情况

曾老师，中共党员，职业教师，拥有着 27 年的教龄，职称为小教一级。她目前执教于广东省揭阳市揭西县某小学，任四年级语文学科教师，具有丰富的教学及班级管理经验。

二、访 谈 实 录

◎**问**：您选择教师职业的原因是什么？

◎**答**：自然离不开我个人从小就有着对教育工作的志向，成长过程也受到了教育过我的教师们和同样身为教师的父亲的影响，人民教师的使命感让我很受感染，也使我最终走上了教学道路。

◎**问**：从您个人角度出发，您认为同其他学科相比，小学语文教学有何突出特点？

◎**答**：我也曾教过数学、英语、音乐等学科，与这些学科教学相比，语文教学，主要是帮助学生们能够识字、造句、表达，看似简单，但汉字的构造、组合与词、句的使用都比较复杂，如果学生不认真加以区分就会混淆，也就常会导致教学效果不够理想。所以说，语文教学要耐心、精心，这不是一件容易的事情。

◎问：结合您的日常教学工作，语文学科的教学需要经历的环节有哪些？

◎答：首先是备课，要对教学任务有明确的认识，在此基础上进行教案及课件的制作；其次是课堂教学；然后是教学反馈，主要是学生测验；最后就是教学总结反思。

◎问：语文学科教学环节中最复杂的是哪一项？

◎答：其实都不简单，但要说哪一项最复杂，那应该是教学过程，就是课堂教学。既要不忘教学目标和教学安排，也要把课上好、上活，要让学生们能够真正进入课堂，其间还与学生互动，这就需要讲究功夫了。

◎问：您在教学过程中是如何看待和处理教师与学生的关系的？

◎答：四个字概括就是师友原则。教师不但要成为学生的师长，让他们愿意相信你教授的知识、接受你的教学安排，而且更重要的是要与学生做朋友。而与学生做朋友，其实就是要做到尊重学生、关爱学生，让他们能够感受到你和他们是平等的，而不是高高在上的。

◎问：在您的语文教学生涯中，最让您难忘的事是什么？

◎答：都是挺难忘的！我想说：教师这个职业，需要付出，语文教师则付出更多，如担任班主任、主持早读等，这些工作也是要去完成。因此，等我退休后想着最难忘的事情会是自己教学几十年来兢兢业业、勤勤恳恳的坚持。

◎问：您教学中使用普通话和客家话的情况是怎么样的？

◎答：上课的时候自然多使用普通话，语文学习的一个重要目的就是要提高学生正确使用普通话的能力，所以我在课堂上会多提问，锻炼他们用普通话流畅地表达自己的能力。但是对于一些单个辅导或安排任务时，还是会使用客家话。

◎问：小学语文教师应该具备哪些语文学科知识、技能和素养？

◎答：学科知识方面包括识字（拼音及书写），还有关联词、句式、写作等；技能方面，需要学习搞好师生关系、学习制作教案和 PPT；素养方面，针对本学科，则应当学会表达要流利到位。

◎问：假设让您给正在就读中文师范专业的学生一些建议，您最想说的是？

◎答：第一点，还是要重视专业课的学习，此外，心理学、教育学这些也是很重要的。第二点，树立坚定的教师职业信念，坚持下去。

三、个人基于访谈的思考

此次访谈活动的顺利开展，以个人角度来说，是一次有意义有收获的经历。对于农村的小学语文教育现状，曾老师的耐心解答与热心帮助，让我在掌握一名小学语文教师应具备的知识、素养及技能的信息之外，也从谈话之中感受到她那深厚的教师专业情意。而教师专业情意成了我此次访谈与总结中需要不断思考的主要对象，随着探究的深入，我将它认定是正在或准备从事小学语文教育的教师不可或缺的职业品格和专业信仰。

（一）教师专业情意的内涵及其对师范生的重要性

专业情意是教师的重要精神力量，对于教师职业起着举足轻重的作用；以此也可以合理推导出树立与坚定教师的专业情意对于在校师范生的重要性。

1. 为师范生的专业成长以及发展提供精神源泉

在现代信息与技术高速发展的大环境中，无论对于教师的角色还是教师的技能，都不断地提出发展的要求，并且发展还需趋向多样化、丰富化、全面化。然而，面对原本就并不算轻松的教育教学工作，这些时代环境所给予的新的发展需要，则无疑是给教师增添了工作负担。

在校学习的师范生在跨向职业教师的过程中，学校课程安排中有理论知识学习与实践技能操作两大方面，自然也会把时代环境赋予教师职业的新要求加入这些课程的目标或要求中，学习的知识虽还是以学科专业知识及相关教育类基础知识为主，但在学习与操作技能方面，则从以教学技能为主到兼顾掌握教学技能与现代的教育技术，周围同为师范生的同学对此多有担忧。因此，为了应对专业知识与专业技能要求更高的情形，师范生应当有树立专业情意的意识，并逐步形成支持、推动自身积极习得专业知识与专业技能的精神动力源泉。该精神动力源泉，不但使得师范生自身在学校学习中储备实力，而且会在未来的职业生涯中转化为无形的宝贵精神财富。

2. 为师范生建筑有利于个体与社会发展的基底

教师专业情意的正确树立与坚守，是教师个体能够实现身心积极发展及事业蓬勃向上发展的必要基础性要求。"教师"这一份职业的作用与意义，则并非只是完成教学任务，即不能用"传道、授业、解惑"予以简单概括，教师是人类灵魂的工程师，其施教行为过程会对学生的认知倾向、思想观念、价值追求等许多方面产生深远影响，也间接地影响整个社会的运行及发展。

师范生在学校学习生活之中，在领略知识魅力的同时，个人的责任感、道德伦理观、是非对错观、价值取向也会得到引导及培养，并渗透师范生的专业情意的形成。专业情意在保持对职业的高度认可的基础上，紧密结合时代社会正面的思想精神，推动师范生在步入教师行业及从事教育教学工作的过程中获得且传递自身所具有的社会整体认同度，成为促进师范生个体及社会发展的有利思想基础。

(二) 关于培养师范生专业情意的策略

建立在了解教师专业情意的内涵及对师范生的重要性的基础上，探求培养师范生专业情意的策略，以期为自身及同为师范生的同学们提供一定的指导作用。为了提高所提出的培养策略的科学性、可实施性，笔者将把前人研究中为数不多的宝贵成果与所处院校的实际相结合，以供本院校及相似院校的师范生参考。

1. 形成对教师职业的正确认识

教师是以"教书育人"作为本职工作的，对象是身、心、智正处于成长期的中小学学生，而教师是以成人的身份面对未成年的孩子，用自身具有的学识和品格去教育和引导学生。因此，首先要明确教师这份职业是高尚的、光荣的，需要高度的责任感。

其次，教师这一行业同其他行业一样也是要讲"业绩"的。教学任务是教师职业工作中的一个重要部分，此外教师的教学成果、教学成绩等则是考核教师"业绩"的指标项目，这也要求教师具备过硬的专业知识、端正的专业态度、投入的专业热情。

最后，教师并不能从职业中获得巨大的利益，因此需要有较高的奉献精神。人们常用"蜡烛"来比喻教师，燃烧自己照亮别人，在年复一年的教学中，教师需要保持初心，孜孜不倦地去教导一批又一批的学生。

师范生是预备教师，应当要对教师这一职业有明确的认识，使自身的职业认知不至于脱离现实，从而形成较为客观的专业情意。

2. 明确专业性向，不断调整个性

专业性向是专业情意中的重点内容，包括教师对自身职业的认同感和教师对业务的钻研，同其他行业相比，教师职业对于从业者的人格和个性都有着更高的要求，正如苏霍姆林斯基所说："教育是人与人心灵上最微妙的接触。"而将优秀的教师作为参照，他们大多表现出共同的性格特征，即耐心、外向和稳重，这三大性格特征成为具有一定信服力的教师的良好专业性向标准。因此，师范生应适当调整自身的个性发展方向，形成良好的专业性向，以便更好地完成教师职业发展中的各项工作任务。

3. 积极主动地提升个人综合素质

教师从事着培养国家新生一代的科学文化素质和道德素质的工作，如何使得培养对象——学生能"亲其师，信其道"乃是教师所要重视的。从教师的角度看，学生若是信赖自己所教授的知识和道理，积极配合自己的教学工作，则有利于增强教师的专业素养，进而提高专业情意。师范生在校期间，可按照自身的兴趣爱好、特长等特点，选择专业相关或与专业外的比赛、考试、培训进行个人综合素质的培养及提升。

4. 增加与专业相关的实践经历

"以史为镜，可以知兴替；以人为镜，可以正衣冠。"教师的专业情意不是空想出来的，需要以相关的实践经历作为依托来建立。实践经历又分为亲身直接获得和通过他人间接获得，这两种实践经历有着一定联系。具体来看，教师应多观摩他人的教学，取长补短，以完善自己的亲身教学，例如，刚步入工作岗位的青年教师需要去有资历、较优秀的前辈教师的课堂上去听课，做好相关记录，课后与前辈教师进行交流，自己的教学技能也会得到提高。

师范生在求学期间，学校会根据培养计划，组织他们到中小学见习和实习。而在其余时间，师范生有三种途径可以增加相关的实践经历：一是通过到正规的补习机构或可信的家庭从事教学实践；二是利用上课的机会，对教师的教学进行观察、思考，适当与教师进行交流；三是网络上有大量名师的教学实录和教学视频，可以选择性地进行观看、学习。

如何培养教师的实践性知识：
基于对三位小学语文教师的访谈

陈丽梅

一、访 谈 背 景

"双专业+特长"卓越小学语文教师培养模式构建与实践课题组和广州大学共同给了我们这样一个机会——走进一线的小学语文教师，拉近与小学语文教师的距离，通过面对面的交谈，进一步增进对小学语文教育的认识。在这次访谈中，我深刻地体会到师范生在大学课堂上所学习到的理论知识，只是踏入教师这一行业的必要的基础，真正考验我们的，是如何把这些晦涩、深奥的理论知识运用到今后的教学实践中去。实践性知识的提高，才是一名语文教师与时俱进、践行反思的重要体现之一。"纸上得来终觉浅"，把所学的系统的理论知识应用到具体的教学实践中，在实践中反思理论知识，从而慢慢地形成自己的教学风格以及教学方式，这是师范毕业生应该努力学习的地方！

二、访 谈 实 录

本次我一共访谈了三位小学语文教师。

第一位是张老师，教龄为一年，广州大学 13 级汉语言文学专业的毕业生，也是笔者的直系师姐，现任教于广州市某学校小学三年级。

在整个访谈的过程中，张老师着重强调的是：想要成为一名合格的语文教师就一定要具备扎实的语文专业知识和良好的教学素质，并且要源源不断地汲取新知识。作为一名新时代的语文教师，要与时俱进，要把学校学到的理论知识、专业知识和专业技能运用到实际的教学活动中去，在实践中反思，将理论知识渗入具体的实践中去。也就是说，对于一名刚毕业的师范生，甚至一名在职的教师来说，在实践中合理运用知识与技能是必不可少的，也是尤其重要的！

第二位是黄老师，也是笔者的高中语文教师。现任教于深圳市某小学（一所九年制的公办学校）三年级。黄老师是一位有着丰富教学经验的语文老师，她教过高中语文，也教过小学语文，对于小学语文教育有自己独到的见解。

她认为，作为一名新时代的小学语文教师必须具备信息素养，将信息科学技术灵活地运用在教学中，可以拓宽自己的教学实践渠道，从而进一步加深"实践记忆"。黄老师还和我分享了她从中学的高中语文教师转变为现在深圳市某学校的小学语文教师的体会。黄老师说，体会最深的是教学环境的巨大改变，在高考制度下的语文教学是十分繁重的，很少有自由发挥的空间，加上繁重的坐班制，使得自己没有足够的时间陪伴孩子；可是，它又是自由的，学生思维是活跃的，创作思维是多维的，这也让高中语文教学充满了挑战和乐趣！而小学语文教育相对来说会轻松一些，但更烦琐。这里的工作环境是与时俱进的，相对于家乡封闭的教学环境而言，为语文教师的自我提高提供了一定的外在条件。

第三位是刘老师，他是我家乡的一位具有 20 年教龄的小学语文教师，虽然他不是我的小学老师，但是，经过一些家乡同学的引荐，我很荣幸获得这样一个机会，和一位具有丰富教学经验的老教师交谈，真是受益匪浅！刘老师本科毕业于岭南师范学院，毕业后直接回到了家乡工作，一直从事于小学语文教育。粤西是一个山外有山的偏僻地方。当我问他："是怎样的动力让您一毕业后就回到家乡，并且一直坚持从事于小学语文教育，您从中体会到了什么乐趣？"他的回答是："喜欢吧！因为那时候我的小学语文老师就在这里工作！我想是一种随遇而安的乡土情结！"他的回答让我出乎意料，一位人民教师数十年如一日默默无闻地在自己的教育岗位上坚持教学，我被这位老教师的乡土情结所感动。

三、教师的实践性知识该如何培养

在对三位教师的访谈中，我发现每个人都有自己对教育的独特见解，但他们的出发点都是一样的，就是想成为孩子们信赖的朋友，尊重孩子，激发孩子的兴趣，引导孩子们掌握思考的方式。从他们的见解中，体现出来的是：教育的民主化与个性化是当今世界教育改革与发展的两大主题，师生间应该建立起民主平等、尊师爱生、理解宽容、教学相长、合作对话的新型师生关系。友好和谐的师生关系是教师展开教学的一个重要前提。教与学是师生之间的一个双向交流的过程，而并不是由教师向学生的单向灌输。那么，这就涉及教师如何把自己的专业知识和理论知识转化为实践性知识，在实践中如何不断地提高自己的专业素养和教学技能。

三位教师就学习和就业两个方面给了我一些建议和指导，他们一致认为最重要的是不断地在教学实践中提升自己的实践性知识，再通过反思实践，进一步深化理论知识。

那么，何为实践性知识呢？埃尔贝兹认为："教师实践性知识是教师以一种独特方式拥有的特别的知识，是教师以其个人的价值、信念统整他所有的专业理论知识，并且依照实际情况为导向知识。"教师实践性知识就是教师所拥有的一种特殊知识形态，它源自教师的观察、体验和反思，具有情境性、个体性、综合性等特点，在教师专业发展，教师教育改革发展及教师的教育教学实践中有着独特的功能。在本次访谈活动中，三位教师都反映了自己在教学生涯中所遇到过的问题，以及在解决这些问题背后所取得的难以忘怀的成就感。

　　很有趣的是，在对三位教师的访谈中，我都提到了一个问题："在您的语文教学生涯中，最让你难忘的事是什么？为什么？"三位教师的回答都是：学生对自己的认可与尊重！

　　张老师的回答是："让我最难忘的是实习期遇到的一群可爱的孩子们，他们让我真正体会到了教学的价值。当一位别人认为很调皮，作文写得天马行空的男孩，因为我的肯定和欣赏，成绩慢慢地提上来了，我就觉得自己特别有成就感，这一位学生就像是自己的朋友一样。实习期结束了很长一段时间后，突然他发信息告诉我，他写的小说被某某杂志录用了，那一刻我为他高兴，也为他骄傲。"

　　黄老师的回答是："毕业很久的学生一直记得我，突然说很感激我的引导，说明一位老师对他人生有重要的影响和指导。"

　　刘老师的回答是："得到一位差生在作文里对自己的肯定和赞美。那位差生思想的转变让我觉得做老师很有成就感。"

　　上面三位教师，面对"在教学生涯中，哪一件事情最让您难忘"这一问题时，他们的欣慰、他们的成就感都是源自学生的进步以及学生对自己的肯定与尊重。这让我想起了高三的班主任，在一节班会课上，我亲耳听到一位已经工作几年的师兄讲过这样一句话："一位真正优秀的老师不是使优秀的学生变得更加优秀，而是教会差生如何变得优秀！"他说感激班主任对他的肯定，一直都没有放弃他！我被深深地感动了，也是在那个晚上，我对教师这一职业充满了向往，并努力地想成为一名对学生有影响、对学生的成长有帮助的教师！

　　这种职业成就感源于学生对教师教学活动的肯定，是学生给教师的教学实践的正面的回应。教师则对这一实践活动进行反思，形成自己的独特的教学风格！

　　在访谈中，三位语文教师提及最多的就是实践能力的提高，以及理论知识与实践知识的转换。对于语文教学的实践性知识培养，我总结出以下五点措施：

（一）扎实的专业知识是培养实践性知识的前提

作为一名专业教师，应该具备科学文化基础知识、学科专业知识及相关知识和教育学科知识，而且这三方面的知识应该是相互结合与交融的。在大学的学习中，我们开设的专业课有现代汉语（上下册）、语言学纲要、教师口语、古代汉语（上下）、教育学、心理学、教材分析、教学技能与训练、语文教材论、语文课堂教学技能、语文网络课程设计与应用等。除了这些必修课程外，还提供了多种多样的选修课程，为师范生的专业素养的培养提供了广阔的舞台！课堂上丰富多彩的课程安排，广博的知识海洋，需要我们花时间去思考、去探究、去钻研，形成自己的知识体系，为今后的教育活动打下扎实的基础。

（二）做一名爱读书的语文教师

在访谈中，三位老师都极强调了对专业素养的培养。著名的教育家李镇西说过："阅读欲就是我的生存欲。"张老师说，小学生那些奇妙的思维往往是出乎意料的，你永远不要以为可以忽悠小学生，他们有时候往往知道的比你还要多。作为老师应多接触学生，和学生共同培养阅读兴趣！语文知识的获取不应该仅仅源于教科书上的文章，课外书籍的阅读也是一个重要途径，而且要学会运用现代科技工具进行阅读。阅读带来的影响是潜移默化的，在无意识地指导我们的行为，更新我们的思维方式。

阅读作为语文学习的重要环节，其实也是信息加工的过程，是信息的收集、解释、整理、归类、运用的过程。培养学生的信息收集、分析能力，其实就是培养学生的阅读能力。阅读可以拓宽我们看待问题的角度，加深我们对问题的理解。语文课程如何面对未来信息技术的挑战，最重要的一点就是不断地拓宽语文课程的资源，带领学生积极地参与其中！

现在很多小学都在班级里建立了一个图书角，每个学生都可以把自己最喜欢的书籍带到图书角去和同学们一起分享，并且，要给自己选的这一本书写一点阅读建议，分享自己的阅读体验！这样的活动可以很好地激发学生们的阅读兴趣，形成共享阅读、共同阅读的学习氛围。

（三）教学相长，建立平等互信的师生关系

教学相长，古已有之。教育教学是师生双方共同活动的过程，师生双方都是教育教学的主体，教师与学生应形成一个"学习共同体"，现代课堂的改革更多地将会趋向于"翻转课堂"的教学，虽然这种教学方式在我国还不是很普遍，但这必然是一种趋势。教师应最大限度地激发学生学习的兴趣，调动学生的学习参与度，而且，不同于传统的班级授课制，现代课堂更强调小组学习——探究、合作的学习！

在访谈的过程中，黄老师特别强调一点就是要足够信任自己的学生。虽然教师可能与自己的学生有一定的年龄差距，但是只要足够真诚，一定会与学生建立良好的师生关系。

"人的存在是理解的存在，人的生活是理解的生活，理解充盈着人生的各个时刻。"良好的理解是友好的师生关系建立的前提条件之一，在理解的基础上才能建立一种平等互信的师生关系。这让我记起了高中时的一位同桌，高中三年，她被黄老师没收了十多部手机，前几次，黄老师没收了手机，每次都找她谈话，让她写反思，可后来她还是没能改掉上自习课玩手机的习惯，后来黄老师每一次发现她在自习课上玩手机就一声不吭地把手机没收，但没有像以前那样把她叫到办公室里谈话，没有再让她写检讨、写反思。就这样，一部部手机被黄老师一声不吭地收走了，渐渐地，黄老师的沉默让她觉得很不安，很愧疚。终于有一天，她按捺不住了，主动写了一份检讨，交到黄老师的办公室，自己承认了错误。最后，她还问黄老师："为什么不骂我了？"我想，对于她来说，她害怕被老师放弃，从本质上讲，她还是一位追求进步的学生。在访谈中，我们也聊到了这位同桌，我记得黄老师是这么说的："其实，我也很害怕自己没能及时指正她的不好的行为，可是，我想我一而再再而三地找她谈话，还不如让她自己认识到问题所在，所以，我一直在忐忑不安地等她到办公室来找我，等了

很久很久，她终于还是来了。那时候我就在想，这真是一位可爱的学生呀！"

（四）善于反思教学实践，树立终生学习的理念

索尔蒂斯："我们如何思考知识，确定在相当程度上影响着我们如何思考教育。"反思应该应用到平时点点滴滴的教学实践中，也就是说，对于在教学活动中遇到的问题，教师要进行多角度的思考，从而使自己的解决方法更加合理和人性化。教师的思考角度、方式，都会体现在平时的教学活动中，潜移默化地影响着学生。

叶圣陶说过："教是为了不教。"在教学实践中应该怎样践行这样的理念？这就需要教师把书本上学习到的理论知识应用于教学实践，就需要教师在见习、实习或者支教的活动中，认真观摩前辈们的讲课，学习他们是如何讲课，如何处理课堂外的情况，并且，通过反思来形成自己独到的见解。

接受访谈的三位教师都提到了终身学习这个观念，还记得张老师说："作为一名教师，尤其是语文教师，必须得终身学习，不断提升自己，做到与时俱进，这样才是一名新时代的教师。"是的，教师不仅仅要学习专业知识，还必须掌握一定的信息技术，多媒体教学已经是一种必然的趋势了。作为 21 世纪的教师，要具备一定的信息素养，学会运用信息技术来为教学服务！

（五）与时俱进，不断更新自己的教学理念

"与时俱进"由来已久，1910 年年初，蔡元培在《中国伦理学史》中，针对清朝末年中国思想文化界抱残守缺、故步自封的局面，通过中西文化对比，指出"故西洋学说则与时俱进"。他把散见于中国古书中的"与时偕行""与时俱化"等激励人们的说法概括综合为"与时俱进"。教育的发展离不开时代的大背景，当今科技的迅猛发展，传播媒体的日益发达，都在一定程度上加快了知识的更新与传播，这也要求教师要具备与时

俱进的教育观念、与时俱进的知识体系、与时俱进的教学技能，这对于成为一名合格甚至优秀的教师来说都是极其重要的！

三、结　语

通过这一次访谈活动，我进一步认识到教书育人是小学语文教师的根本任务，要实现"教书育人"，就不能仅仅局限于学习理论知识和发展专业素养，同时，也要专注于自身教学实践技能的提高！

教师的实践性知识的培养，离不开扎实的专业知识，同时也离不开反思践行，并将所思所感所悟应用于实际教学中，不断更新知识体系，不断提高自己的信息素养！

这一次的访谈活动让我们师范生受益匪浅的！我也相信自己能成为一名优秀的语文教师！

小学优秀语文教师特质分析：
基于对一位小学语文教师的访谈

罗晓润

一、访谈背景

2014 年《教育部关于实施卓越教师培养计划的意见》颁布，提出要"培养一大批师德高尚、专业基础扎实、教育教学能力和自我发展能力突出的高素质专业化中小学教师"，并启动了卓越教师培养计划，力求提高教师的专业素养，打造高素质的教师专业队伍。教师的专业特征既具有普遍性，在不同的学科中又具有特殊性。立足所学的汉语言文学专业，依托广东省"'双专业+特长'卓越小学语文教师培养模式构建与实践"卓越教师改革项目，在广州大学人文学院的组织下，我得以开展"小学语文教师访谈"活动。通过线上接洽，在母校恩师的大力支持下，完成了此次线下面对面访谈。

黎老师，女，本科学历，从教 22 年，曾任广州市白云区某小学少先队辅导员，现任教于广州市白云区某学校，教授小学三年级语文学科。作为高级教师，她奋斗在教学第一线，多次担任班主任，教学管理经验丰富。黎老师在繁重教学工作之余不忘学习，努力提高自身的专业知识和教学技能，获得本科学历后仍不断进修。其拼搏向上、热爱学生、专研教学、与时俱进、严肃活泼的专业特质与独特的人格魅力影响了一届又一届学生。

二、由访谈引发的对教师专业特质的思考

本次访谈从走上语文教学道路的缘由、小学语文教师的专业素养覆盖到教师培养机制等方面来发掘黎老师的优秀专业特质，经过整理，拟定成文。

（一）追求卓越的职业动机

黎老师的初衷并不是成为一名教师。她最初是为了学习音乐而进入师范类学校，但在校学习期间，教师的谆谆教导、循循善诱，以及见习和实习期间的教育实践，与儿童的愉快相处让她对师范教育事业产生了初步的自信和朦胧的向往。中等师范学校毕业后回到乡镇，她在当地小学任教。在这所典型的农村乡镇小学里，基本没有开设音乐课，仍然怀揣着音乐情怀的黎老师通过借课的方式上起了让农村孩子感到耳目一新的音乐课。

中师培养的师范生通过严格的师范教育训练，接受全科教育，文理兼修，体艺兼备，专业功底扎实，综合素质高，能胜任小学各科的教学。后来，根据该小学的实际需求，黎老师被委任为小学语文老师。尽管最初走上教师岗位有诸多的不情愿，但为人师表的责任心、强烈的追求卓越的职业动机，让黎老师在这个岗位上兢兢业业，不甘平庸，不满现状，不落人后，不断地挑战自己，决心做到最好。

在小学执教时，作为语文教师，她所教班级的语文平均分必定全年级最高，遥遥领先于区平均分；作为少先队辅导员，她身兼数职，举办并鼓励学生参加校内外活动，开发学生的潜能，锻炼学生的能力。后来，在白云区的学校这片更广阔的天地，她不断进修学习，吸收更为先进的教育理念，锤炼自己的教学风格；她没有沉溺在已有的成绩中，每一天都以饱满的热情投入教学，观察学生，发现问题，分析现象，提出方案，写成研究论文，往"研究型"教师发展。

（二）以生为本的教育理念

教育理念是指教师在对教育工作本质理解的基础上形成的关于教育的观念和信念。学生是完整的、丰富的，具有能动性、创造性的发展中的人，既是教育对象，又是学习的主体。在教育过程中，学校和教师的全部工作的最终目的在于促进学生全面、和谐地发展。在交谈中，黎老师多次提及"用心对待学生，学生会感受到"，她强调要具有一切为了学生，为了一切学生，为了学生的一切的"以生为本"的理念。

黎老师在论文《开展阳光评价，提升语文核心素养》中指出："在课堂教学中以学生为主体，构建阳光评价体系，赋予语文课堂新的内涵，规范课堂教学行为，指导学生调整学习策略，培养良好学习习惯，激活学生的学习积极性和内在潜力，是提升语文素养的有效方法。"教师要热爱学生，教学要因材施教，以生为本，以学定教。教育教学从来不是一成不变的，适合某个班的教学目标不一定适用于另一个班，对这个学生有效的教学方法不一定适合其他学生。课前必须立足学情，兼顾好、中、后进三种层面学生的不同需求，深入浅出，窄进宽延，精心备课。课堂是灵活生成的，刻板、预设的公开课只是一场表演，并不是日常的教学。教师引领课堂大方向，创作的主体还是鲜活的学生。课后评价也要以学生发展为中心，实施阳光评价，让学生敢评、乐评和会评，在参与评价中得到提高。

优秀的教师从不放弃任何一个学生，也从不会以言语中伤任何一颗弱小的心灵，他们善于开导鼓励，使学生如沐春风地顿悟、进取。面对智力发展缓慢、学习散漫的学生，黎老师庄重地问："你知道自己为什么学得不好吗？"学生闷闷地说："因为我蠢。""不，不是，我不认为你蠢，你最大的问题是懒！不是不能，是不想做，你认真写出来的字也可以很工整。老师对你是抱着很大期望的，你觉得你能端正学习态度，把字写好、上课认真听讲、下课完成作业吗？"教师一声真诚的肯定、一个善意的眼神、一种亲切的姿态就能让学生产生自信心，燃烧"小宇宙"。

总之，教师应平等地对待每个孩子，尊重每个孩子身上的差异，发掘其闪光点，并不断地给予鼓励与赞赏，让每个孩子都能全面、和谐的发展。

（三）灵活多变的教学手段

教学工作是一种充满情境性的专业活动，教学过程中会不断遇到新的情境、新的问题，这就需要教师巧妙地设计并采用新的教学方案，创造性地处理教学中遇到的每一个细节问题，不断反思、调整自己的教学行为。

同一知识体系的内容往往被分层级地安排在不同的教学目标中，有时明确出现在课程要求中，有时隐藏在课文里，有时又作为某一题目或某一板块存在。因此，教师在解读课文时不能拘泥于教材篇章安排，将前后内容割裂开来，孤立教学，应明确关联，分层落实。例如，基于对学情的准确把握，对教材内容的熟悉，拥有着丰富教学经验的黎老师打破课本单元的阻隔，以点切入，巧妙地将人教版三年级下册的《荷花》与二年级的《花钟》结合起来对比教学。学过的知识为新知识开路，新知识则又拓宽了学过知识的外延。《花钟》讲述各种花开花的状态，《荷花》描写了一种花的多重姿态，通过对比学习，厘清不同写法，步步推进，螺旋上升，为以后的作文学习做铺垫。

对于作文的教学，黎老师在不断的摸索实践中，渐渐形成了自己的独到的见解。她认为既然要学习作文，在低年级教学中就应该严格要求，让学生形成良好的写作习惯。尽管一年级主要训练看图写话，依旧可以培养学生的分段意识：第一段，一句话简要概括时间、地点、人物；第二段，观察图画中的重点内容，作细致描写；第三段，抒写自己的感受或陈述总结。

作文教学不能独立于单元写作，前期没有积累，上课时没有渗透，学生很难写出优秀的作文。教师在讲授新课时应该发掘文章中的优秀养分，为写作构建框架，添砖加瓦。例如，在上《燕子》一课时，黎老师有意识地结合《翠鸟》一文，对比写鸟的外形时运用的不同方法，引导学生进行学习和摘抄。此后，在布置"挑选喜欢的鸟类来写它的外形"这一小练笔时，学生就能有迹可循，心有笔墨，得心应手。作文教学不可能一蹴而就，而是聚沙成塔、集腋成裘，从量变到质变的过程。黎老师班上的同学都拥有一本写作宝典，分外貌描写、动作描写、风景描写、动物外形描写等板块，课内外优秀字词、经典文句的摘抄，让语文核心素养渗透学生的学习过程，厚积薄发。

（四）终身学习的专业发展观

朱熹在《观书有感》中写道："问渠那得清如许？为有源头活水来。"于谦在《观书》中说："活水源流随处满，东风花柳逐时新。"要让学生在学海中扬帆远航，桃李时新，教师就必须如活水流淌，春风细雨，教海无涯学为舟。

黎老师从中师毕业，"六年磨一剑"——针对自己的实际情况，利用教学大循环的六年时间，为终身从事语文教育打下扎实的专业基础。一是通读小学语文教材，锤炼教案，提高教学设计能力；二是在教学实践中打磨教学技能，摸着石头过河，提高自己的业务素质和综合素养。三是学习教育理论，并应用到语文教学和班级管理中。

黎老师也深知社会是发展的，教育是变化的，教学是生成的，师生是教学相长的，教师要树立终身学习的专业发展观。她没有固守自身现有的知识体系，没有落后于时代发展的步伐，她不断追求内在知识的积累，留意教学改革的动向，关注教学思想的论争，用先进的知识理论武装头脑。大语文观让黎老师着重训练语言表达，注重拓展思维方式，着力引导学生继承优秀传统文化，力求完善和提升学生自身的人格与人文修养。语文核心素养概念的兴起，让她的课堂"人文性与工具性统一"，充满富有魅力的"语文味"，达到"身无彩凤双飞翼，心有灵犀一点通"的境界。

为了满足社会的发展需要，新时代对教师提出了更高的要求——做"研究型"教师，走"学者型"道路。美国的查尔斯认为，根据研究的实用性，教育研究可分为基础研究和应用研究两个层次。中小学教师工作的性质和任务，决定了教师研究属于后者，是为改进和解决教学中的实际问题，提高教育教学质量而开展的反思和探究活动。传统的教学活动将教学和研究分离，用统一的模式应对多样化的学生个体，导致基础教育师资的平庸化，阻碍了教师的专业化发展。黎老师在教学中进行研究时，没有被动地把总结视为枯燥的任务，而是拒绝模式化的应付，将实践经验和前沿思潮相结合，形成想法，付诸文字，同时也在研究中进行教学，将理论研究成果付诸实践。

文以载道，水以载舟，愿做一馆无尽藏的图书，做一江永远向前的春水。作为教师，应树立终身学习的专业发展观。

（五）刚柔并济的人格魅力

汉代的王粲在《为刘荆州与袁尚书》中阐述："金木水火以刚柔相济，然后克得其和，能为民用。"过刚易脆，过柔难扶，刚柔并济，蒲草韧如丝！黎老师刚柔并济的人格魅力，使学生尊而不惧，放而有度。

在课堂教学中，黎老师充满张力的激情，磅礴而克制的奔放，昂扬又慷慨的宣言是刚，像波涛拍击悬崖掀起的汹涌波涛，让人心驰神往，斗志高昂；但其含蓄蕴藉的深情，低回婉转的声线，生动自然的体态是柔，像天空的流云、寂寞无声的河流、鸟鸣回响的空山，让人梦寐以求，恬静和平。刚柔并济，外露而不嚣张、明艳而温和、紧张而轻松，引导学生与语文进行一场充满人性美、人情美、自然美的对话。

在班级管理中，柔是爱，是教师对于学生的态度；刚是严，是教师对学生的要求。黎老师一方面对学生严格要求，晓之以理，使其明白"君子有所为，有所不为"，使其在成长的道路上不走或少走弯路；另一方面，又以柔济钢，真诚以待人，仁爱以爱人，宽容以待人，学生则"亲其师""信其道"。

在家校联合中，黎老师刚强地坚守原则和底线，她希望家长积极配合教师的工作，不接受家长对教学的过度干涉。她将学生当作自己的孩子，经常与家长讨论如何教育孩子，高效地开展"对症下药"的教育工作，促进孩子健康、和谐发展。

三、总　　结

著名教育学家陶行知曾说："我们深信最高尚的精神是人生无价之宝，非金钱所能买得来，就不必靠金钱而后振作，尤不可因钱少而推诿。我们深信如果全国教师对于儿童教育都有'鞠躬尽瘁，死而后已'的决心，必能为我们民族创造一个伟大的新生命。"

黎老师，二十二载，岁月悠悠。咬定卓越不放松，立根原在课堂中；千学万练还坚劲，更有旧枝生青松。通过采访优秀教师，发挥榜样作用，指明前进方向，撒下知识养分，崇德向善，见贤思齐，能助力师范生快速成长。

我等必然见思想、见精神、见行动，继承发扬"路漫漫其修远兮，吾将上下而求索"的求索突破理念，树立为教育事业"春蚕到死丝方尽，蜡炬成灰泪始干"的奉献精神，秉持因材施教的教学方法，不断积累与总结，使源头活水流，河渠清如许！

教育均衡视野下对教师的新要求：
基于对一位小学语文教师的访谈

许嘉文

　　教育均衡发展是义务教育一直以来的努力方向，近年来频频有相关的政策和措施落实到中小学这一试验田，这对教师而言是新的挑战——顺应教育均衡发展的大潮流，进行适当地转变。本文就从大环境出发，浅析教育均衡发展潮流对当代小学语文教师提出的新要求。

一、访谈背景

　　在"小学语文教师访谈"活动的号召下，笔者在母校（广州市某城镇小学）开学之际对一位有 26 年教龄的语文教师（以下简称 A 老师）进行了一次访谈。她刚刚带完一届毕业班，现在在小学二年级任教，很多见解都极具参考意义。

　　从谈话的内容来看，近年来推进教育均衡发展的相关措施逐渐增加，而小学就是政策实施的第一块试验田，对以后的教学调整有宝贵的参考意义，这给当代的小学教师带来了新的压力和挑战。本文主要以低年级小学语文为例，初步探讨教学均衡发展所带来的影响，以及对教师——特别是小学语文教师——所提出的新要求。

二、外部教育环境的均衡措施

义务教育均衡发展的评估指标主要包括人、财、物三个方面，分别对应教师队伍、教育经费和校舍、设备、图书等。由于访谈的内容主要涉及师、生、物三个方面，因此教育经费问题省略不谈，侧重描述"人"和"物"这两个方面，并讨论范围相对较小的外部教育环境的变化。

（一）与时俱进——统一更新教材内容

从 2017 年 9 月开始，教育部新编纂的义务教育教科书（以下简称"部编本"）正式取代原本的教科书（如广州地区的粤教版教材），之后在全国范围内陆续投入使用。在访谈中，A 老师认为在统一教材的前提下，广东和教育资源更好的其他地区因此能够更好地衔接。

以 A 老师所工作的小学为例，一年级正在使用的语文教材就是部编本，和以前所使用的粤教版教科书相比，部编本有了不小的改变：

首先是一年级的课本一改旧例，先学简单汉字"天地人"再学拼音"aoe"，目的是为了降低小朋友刚入学的畏难情绪和焦躁。其次，部编本重视提高学生的口语能力，培养学生的阅读习惯，因此和粤教版相比起来，课文的助读系统中精读、泛读二者的比例变化较大；口语练习增多；推荐的课外阅读丰富多样……这些变化都有利于训练小学生的泛读能力，以及有效地提升小学生刚萌芽的阅读兴趣。

助读体系的变化要求小学语文教师转变以往"学一篇精一篇"的教学方法，转变为注重"学一篇读十篇"的泛读能力，努力帮助学生形成基础而系统的读书方法，从而降低阅读课外书的难度，增强从阅读中获得乐趣的能力，而不是仅仅专注于教科书内的文章。

最后也是最显眼的变化，就是教科书的开本变大了，插图变得精致有趣、丰富多彩，趣味性和精致程度都比粤教版高出不少，这不仅更能吸引6 到 7 岁儿童的注意力，也能帮助他们更好地理解课文内容。

（二）机会均等——平衡各校生源质量

近几年，小升初的相关政策规定产生了变化，目前广州地区的小学升学都是根据"免试就近入学"的原则综合采用了电脑派位、对口直升、（公立学校）特长生升学、（民办学校）面试等多种方法，尽可能地为不同的家庭提供平等的就学机会和水平相近的就学环境。

这使得小升初不再像以前那样以一次考试定乾坤，淡化了备受争议的应试教育中成绩的作用，也模糊了重点中学、非重点中学之间的界限，客观上平衡了区域内学校的生源质量。

除了录取机会均等以外，政府也尝试提高学生的整体质量，努力让初中学校获得水平相近的生源。在纷纷出台的小升初相关政策中，最引起笔者关注的是，这两年教育部减少了特长生的录取人数，提高了录取的要求，最近更是表明要在 2020 年取消小升初的特长生招生。

对此，A 老师总体表示赞同，她代表了传统老师对体育、音乐、美术等"非正式"科目的看法，认为 12 岁以下的儿童总体来说还是处于个人兴趣萌芽的阶段，要为花大量时间和金钱培养自己的特长下决定，还为时尚早，不如静下心来先打好常用知识的基础，等到中考或高考时再决定是否成为特长生。

（三）资源平衡——总体提高师资水平

另一个缩小重点与非重点学校之间差距的措施，就是整体提高师资和硬件设施水平。笔者所了解到的平衡教师质量的措施主要有三种，包括增加招聘合同制教师的名额，缓和编制饱和与教师短缺之间的矛盾；初中到小学、小学到小学之间的师资调动；鼓励制作大量线上的教学资源进行共享，培训教师运用多媒体进行教学的能力。

教育部门希望通过这样的转换能平衡各校之间的总体教学能力，但是从和 A 老师的交谈中笔者发现，这一方面的成果似乎并不明显。因为初中和小学的教学重难点不同，学生的心理状况也不一样，因此从初中新调来的老师总是很难适应小学的教学方式，证明"削峰补枯"的方式不适用于平衡师资力量方面。而且，较为频繁的人员调动使得小学生的安全感很难培养，导致部分容易分心的学生难以稳定情绪，专注学习。

在城镇小学尚且如此难磨合，更不要说偏远地区或者农村的小学了。因此，暂时来看，全面建设高质量的教师队伍还有很长的路要走，目前关于师资力量的调动行为只做到了"均衡"，却很难说能促进"发展"，最坏的情况下甚至会走向全面的平庸。

三、内部教育环境的课程改革方向

在变革的大环境下，教师的教学方式也要随之进行调整。下面笔者将针对教学工具、教学考核以及教学能力这三个方面，浅谈具体到班级课堂这一教育环境中的课程改革方向。

（一）适应部编本，调整教学节奏

部编本的改变在前文中已经略做分析，访谈中提到，有部分小学语文教师受部编本风格的影响，会产生倚重插图或视频解读课文的倾向。

但是从整体来看，语文这一门学科培养的是学生的文字感知能力，某种程度上也是对想象力、形象思维的锻炼，参照物太多反而会限制学生的思维。正因如此，部编本只有小学低年级才出现大量鲜艳精致的插图；而初一语文教材中的插图系统并无大幅度变化，想必是教材编写者担心学生对借助插图系统理解课文会产生依赖性，因此没有延续小学语文教材的设计思路。

正如 A 老师所说，小学语文的教学内容万变不离其宗，重视的还是字词句的基础，即使课本变化较大，教师在教学过程中也不必过分抬高教科书中插图系统的地位，还是应该植根于文字。面对更丰富多彩的新版教科书，老教师不必慌张地舍弃以往的教学经验，甚至推翻重来，只需调整教学的节奏和重点就足够了。

另外，为了培养学生的阅读能力，不少小学语文教师在课堂上增加了很多引导学生对课外阅读活动产生兴趣的环节。A 老师就职的小学还设立了专门的语文阅读课、课室书柜和公共图书馆，鼓励小朋友在课上课下都多翻看课外书，但这需要教师能张弛有度地调整课堂的节奏和秩序。

（二）重建教学标准，不执着于考核方式

自从小升初采用了"免试、就近入学"的方式后，小学教师——特别是班主任和年级主任——对教学的标准产生了争议。对于像语文这样比较难以量化学习成果的科目，教师应该如何检验学生的学习进度、平衡学生的学习生活呢？

在访谈中，A 老师就举了一个例子：取消期末考后，小学语文平时的练习量就成了教师们争论的话题。"多订练习册，多练多读多写"和"练习册贵精不贵多"两派的语文教师对如何公平与平等地对待学生都有自己的看法——有的认为给同样多的、面面俱到的作业才公平，有的认为对学得慢的学生就给少一点作业，对学有余力的学生给更多选择，培优辅差才能达到平等。截止到访谈结束的那一天，最终学校确定的还是传统的"多订"方针，没有更改的倾向，但两派的观点实则难分高下，也反映了教育改革给教育者带来的普遍烦恼。

根据考核方式而改变教学标准虽说有些本末倒置，但这是教学改革过程中不能绕过的一个矫正步骤。正是因为有这样的争论，教师的教学标准才能更快地重建，关于教育均衡的改革才能真正落到实处。

（三）积极提高自身素养水平

在学校的组织下，现在教师会比以前有更多线上课程学习和实地教研活动的进修机会。基于大环境的转变，大部分现任的小学语文教师都需要跟上了时代的步伐，从而既对新旧变化形成整体的认知，又能灵活地将新型教学理念和多年的教学经验相结合并调整教学方针。在访谈中，年近退休的 A 老师也依旧透露出不断进修的积极心态。

学校组织的进修活动主要指教育理念、学科知识等文化素养方面的提升课程。从以上提到的教科书、考核方式等方面的转变，我们可以看出，当前的教学理念趋势已经从传统的传授型过渡到引导型，要求教师们在日常授课中发挥辅导和启发学生的作用，多与学生沟通交流，引导他们表达自己的想法，充分发挥学生的主观能动性，不能再进行填鸭式教学。

进修的内容不仅仅包括知识文化素养和道德文化修养，还包括信息技术，这在教学工具发生日新月异变化的 21 世纪是不可或缺的。对于普遍年龄较大的现任教师来说，熟练使用新媒体教学工具如电子白板等是比较困难的，因此需要更多的练习和专业人士的仔细引导。

四、新形势对教师提出的新要求

(一) 资深教师的转变要点

现在的科技越来越发达，教师和家长之间的交流已经不仅仅局限于短信、电话和家长会了，微信群成为家、校、师之间最便捷的主要的交流渠道。但是便捷也就意味着距离的消失，在保护教师自身的隐私的同时为学生树立良好的形象是很有必要的。

在对待家长方面，既然有便捷的沟通方式，教师应充分利用并及时反馈学生情况，如课堂表现、作业完成情况等，让家长参与学生的成长过程；同时也要注意保护学生的自尊，个人情况单独沟通，而不是直接在群里公开。对于学生方面，教师应树立严而不厉的教学态度，做学生的长辈和朋友，形成教学相长、平等和谐的师生关系。

在日常教学中，教师要端正自己的教学态度。首先就要清楚这一份职业所要具备的职业素养，包括专业知识素养和对职业的热爱。从访谈中我接触的小学来看，现任的正式小学语文教师普遍是 60 后、70 后，考虑当时教师这一职业的社会认可度较低、大部分人是被动选择教师职业这一时代背景，我们不难理解为什么 A 老师认为 "爱" 是成为一名好教师的关键——只有热爱教师这一份职业、热爱语文，才会有不断进修的动力，才能时俱进地学习，和学生保持共通理解的良好关系。

（二）青年教师的努力方向

和资历较深的在职教师相比，准备入职或刚刚入职的青年教师身上最明显的不足就是缺乏教学经验和教学自信，对此，A 老师在访谈中也提出了自己的建议：最好要多接触学生、多积累教学经验。教师和学生尽快熟悉起来，有利于降低畏难情绪、提高自信心，在课堂上发挥出真正的教学能力。

在教学心态上，新教师一开始会意识不到自己还没有从"学生"的心态转变为"教师""工作者"；虽然这样这有利于和学生处在同一位置、无障碍交流，但心态不改变，就永远不能开始树立严谨独立的教学风格的。对于新教师来说，教材的变化和对职业的热爱已经不是职业道路上最大的难题，更需要重视的是自身的成长。

在职业难点上，新教师要花大量精力处理的是人际关系方面的问题。即使是有二十多年教龄的 A 老师也认为，做好一名小学语文老师的难点不在于教学的内容，而是如何同时做一名优秀的班主任，调和家、校、师三方面的矛盾，教导调皮的学生，排解自己的负面情绪等方面。而且青年教师中独生子女的比例在逐渐上升，很大可能因一开始不能熟练地进行多方的人际沟通，从而发生差错。A 老师在访谈中特意强调，新教师不必过于给自己太大压力，不能一有办不妥的事情就生自己的气或往别人身上撒气，应注意及时调整好自己的情绪。

在职业素养方面，为了给学生树立良好的榜样，教师还应该具有良好的信息素养。信息素养主要指教师根据时代要求及其发展需求所应该具有的信息品质、信息知识和信息能力。

相信青年教师都有足够的在互联网搜寻优良信息或知识的能力，但处理信息的能力却参差不齐。特别是预备教师或刚入职的教师普遍都比较依赖电子产品（手机、电子阅读器、音乐播放器等），这在潜移默化中可能会给辨识力不高的小学生带来错误的信息导向，因此教师在日常教学中要格外注意引导学生正确地对待电子产品。

五、结　语

综上所述，近年来的教育总体向均衡教育方向发展，小学教育的教学工具、教学考核标准、教学要求等各个领域都发生了不小的变化，给教师这一行业提出了不少新的要求和挑战。作为未来的小学语文教师，师范生们应该充分了解并调整自己的学习内容，为在毕业后尽快成为优秀的新时代教师打下坚实的基础。

重视班级管理与语文教学的有效结合：基于对一位小学语文教师的访谈

冯晓文

在小学教学当中，语文教师的特性决定了其担任班主任的可能性相当高。小学生的心智发展尚未成熟，需要教师正确地引导。仅这两方面的原因，就要求一名小学语文教师，除了要关注教学技能方面的发展之外，也要同样重视班级管理能力的培养，做到班级管理与语文教学的有机结合。本文将基于对郑老师的访谈，结合自身的思考，浅析访谈中谈及的关于班级管理与语文教学如何有机结合的相关内容。

一、访谈简要说明

随着教育的革新发展与新课标改革的积极进行，小学语文教学已经不再局限于单调的教学模式，对教师的素质要求、专业要求、知识要求也在不断地提高。作为一名汉语言文学专业的师范生，必须通过各种方式深入认识和了解自己的专业领域，提高综合素养，培养自己专业能力。通过对有经验的优秀教师进行访谈，汲取他们在实际教学活动中的宝贵经验，不断加深自己的专业见识，是师范生为未来职业发展道路做好准备的有效途径之一。

广东省卓越教师改革项目之学生课题研究活动的推行，目的是为了丰富师范专业的学生对于小学语文教师和小学语文教学的认识，进而提高综合素质，特别是沟通能力和研究能力。为积极响应此次活动，我对一位在岗的小学语文老师——郑老师进行了访谈，并基于访谈内容展开深入思考。

郑老师是帮助我逐渐走向语文教学道路的好教师，她是一位年轻、优秀的小学语文教师，本科毕业于广东技术师范学院汉语言文学专业师范方向，现在任教于广州市某私立学校，教授年级为四年级，教龄为 5 年，曾被学校评为"优秀教师"，深受学生和家长的喜欢。

我很佩服郑老师不仅在教学上有自己的个人特点，而且能一直对教学工作保持热情。在对郑老师的访谈中，我感受最深刻的是她提及的关于班级管理和语文教学的部分。她强调，作为一名小学语文教师，担任班主任的可能性极高，因此在不断提高自己的教学技能、综合素质的同时，也要重视班级管理能力的培养。这引发了我对于相关问题的思考。

二、班级管理与小学语文教学的有机结合

(一) 班级管理的重要性

班级是学校教育活动得以进行的基本单位，其成员有班主任、各科教师和班级学生，师生需要共同努力来完成班级目标。而班级管理是班主任按照一定的原则和具体要求，对班级中的各种资源进行计划、组织、协调、控制，以实现各种共同目标而进行的管理活动。因此，班级管理是一个动态的过程。班级管理的根本目的是实现教育目标，使学生得到充分、全面的发展。班级管理的功能主要体现在：（1）实现教学目标，提高学习效率。（2）维持班级秩序，形成良好班风。（3）锻炼学生能力，提高自治水平。

在小学教学当中，语文教师的特性决定了其担任班主任的可能性相当高。每个学生都是班集体的一员，是班级的重要组成部分。教师以班为单位进行教学，作为一名班主任，需要同时担负起对多名学生进行教学和管

理的重大任务。因此，对于小学语文教师来说，班级管理的工作显得尤为重要，它是语文教学得以顺利进行的重要保障。良好的学风班风必然会对教师的教学起到重要的促进作用，良好班级管理可提升班级总体水平，提升学生的学习能力及课堂纪律。

此外，新课程改革标准的提出及深入，也要求小学语文教师在指导学生进行课本基础知识学习的前提下，引导学生培养自己的人文素质，树立科学的人生观及价值观，达到综合发展的目的。在语文教学中，教师要教育孩子懂得遵守纪律、团结互助、积极向上等，这些也是班级管理的重要内容。由此可以看出班级管理与小学语文教学的密切联系，都应该得到重视。

（二）班级管理与小学语文教学有机结合的有效方法

影响班级管理的因素包括教师的领导风格、班级规模、班级的性质以及教师的期望，等等。基于对郑老师的访谈中涉及的关于班级管理和语文教学的内容，结合影响班级管理的因素进行思考，笔者总结出以下关于班级管理和小学语文教学有效结合的方法。

1. 要适当地向学生强调遵守"规矩"和纪律的重要性

在访谈中，郑老师提到"规矩"的重要性——她所说的规矩，主要是指纪律性方面的规定。比如，在课堂中要遵守课堂纪律，在课外活动中要听从指挥、注意安全，在与同学的相处中要团结友爱，等等。这些看似简单的"规矩"，却是教师要重点向学生说明并要求他们严格遵守的内容。

有些班级，特别是低年级的班级，课堂纪律不尽如人意，这无疑会阻碍教学的顺利进行，也会让学生养成违反课堂纪律的不良习惯。如果不紧抓纪律问题，那么学生就难以养成良好的纪律观念，不仅会影响班级的班风，也会让学生更容易产生叛逆心理。因此，强调"规矩"是有必要的，应通过纪律思想的渗透让学生明白一个良好、和谐的班集体是要守秩序、讲纪律的。

当然，在传达"规矩"时，切不可过于严肃，要懂得"适度"。郑老师在访谈中提到了其教学经历里最深刻难忘的一件事，那是在开学向学生传达班级的"规矩"时，一位患有轻微自闭症的孩子听了之后，突然激动地在地上翻滚。这使她意识到，现在的小学生大多是父母的宠儿，过于严厉的教育管理方式，会让学生产生排斥的心理。而且学生们的思想虽不成熟，但是却很有自己的想法。当教师过于严肃地向学生传达规矩，很大可能会适得其反，让学生对教师产生厌恶的情绪，从而不喜欢上语文课，进而影响学生的成绩。但必要的严厉是要有的，特别是在学生违反规定和纪律时，必须要及时指出他们的错误并且耐心教育。"规矩"教育如何能够适度进行，还要达到预期的效果，这需要语文老师根据实际情况有技巧、有方法地处理。

总之，教师注意尊重学生的同时，也应严格要求学生，体现学生的主体地位的同时要注意发挥教师的主导作用，将教师的主导性与学生的主体性统一，才能达到良好的教学效果。

讲纪律的教育，也可以在日常的语文课上进行。当下的语文教学，十分注重学生根据所学课文联系实际生活，有的文章能培养学生乐观、积极的态度，有的能帮助学生养成良好的习惯，通过学习这些文章，可以潜移默化地影响一些自律性差的学生，让他们在学习或生活中养成诚信、遵守纪律的习惯。

2. 语文老师要兼顾好多重角色

一是"慈母"的角色。在学生的学习和生活上，班主任的角色很重要，学生的日常生活和学习都需要班主任的参与，此时班主任不仅是一名教师，也是一位"母亲"。在小学语文教学中，班主任需要善于观察学生的学习与生活情况，抓住语文教材来对学生进行德智美的培养，让学生养成良好的行为习惯和思维模式。同时教师还要融入学生的生活，通过给学生讲解一些语文经典素材，帮助学生将所学知识与实际生活联系起来，并从班主任的角度，引导学生正确面对生活中的困扰。总之，教师要在生活方面处处关心学生，多点微笑相对，让他们信赖自己。这是班级管理与语文教学有效结合的重要体现。

二是"严父"的角色。教育家孙云晓在《一个故事一堂课》中提到过："用鼓励的方式培养孩子的自信是一种方式，但是在提倡表扬、奖励、赏识的同时，不应该忽视'惩罚'在教育中的积极作用。"学生违反纪律或犯错时，教师应在尊重学生的基础上给予他们"适度的惩罚"，达到使他们知错能改的目的。要让学生形成严格遵守"规矩"和纪律的观念，保证良好的班风，为学生的学习和成长提供良好的环境氛围。

三是要做好"朋友"的角色。教师应主动参与班级活动，融入学生当中。在教学中，语文教师可以尝试着融入多元化的活动，让学生在学习的同时学会为人处世。例如，以小组为单位，开展成语接龙、汉字书写、知识竞赛等比赛，对培养学生学习语文的兴趣，以及良好的行为习惯与班风都很有帮助。这些活动能让学生更明确自己的定位，情感变得丰富，彼此更了解。

在课外生活当中，语文教师也可以有针对性地在班级开展一些对学生身心健康有益的活动，如"美化我们的校园、保护地球的环境从我身边做起"实践活动、"欢度国庆"活动、学习雷锋精神"手抄报创办活动等。丰富多彩的班级课外活动可以极大地促进班主任和学生之间的交流互动，而且教师还可以结合小学生的特点，让学生自主策划并举办活动，这样更能锻炼学生的能力。对于班主任而言，主动参加班级活动，不仅可以拉近学生与自己的距离，也可以借机了解每一名学生的特点，以便于更好地挖掘出学生的潜力，使班级管理更加得心应手。

另外，其实三四年级的小朋友，在心里也有他们的一些小秘密——这些在成人看来鸡毛蒜皮的小秘密，却很可能成为小学生的大烦恼，进而影响学生的学习。当察觉到有这种现象发生时，这时候教师最好就是像朋友一样，先和他们聊聊天，得到学生的信任，才能解开他们心中的疑惑。

3. 提升教学能力也是管理好班级的有效途径

班级整体学习情况的好坏，是反映班级管理是否到位的标准之一。良好的学风是一个优秀班级必须具备的。作为一名语文教师，一方面应该不断提升自身的教学能力，另一方面要重视引导学生有效学习，提升其学习积极性，从而形成良好的学风。关于这一方面，基于郑老师的访谈，笔者总结出以下几点：

一是在备课上一定要花心思，并且针对班级的具体情况进行备课，最大限度地提高课堂效率。此外，还要对自己的教学模式不断创新，切忌千篇一律。

二是要调节好师生关系，教师要让学生喜欢上自己，这样学生就会自然而然地喜欢上教师的课。此外，还要注意课堂的活跃程度，并且每一节课都要有对考试的重难点进行训练，这样就不会让学生在考试前花费大量的时间复习，而是逐渐把知识点记牢。

三是要"培优辅差"。对于差生，教师应尽可能地抽出时间，通过课后有针对性的辅导来提高他们的成绩，但同时也要密切关注优等生的成绩。特别是现在很多家长都特别注意孩子们的教育。很多优等生的家长，如果一旦发现自己的孩子在某一次考试中退步了，他们会立刻打电话询问学生近期的情况，这个时候教师要与家长做好沟通，并且要关注学生的状态。

而我作为一名即将实习的新教师，郑老师给出了更详细的建议：

第一，要向优秀的语文教师学习。要多去听他们的课，吸取经验。第二，要自己多研究课本，只有熟练地掌握课本内容，才能结合自身的长处，发现适合自己的教学方法。第三，要手写教案，在备课时要多参考优秀教案，如果可以，请学校的前辈帮忙修改教案，这样更容易发现自身的缺点。第四，语文教师应该终身多读书，爱读书，努力提升自身的修养。

4. 班级管理需要老师与家长之间的合作

家庭和学校是儿童时期接受教育的主要场所与来源，二者双向合作才能形成教育合力，使教育作用最大化。家长与学校之间的合作程度，将很有可能决定学生身心发展完善的程度。但在一名教师须面对多位学生和家长的情况下，如何才能切实做到与家长有效合作与沟通，这是个值得探讨的问题。

在这个信息化的时代，微信、QQ 等即时通讯工具为老师与家长的合作提供了便利的途径。在现今的中小学中，很多在职教师已经在充分利用这些工具与学生家长进行沟通与合作——不仅针对学生个人的学习情况进行及时沟通，而且还会通过建立交流群的方式，与众多家长一同对某些问题进行讨论。此外，教师也能在交流群中分享有益于学生学习成长的资源，帮助家长们有选择地进行利用。学生家长之间也能相互合作帮助，从而提高老师的工作效率，这对于教师在学校里有效地进行班级管理与教学起到相当重要的作用。

因此，在不具备面谈条件的前提下，家长与老师的沟通与合作可以通过这些通信工具有效进行，做到双向的多沟通、多了解。

三、小　　结

作为一名小学语文教师，不仅需要提高自己的教学技能，提高课堂教学效率，还要提高自己的班级管理能力。课堂教学效率的提高，需要良好的学习氛围和学习环境。而良好的学习环境与教师对班级的管理是分不开的。同时，教育的最终目标是帮助学生树立积极的人生观和正确的价值观，因此，作为小学语文老师应想方设法将小学语文教学活动与班级管理有机结合，为教学工作和学生未来的发展打下坚实的基础。

教学之路，不止步于积累经验：
基于对两位小学语文教师的访谈

蔡梓琪

近几年，对教师的职业要求越来越高，教师队伍的质量也备受关注。教师必须不断提高自己的能力。小学语文教育作为学生的启蒙教育，在整个教育体系中起着不可替代的作用，因此，小学语文教师在教学实践中的教学能力也至关重要。本文以访谈报告记录为主，对小学语文教师积累的教学经验对教学过程产生的利弊和影响教师教学能力提高的因素进行分析，以期对小学语文教师在职业生涯教学实践中反思、积累经验有所促进，有助于小学语文教师学习新技能，更新教学方法。

近几年，部分城镇的小学数量急剧减少，其中一些小学相应地不再每年都招收新教师，因此，在我所在的汕头市潮阳区大部分的城镇乃至乡镇小学中，教龄较大的教师在教师队伍中占据较大比重，没有新血液的注入，没有新的教学方式和教学方法的对比，很多教师在长期的教学中，只用自己过去积累的教学经验去教学，没有根据时代变化、教材或学生差异去调整教学观念和教学方式。经验在教师教学中确实是一件法宝，但是是否可以只用一套自己总结出的经验去教各式各样或各个时代的学生，还是值得思考的。随着新技术在教育领域的应用、新的教育观念的不断提出，以及新的教育改革不断进行，教龄较短的教师，在掌握这些新的"武器"后，在语文教育中，相较教龄长但是并不具备这些新的教学知识和手段的教师，是否会更胜一筹？同时，积累了丰富的经验，总结出一套自认为完

251

美的教学方法后，教师就可以"高枕无忧"了吗？

因此，我分别与教龄较长的小学语文教师和教龄较短的教师进行了交流，了解了他们对小学语文教育的一些看法，主要围绕经验在小学语文教师教学过程中的利弊、影响教师继续提升的因素，以及各自学校对小学语文教师提供的进步空间等问题进行访谈。采访的对象有汕头市潮阳区某小学的陈老师，现任某小学六年级语文教师，教龄已经长达 21 年；以及毕业于广州大学汉语言文学专业 13 届的林老师，现于珠海高新区某小学教小学语文六年级，教龄为半年。这两位教龄相差较大的小学语文教师，所任教的学校所属城市发展水平也有所差距，对访谈的主题都有宝贵的看法。与她们的交谈，令我如醍醐灌顶，意识到教师经验的重要性，同时也意识到不断掌握新教学技术和教学方法的必要性。

一、对小学语文教育的看法

小学阶段是整个教育的基础阶段，而语文学科以其特有的工具性和人文性的特点对小学生语文素养的提升起着重要的作用。在我看来，每个阶段教育都有其特点和难度，小学语文教育的最大难点在于德育与教育的平衡。语文是最基础的学科，小学生在启蒙的阶段，德育是相当重要的，而德育绝大部分来自语文学科的传授。通过词语、句子、段落、文章来与生活发展联系，传达真善美，无论教科书上课文的选择还是教学大纲的制定都离不开对语文人文性的考虑。

而在访谈中，我提出这个观点时，陈老师犹豫了一下，回答说："难度还是挺大的，主要是因为对象是小学生，小学教师必须把成人的抽象思维转变成形象思维，再用孩子能理解的语言和方法让孩子学习……"这个问题倒是我从未想过的，确实，小学阶段的学生毕竟被界定为"孩子"，他们的思维和理解能力还在慢慢发展的阶段，因此，很多成年人觉得很简单很容易的内容，在孩子眼中也许是无法理解的难题。正如陈老师所说，果然，这样的教学难题，只有教龄较长的教师在长期的教学中才能发现。

那么，哪些能力是小学语文教师比较必须具备的呢？陈老师认为，小学语文教师最要具备的基本能力应该是阅读技能、口头表达能力和书面表达能力，她认为，小学语文的学习离不开这三者的基本功的锤炼，作为一名小学语文教师，必须具备扎实的基本功，才能去将自己的功夫教给学生，教会他们听说读写。林老师则表示，教师如何在课堂上提问题是比较重要的，如何让学生因为你的问题有所思考有所启发，是一门技术活。如果单纯地问为什么，学生也不知道如何回答。教师应平时有意识地关注不同的提问方式，设身处地地站在学生的角度来思考问题；另外，多听老教师的课，研究他们是怎么发问的，也是进步的好方法。

二、教学经验和更新教学能力的重要性

对于教龄长达 21 年的陈老师来说，她的语文教学很出色，其经验在小学语文教育所起的作用是很大的。陈老师表示，从应试教育的角度，教学经验积累多了，就知道哪个地方是重点，哪个地方是考点，不管在哪个教育阶段都是适用的；针对小学教育的角度，经验丰富了，便知道如何从小学生的理解能力和心理出发来引导他们，以达到事半功倍的效果。

那天访谈时，我顺便听了陈老师的一节语文课，刚好是朱自清的《匆匆》，这篇虽然是散文，但是朱自清很好地运用了形象、贴近生活的语言，对六年级的孩子来说，理解起来是绰绰有余的。陈老师在分析的时候着重分析对时间流逝的具象感受，甚至让孩子们屏息，不做任何事情，静静地感受一分钟，感受时间流逝而自己无法抓住的无力感，以此来发现时间流逝得飞快，我们要利用好每一分钟。同时，她还将学过的《与时间赛跑》《明日歌》等不同体裁但是都以珍惜时间为主题的内容简要整理出来，让孩子们比较学习，并且对一些优美词句、写作手法上分析得很透彻。因此我下课偷偷问了我邻居的小妹妹——一个她班上的小朋友，问她上完课的收获。她说上完陈老师的课后收获很大，她以前不知道一分钟是这么久，

一下子就浪费了，并且我问了她几个知识点，她都能答上。她说陈老师上课很有趣，大家都喜欢听她的课。大概就是长期积累的经验使陈老师能够把握学生的心理，用比较生动的方式吸引孩子们，让孩子们感悟生活，理解文章。

　　同样的，林老师在访谈中也表示，尽管她只有半年的教学经验，但是对教学能力的提升还是有很大帮助的。比起大学时代去支教时的授课，这半年的经验让她现在的课堂教学与以前大有不同，也渐渐抓住了教学的一些侧重点。她表示，多去听老教师的课，就可以感受到老教师以丰富的经验引领教学，使整个课堂更为充实和饱满，每篇课文的重难点都能一一把握。作为一名新教师，林老师表示她会不断学习理论知识，多听课，积累经验，去更好提高自己的能力。

　　而我作为一名即将去支教的师范生，积累经验更是必修课。回忆起十二月初去南村中学参加"番禺实习支教教研活动"，我听了林老师以及南村中学老师的课，才发现听课对于教学能力的增长有多重要。在听课过程可以感受授课教师对课程的安排和授课时候的一些优缺点，比起单纯理论知识的学习，收获更大更直接。因此，寒假回家后，我也去听了母校的初三的语文课，并在与授课教师的交流中学习到更多的知识，听取了更多的授课经验，受益匪浅。

　　随着时代的发展，语文在教育中承担着越来越重要的角色。家长对孩子的教育越来越重视，国家对教育的投入越来越大，不仅学生的整体素质有所提高，学生的思想观、价值观、世界观也和以前不一样，迅猛发展的时代也带来了新的教学技术与工具，这些变化都要求教师与时俱进地更新自己的知识储备和教学方式，不能只依赖过往的教学方式和教学经验。

　　林老师在访谈中谈到了自己所在的学校，该校给教师提供了很多进步空间，鼓励教师学习并使用新技术来传授知识，如举行青年教师云课堂风采大赛，用 forclass 技术上课（有点类似电子书包），让课堂中多了许多师生互动，也实现了学生的自主学习，教师还能及时收到数据化的分析。比如低年级的老师用 forclass 让学生用平板跟着提示来写字，学生如果将笔顺写错了，那么平板会显示这个字得 0 分，这就对学生写字时笔顺的规范起到指导和监督作用。这些比赛和培训，让新老师能进一步提高自己的教学水平，老教师也有机会接触并学习新的技术，教师的教学能力定会不断提高。

因此，不管是经验的积累，还是对自身教学观念、教学方式、教学内容的更新，都是小学语文老师在教学实践中的必经之路，缺一不可。小学语文教师要取得优异的教学效果，首先要意识到积累经验和不断提升教学能力的重要性。

三、影响教师立足经验并继续提升的因素

部分老教师虽然教龄长，但并没有所谓"以经验取胜"，课堂效果和教学质量都没有跟教龄成正比。教龄长，并不代表经验丰富；经验丰富，并不代表教学效果优异，关键取决于教师自身能否不断将经验转化为新技能，取决于教师能否不满足于现状，争取更上一层楼。

在我问两位小学语文教师，经验丰富的老教师是否会比教龄短的新教师在教学上更胜一筹时，她们都回答"不一定"，经验固然是重要的参考，而且老教师如果不断接受新知识和新技术、新观念，确实能持续提高教学能力，但如果总是以经验丰富自居，不思进取，则会适得其反，经验成为妨碍进取的动力。近几年，部分综合发展较差的城镇，因学生数量少而减少新教师的招收，更令老教师故步自封，没有与具有新思想、新观念、新技术的教师交流，也看不到自身的一些教学上的不足，总以为"我教了十几二十年书，都是这样的教法，肯定没问题"，总以为"我这么多年的经验比新老师丰富得很，不会比他们差，不需要去继续学习"，或抱着偷懒的思想，不愿去主动学习新的知识。这样可能不会造成很大过错和教学问题，但是对学生的长远发展和学习效果肯定是极为不利的。每一届学生的学习能力和思想观念都不同，老师却只用数十年不变的教学方式和教学内容，不仅会让师生间的课堂互动显得生硬，学生的学习效果也会大打折扣。

另一个影响着教师在教学过程中积累经验的同时，能否与时俱进而不是"啃老本"的因素，是所在学校的教学资源、学生质量等客观条件。

随着教育领域技术的日新月异，十年前相比十年后的教学技术可以说是完全不同的。十多年前，教师用一支粉笔、一块黑板就能把课堂变成自己的主场，如今，多数中小学都有了白板、投影等设备。相对于城市，乡镇接触新的教育技术则要经过更漫长的时间。十年前我从陈老师所在的小学毕业时，并没有白板、投影仪，如今也只有几间专门的教室有这样的配置。对于这个问题，陈老师表示，因为现在学校里占多数的是教龄较长的教师，都不太会使用新技术，因此学校较少配置这些新的教学设备，这也是部分乡镇教育一直落后于城市教育的原因之一，也是令教龄较大的教师停滞不前的原因之一。学校并没有提供给教师进步的资源，即使学习了理论知识，也得不到实践。老教师也就继续"吃老本"，不再去听新老师的课，不再学习新的教学技术和教学观念，依旧用自己那一套沿用十年的方法来给学生上课，教师的教学效率不高，如板书速度、知识拓展等方面都比较受限，学生的学习热情和学习效率也不会有提升。

而林老师姐所在的珠海市，基础设备的配置比较普及，教学资源也比较丰富，很多新教师到岗后都能大展身手。这对老教师也是一个契机，能够及时更新自己的教学能力，学习新的教学技术并运用在教学中。林老师表示，她所在的学校比较重视教师自身的能力和素养的培养，经常会给教师们开培训课。教师运用新的教学技术教学时，小学生的好奇心会被调动，课堂专注度也更高，同时声像技术也可以令枯燥的知识变得有趣生动，令难以理解的内容变得简单易懂，所以林老师所在学校的教学效果，自然会比陈老师所在的学校优异。

两位受访教师意见一致的是：造成乡镇教育与城市教育之间差别的一个重要的原因，是学生的生源质量不同。陈老师表示，乡镇学校的学生，大部分见识比较少，知识面比较窄，阅读极为缺乏，加上有部分农村孩子的家长并没有特别重视小学教育，无法进行课外辅导，因此教学进度、教学内容都很受限制。林老师也举了个例子，她所在的学校今年和香洲区

（珠海的行政区）用同一份语文试卷，香洲的题目相对灵活，且非文本性阅读是共享单车等热门话题；如果是高新区的题目，可能就会有很多死记硬背的内容，非文本性阅读也会相对简单。另外，香洲区还有 10 分附加题，题目内容为对一本课外书上的人物做分析等，因为基本上所有孩子的阅读量够大，阅读面够广，不担心他们不会答。但高新区就担心孩子们不会，该题的得分没有算入总成绩。学生的学习能力较弱，对教师不断更新自己的教学技能的要求就比较低，长期千篇一律的教学方式似乎也可继续适用，学生提出的问题不新颖，教师则可以沿用自己以前的教学方法，也即没有一定的教学压力，自然没有动力。

四、针对此次访谈的建议

作为教师，必须重视自己的教学素养和教学能力，意识到与时俱进的必要性。国家对教育的投入越来越大，国民对教育的重视程度越来越高，教师的责任也就越来越大。教龄长意味着经验相对较丰富，但学无止境，丰富的经验绝不是骄傲自大、停滞不前的理由。教师是人类灵魂的工程师，在教育中起着无可替代的作用，教师的专业发展水平决定了小学语文基础学科教育的发展质量。正如我问陈老师"作为小学语文教师如何更好地促进小学语文教育的发展"时，她的话使我对她充满敬意。她说："作为一教师，不仅要有崇高的师德，还要有深厚而扎实的专业知识。在知识更新迅速的今天，教师不能只满足于已掌握的知识与技能，要树立终身学习的思想。只有不断充实自己，拓展自己的知识视野，才能在学生心目中树立较高的威信。自己不断研究，加强对教材的驾驭能力，才能提高自己的教学水平。"

因此，在教学实践中，反思教学过程中的不足，汲取教学经验，不断改进和完善自身的教学方式和方法，是极为必要的。这是一个相当长的过程，需要教师坚持不懈地进行深入分析和总结——从对单一课程教学的反思，到对教学方法、教学质量的总结，经验是在一点一滴的自我反思中积累起来。同时，教师不能因年龄的增长或家庭等外在的因素影响提高教学专业水平的热情，有了经验不等于有教学上的优势，也不应该有过多的优越感。时代日新月异地变化，带来了日益便利和高效的教学技术，教学要求和教学重难点内容不断更新，于学生，是扩展知识面，开阔眼界，提高学习能力的契机；于教师，是提高专业知识，掌握教学技术，转变教学方式的挑战。在教师这个群体中，每位教师也都是学生，要抓住学习的机会，积极参加培训，虚心向优秀的新教师和资质较深的老教师学习，积极的"学生"同样能取得优异喜人的成绩。这是对学生负责，对教育负责，对自己的职业负责，也是对我们国家负责的表现。

　　而教育局、教育组、学校校长等领导者或组织者则要重视学校教学资源的合理配置，既给学生营造良好的受教育环境，也给教师提供提高专业教学能力的机会。学校有了先进的教学设备等硬件配备，教师就有动力去学习新设备的操作，有动力去学习新的教学方法。一个地区的发展势必离不开教育的发展，教育资源的配置对整体教育的发展则有着基础性的作用。同时要重视对教师专业技能的培训，多举办比赛或交流学习的机会，以学校为单位，甚至以片区为单位，让教师在交流中互相学习，在比赛中互相促进。

五、此次访谈活动的总结

　　此次访谈活动，对我来说收获满满，年轻的林老师虽然经验较少，但所在的学校对教师专业素养的提高非常重视，教学资源配备也比较齐全，并且她更有活力和精力去学习，相信一定会成为给学生带来甘泉的好园丁。教龄长的陈老师经验丰富，并且了解当地学生的学习特点，能够自己探索出吸引学生的办法，达到较好的教学效果，但也更希望有更好的教学硬件资源配备让她能够更上一层楼。在与她们的交流中，我感受到了小学语文教师肩负的重任，意识到教师工作的不易，为自己步入教师队伍找到了努力的方向。我也看到了乡镇教学的一些不足，如硬件设备不够完善，教师中因年龄大出现热情退却，环境局限了学生学习能力等种种令人心痛的情况。正如有许多年轻的教师愿意去边远地区支教一样，我也希望乡镇学校能得到更多的机会来提高其教学环境与教学质量，使乡镇的孩子也能得到更好的教育。

这样的访谈活动，对我来说是第一次，也有许多不足之处。在与两位教师交流时，有些问题不能及时反应，不能引导他们更靠近主题，有两个问题因双方交流的思路不同，无法为这次主题服务。并且此次主题局限于乡镇教育，还未涉及城市、农村教育，如有机会应再深入到城市、农村，则更能清楚了解影响小学语文教师经验教学和学习新技术提升自我的因素，更能确定这两者是否对小学语文教师起着重要影响和作用。

总而言之，教师的教学之路是漫长的。一日为师，终生为师。教师应不断积累经验，不断提升教学能力，与时俱进，认真反思总结，主动学习探索，这样才是对自己负责，对学生负责，对教师这个职业负责，对国家负责！